JN174831

スコット・A・シェーン

［新版］

〈起業〉という幻想

アメリカン・ドリームの現実

谷口功一・中野剛志・柴山桂太 訳

The Illusions of Entrepreneurship

The Costly Myths That Entrepreneurs, Investors, and Policy Makers Live By

Scott A. Shane

白水社

［新版］〈起業〉という幻想――アメリカン・ドリームの現実

リンとライアン、そしてハンナに、本書を捧げる。

THE ILLUSIONS OF ENTREPRENEURSHIP：
The Costly Myths That Entrepreneurs, Investors,
and Policy Makers Live By
by Scott A. Shane
Copyright © 2008 by Yale University

Originally published by Yale University Press
Japanese translation published by arrangement with
Yale University Press through The English Agency（Japan）Ltd.

［新版］〈起業〉という幻想＊目次

装幀＝小林剛

凡例

一、本文中の（　）は原著者による註であるが、読みやすさを考慮して訳者が加えた箇所がある。
一、本文中の〔　〕は訳者による訳註である。
一、原著者による註、「神話と現実」は巻末に一括して掲げた。

謝辞

わたしがこの本を執筆しようと思ったのは、将来の起業家、学生、政府職員、そして、経済発展のための活動をサポートする主要な財団の代表者との会話の賜物である。会話の一つひとつは、そのそれぞれが異なったトピックに関するものであり、また異なった目的のためのものだったが、そのすべてに共通するテーマが存在した。わたしが会話した相手は、一貫してアメリカの起業家がどのようなものであるのかについて、非常に不正確な認識を表明していたのである。ビジネスを始める人の実数はどれくらいなのか、新たなビジネスはどのように資金調達を行うのか、あるいは、どのような人が会社を始めるのか、はたまた、スタートアップ企業の経済的インパクトはどの程度のものなのかなどといったことに関して言及しているか否かを問わず、会話の相手は次から次に事実とは違ったことを語っていた。

わたしは大学教授として、不正確な情報が正しく訂正されないままに流通するに任せるわけにもいかず、「どこで、そんなことを習いましたか?」と聞くようにしていた。答えは色々で、「本で読んだ」とか「白書に書いてあった」とか「記事で読んだ」とか、あるいは「ウェブで見た」などというものだった。多くの人が手に入れる起業に関する情報は、どこでそれを探し出したのだとしても、間違ったものであるようだった。そういうわけで、わたしは、典型的な起業家たちがそうするであろうように、起業家とはどんなものなのかを正確に描き出した本を書かなければならないと思うようになった。

しかし、実際に本を書き始めてみると、それが当初予想したよりは難物であることが分かった。ウェブや主流メディアの記事に溢れる間違った情報が数多く存在するだけでなく、起業に関する学術的なアイデアの多くが、事実と反していたのだ。実際、データをじっくりと観察してみたところ、わたし自身の考えのいくつかも間違っていることが判明したのである。

その結果、この本で提示されている解答に近づくために、当初必要だと思っていた以上に多くのデータ、記事、文献を検証しなければならないこととなった。しかし、これは努力に値するものだったのである。このプロセスを通じて、わたし自身、起業について多くのことを学び、また同時に人目につかない学術調査や政府機関による調査が、われわれの多くが間違った答えを信じ込んでしまっている起業に関する疑問に正しい解答を提供していることを発見したのである。

本書で提示する解答を収集し、要約している調査書や研究プロジェクト、書籍、記事の著者の功績に対して、わたしは多くを負っている。本書で示された解答のソースとして多くの専門家が存在するが、その中でも以下の方々は特筆に値する。ゾルタン・アクス、ティム・ベイツ、デヴィッド・ブランクフラワー、アンドリュー・バーク、アニー・クーパー、マーク・カウリング、ロバート・フェアリー、ダグラス・ホルツ＝イーキン、ポール・レイノルズ、そしてマーク・テイラーである。これらの方々が実施した研究プロジェクトや、彼らが書いた本や記事は、起業の実態に関する情報を提供するこの本にとって決定的なものだった。

また、本書の執筆にあたっては、わたしにとって馴染みのないデータへのアクセスを得ることも必要となった。このようなデータにアクセスし、それを分析するのを助けてくれた方々にも感謝を捧げたい。ジョン・エックハート、ロブ・フェアリー、ブライアン・ヘッド、イン・ロウリー、そしてポール・レイノルズ。

この本を書く上で、わたし自身が、二〇〇四年にアメリカで創業されたビジネスに関する全国確率標本である、カウフマン企業調査の主任調査員であったことは、大いに助けになった。この調査データへのアクセスを有していたことに加え、カウフマン財団のアリス・フレイリッチ、そして、マセマティカ・ポリシー・リサーチ社のジャニス・バロウ、デイヴ・デロシュ、フランク・ポッターたちと一緒に働く機会を得ることができた。彼らと共に働くことで、起業調査について多くを学ぶことができた。

何年にもわたって、多くの同僚がわたしに、この本の中で触れているトピックについて多くのことを教えてくれた。ハワード・アルドリッチ、パー・デヴィッドソン、フレデリック・デルマー、ジョン・エックハート、ビル・ガートナー、デイヴ・スー、ニコス・ニコラウらは、その中でも特記に値する。ケース・ウェスタン・リザーブ大学の同僚、特にスー・ヘルパーとジム・レビッツァーは、この本の中で出てくるトピックの多くに関して、時間を割いて付き合ってくれた。本書は、彼らの助力なしに成立することはなかった。

ニコス・ニコラウ、フレデリック・デルマー、ビル・ガートナー、デイヴ・スーは、本書のドラフトのすべてに目を通し、コメントをつけてくれた。彼らのコメントは、わたしが自分自身の議論をリファインする上で、大きな助けとなった。編集者のマイケル・オーマレーは、外科医的な正確さを持って、原稿をチェックしてくれた。彼の洞察に満ちたコメントによって、わたしはこの本のキーとなるポイントを明確なものとすることができた。

最後に、妻であるリン、そして娘ハンナ、息子ライアンに対しては、この本にかかり切りになっている間、助けてくれたことに感謝したい。ハンナとライアンは執筆の合間の気分転換に最高の遊び相手になってくれ、リンは、この本を書くわたしを勇気づけ、支えとなってくれた。

イントロダクション

起業（entrepreneurship）という言葉は、現在、もっとも人気のあるトピックの一つである。試しにグーグルで entrepreneur という言葉で検索をかけてみるなら、三七〇〇万件がヒットする。これは一生かかっても読み切れないほどの分量だ。起業に関する情報は、至る所に溢れている。であるにもかかわらず、そこにダメ押しする形で、わたしは本書を新たに出版しようとしているのだが、それは、なぜなのか。

それは、われわれが起業にまつわる神話にとり憑かれているからだ。この「神話」という言葉が何を意味するものであるのか、皆さんにはすでにお分かりだろう。要するに、高校を中退した文無しの男が一〇ドルだけポケットに突っ込んでアメリカにやって来て建設会社をおこし、あれよあれよという間に億万長者になってしまうとか、あるいは、インターネット電話を開発したエンジニアがベンチャー資本を調達し、最終的には数億ドル規模の会社を作り上げるとか、そういった類の話だ。

ほとんどの人は、この手の神話を好むものだ。なぜそんな神話を好むのかというと、ホレイショ・アルジャーの小説〔典型的なアメリカの成功譚〕のように困難を克服して成功するヒロイックな物語が大好きだからという向きもあれば、エキサイティングでエキゾチックに見える他人の人生を垣間見ることができるという「覗き見根性」を理由にする向きもいる。われわれは、この手の話を聞くのが好きでたまらないので、そういう話を繰り返し他人に聞かせたり、記事にしたり、時として本にしてしまったりするわけだ。この手の神話を物語る記事や本が書かれると、人々はそれを購入し、さらに多くの人が同じような神話についての記事や本を書くという無限のサイクルができあがるのである。

このようにして繰り返し語られる結果として、起業家にまつわる神話がテレビ、ラジオ、新聞、そしてインターネットなど、あらゆるメディアに浸透してゆくこととなる。起業に関する数百万のウェブページ、何万冊もの本、数十万本の記事は、スタートアップ企業の目覚ましい成長ストーリーについて語っている。テレビやラジオの人物紹介では、起業家自身、そして彼が始めたビジネス、さらにはそのインパクトを、このような神話と合致するような形で描き出すのだ。

しかし、わたしのこの本は、それらとは異なったものである。多くの人が信じる神話を再生産して提供するよりは、むしろ、起業に関するデータに注目するのだ。ここで用いられるデータは、どんなものでもいいというわけではない。ここでは、筋のいいデータだけを扱う。事実を丹念かつ適切に収集し、精度を保とうとしていると評判を博する機関——たとえば、それはシカゴ大学やミシガン大学、あるいは国勢調査局や労働統計局などの機関——で、研究者や政

府のリサーチャーによって得られた、統計上の代表標本に関する調査を用いるのである。(1)

本書では、起業家にまつわる神話に挑戦するため、わたしは以上のようなデータを用い、実際のところ、それがどうなっているのかを描き出すことにしたい。以下では、アメリカでの典型的な起業家像がどのようなものなのか、彼は何をどのように行うのか、そして、そのビジネスがアメリカ経済に対してどのようなインパクトを持つのかをスケッチすることにしたい。ところで、これまでの主語がすべて「彼」であったのは、後述するようにアメリカで典型的な起業家像が実際に「男性」だからである。本書を読んでも、ほかの起業神話にもとづいた本を読んだ時ほどは気分よくならないかもしれないが、それが皆さんの役に立つことだけは請け合おう。

起業とは何か

起業の定義は、人によってまちまちである。ある人はそれを革新的かつ創造的で、成長や機会を志向するものとして捉える。たとえば、以下のようなものとして――半導体企業の社内ベンチャーキャピタル部門であるインテル・キャピタルのマネージャーのように、既存の企業の内部でビジネスチャンスを追求する企業内起業家とか、あるいはロン・ハバードのようにNPOや宗教運動、社会運動を新たに創始する社会起業家とか、はたまた、パパとママから課された障害を乗り越えるための革新的かつ創造的な思考を編み出せるか否かに、クッキーがかかっているとことに気づいたわたしの四歳の娘のように、字義通り「起業家的に」行動する人など。

本書では、起業家と起業そのものに関しての、われわれの社会的通念にもしっくり馴染む、ずっとシンプルな定義を用いることにしよう。メリアム＝ウェブスター・オンライン辞書によるなら、起業とは、リスクを前提としながら、ビジネスや事業を組織し、マネジメントを行う活動のことである。(2) 起業家は、このような活動にたずさわる人間を意味する。

この定義は、別の定義からも、それほどかけ離れたものではない。たとえばウィキペディアは次のように定義している。――「一般的に、チャンスを発見することによって新たな組織、特に新しいビジネスを始める実践(3)」。そういうわけで、本書を読む際には、起業家という言葉は、新たにビジネスを始めた人を意味するものであって、宗教や社会運動、あるいは社内ベンチャーを始めた人は含まないものとして考えてもらいたい。彼らは彼らで興味深いが、本書で論じるべき対象からは外れているのである。

起業に関するイメージ

神話に従うなら、「起業家とは……ごく稀にしか育たない(4)」ものであり、なおかつ「育ちとは関係ない生まれつきの才能である(5)」ということになってしまうが、これは典型的な起業家がどのようなものであるかということについて非常に不正確なイメージを提供している。典型的な起業家とは、数人の仲のいい友人と数百万ドルのベンチャー資本を調達して会社をおこし、特許によって守られた新発明の装置を開発するような、ジェット機にしょっちゅう乗るシリコンバレー在住のエンジニアだと思う人もいる。もちろん、こういう会社は数千人を雇い、四年後には株式を公開し、その創業者と投資家のために巨万の富を産み出すことになるわけだ。

現実は、これとは似ても似つかないものだ。まず、起業は、神話がほのめかすよりは、ずっとありふれた職業である。(6) 実際の数字をみてみることにしよう。

- アメリカの全世帯の一一・一%には、自営業をやっている人がいる。(7)
- 全世帯の一一・三%は、ビジネスを所有している。(8)
- 非農業分野の一三%は、ビジネスオーナーである。(9)
- 二〇〇五年には、十八歳から七十四歳までの全米人口の約一三%が新たにビジネスを始めようとしていた。(10)

実際、アメリカでは毎年、結婚したり子どもをつくったりする人よりも多くが新たにビジネスを始める。(11) そして、全人口の四〇%が、人生の中で一度は自営業に就くのだ。(12)

われわれが思っている以上に起業家はありふれており、典型的な起業家は、ステレオタイプなイメージとは非常に異なったものである。典型的なアメリカの起業家は、カレッジを中退した四十歳代の既婚白人男性である。彼は、デモイン（アイオワ州）やタンパ（フロリダ州）など、自分が生まれ育った土地で人生の大半を過ごし、そのままそこに住み続けている。彼が始める新たなビジネスは、彼自身が長年その業界で働いた経験のある、建設会社や自動車修理工場のようなローテクなものだ。典型的な起業家が始めるビジネスは、彼自身の貯金や、恐らく銀行からの個人保証によるローンなどの形で調達した二万五〇〇〇ドルの資金を元手とする個人事業である。彼は生活費を稼いで家族を養いたいだけだ。要するに、典型的な起業家とは、よくいるあなたのお隣さんのことである。

神話を信じ込んでいるとどうなってしまうのか

典型的な起業家についてのイメージが誤ったものであり、起業家について書いてあることを読む際、そこに書いてあることが神話であるのなら、そこでは何が問題となるのだろうか。それは場合による。小説を読む時と同じような接し方、つまりフィクション（虚構）として起業家について書いてあるものを読んでいるのなら、何の問題もない。しかし、多くの人は、このような神話をノンフィクション（事実）として読んでいるのだ。彼らは、起業家がどういう人間で、何を行い、どのような影響力を持つのかということについて、不正確で美化された見方を神からの福音のように信じ込むことになってしまう。そして、彼らはそういう〔誤った〕信念にもとづいて実際に行動を開始してしまう。もし、フィクションを現実だと思い込んだまま、それにもとづいて行動してしまったら、自分自身を傷つけるのみならず、周りの人をも巻き込むことになってしまうだろう。

起業に関する神話を信じ込むことで、自分や周りを傷つけてしまう場合、そのような事態は、成功の見込みに関する誤った判断を通じて生じる。もし新たにビジネスを始めたいと考えるのなら、その実現の可能性を見定めるために必要な情報を手にしていなければならない。そうすることで、真の成功の見込みに関して、十分に情報を得た上での決断ができるのだ。誰しも、誤った信念にもとづいた決断をしたくはないはずだ。

これはリスクを伴うあらゆる決断にあてはまる。たとえば、手術を受ける場合を考えてみればよい。もし、あなたが癌で、医者から手術が必要だと言われたなら、その手術によって癌を切除した結果、健康な体に戻ることができる可能性がどのくらいあるのかを知りたいと思うはずだ。手術の成功率が一〇%しかない時に、医者から「あぁ、よくなりますよ。手術は全然大したことないですから」などと大雑把なことを言って欲しくはないはずだろう。

同様に、ビジネスを始める際、それがどのくらいの確率で成功するのかを知らなければならないはずだ。多くの起業家が資金的に恵まれていたなどといった話を読むと、漠然とした安心感に包まれてしまうかもしれないが、このような情報は決断を下すにあたって何の助けにもならない。ビジネスを新たに始めるにあたって十分な情報を持った上で決断を下すためには、典型的なスタートアップ企業は五年以内に終了してしまい、また、新たにビジネスを始めた起業家が十年間〔企業として〕生存したとしても、実際には〔起業せずに〕他人の下で働いた場合よりも少ない額しか稼げないことを知らなければならない（もちろん、雇われ人だった時よりも稼ぐ人も少数はいるのだが、これについては第六章を読んでもらいたい）。結局のところ、新しい会社をおこすために自宅に二番抵当を付けたり、今の仕事を辞めたりしてしまうのが、賢明なことであるのかどうかは、自分で判断しなければならないことなのだ。

起業家になりたい人や、彼らに資金提供する人のうち、「失敗」の可能性から目を背けない人はほとんどいない。ビジネスを始める人や、資金提供する人の多くが成功を目指すからこそ、起業の現実を理解しなければならない第二の理由が出てくるのだ。つまり、そうすることで、自分が始めたり資金提供の対象としたりする会社が成功する確率を高めることができるからである。

研究によると、成功した起業家と失敗した起業家の間には、その行動において多くの点で違いがある。これが何なのかを知ることによってこそ、成功を手にすることができる。しかし、それが何であるのか知るのは容易なことではない。典型的な起業家は（統計的には、その多くが）失敗するものなのだから、むやみにそこらの起業家にどうすれば成功するのかを聞いてまわっても仕方がない。そんなことをしていたら成功する確率はひたすら低くなるだけなのだ。何をなすべきかを見極めるためには、何がスタートアップ企業を成功に導く情報であるのかを厳しく見極めなければならないのである。

起業に関する神話が、このような情報を見つけ出すことを困難にする理由としては、次の二つが考えられる。第一に、神話を信じ込んでしまうと、成功のために本当は大切なことが、それほど重要ではないかのように思えて来てしまう。たとえば、どのくらいの自己資金が必要なのかということや、自分のビジネスが属す産業についての知識、そのビジネスの法的形態、あるいは開業時に何人の従業員を必要とするのかということ、はたまた、どのような戦略を採用すべきなのかなどといった諸々の事柄は、神話に従うなら、大して重要ではないということになってしまう。しかし、あとで分かるように、これらは非常に重要なことなのだ。神話を信じ込んでいると、成功するために必要なことから、かけ離れていってしまうことになる。

第二に、神話は（今いったこととは今度は逆に）ベンチャーを成功させるためには大して重要ではないことを、あたかも重要であるかのように思い込ませてしまう。たとえば、忍耐強く、自信満々で、リーダーシップをとることが、成功した起業家になるためには必要なのだと神話は教えてくれる。しかし、このような気質を持った人が始めたビジネスが高い成果を挙げているなどといった十分な証拠は、どこにもない。神話を信じ込んでしまうと、ほんらい時間を割くべきではないことに関心を奪われてしまうことになるだろう。

ビジネスを自分で始めようと計画しているのか、それとも資金提供しようと計画しているのかのいずれであるかにかかわらず、起業の現実について知ることは重要である。実のところ、きちんとした情報を持った市民になるためにこそ、現実を知らなければならないのである。神話は非常に根強いものなので、われわれは市民として、そのような神話に合わせる形で公共政策を形成して来てしまっている。アメリカ社会の多くの人は、スタートアップ企業を、疲弊した地域経済を変えたり、イノベーションを創出したりと、あらゆる形の経済の魔法を生み出す「魔法の弾丸」であるかのように信じ込んでしまっている。そして、そうであるからこそ、われわれは一つの社会として、新たにビジネスを始める人に向けて、移転支出〔生活保護などの社会給付〕やローンの貸し付け、あるいは規制免除などを提供する政策を通じて、そのような活動を奨励するのである。対象となるのは、どんなビジネスであってもＯＫなのだ。

しかし、不幸なことに、起業は万能薬ではない。スタートアップ企業は、考えるよりもはるかに小規模の雇用と経済成長しか産み出さない。さらにいうなら、きわめて高い成功のポテンシャルを秘めた、ごくごくわずかな数の新しいビジネスだけが、新たな雇用と経済成長をもたらすのである。だから、もし、あなたが今後の経済成長政策を担当する政策立案者であるなら、あるいは単にそのようなことに関して投票しなければならない市民としてという意味での関係者であってもだが、典型的なスタートアップ企業がわれわれにとって、本当に役に立つものなのかどうかを知っておく必要が出てくる。スタートアップ企業のインパクトに関する神話にもとづいた政策決定は、資源の無駄遣いと悪しきインセンティブを生み出すことになってしまうだろう。

本書を読むべきなのは誰か

もし、あなたが、もっと多くの人に起業家になることを促す政策担当者であったり、自分自身で起業家になりたいと思う人であったり、あるいは、スタートアップ企業はいいことだと思う市民であったりするなら、あなたは起業に関する〝事実〟を知らなければならない。事実を知って神話の誤りを正すことは、会社をおこしたり、それに資金提供したり、あるいは、そのようなことを奨励したりするのに際して、十分な情報にもとづいた決断を下すのに役立つからである。本書の情報は、あなたが正しい事実を獲得するのに役立ち、起業に関する多くの神話から、あなたを解き放つ。

本書ではどのような問題を取り扱うのか

いかなる本であっても、起業に関するあらゆる神話を正すことはできない。本書もその例外ではない。本書では、次のような、起業に関して、人がしばしば口にする疑問という形で現れる神話を取り扱うことにしたい。

- 過去に比べて現在は、より起業家的時代なのか？
- ある場所が別の場所よりも起業家的であるのは、なぜか？
- スタートアップ企業に人気のある業種は何か？

●人はなぜ、ビジネスを始めるのか？
●典型的な起業家は、どんな性格なのか？
●新たなビジネスの典型は、どのようなものなのか？
●起業家が典型的なスタートアップ企業を始める際の資金調達は、どうなっているのか？
●典型的なベンチャーは、どの程度の成果を挙げるものなのか？
●ベンチャーによって、どれくらいの仕事（雇用）が産み出されているのか？

本書では、これらの疑問に対して答えてゆくことにしよう。もしあなたが普通の人なら、その解答の一つひとつに驚くことになるだろう。これらに関する一般的な解答は、たいてい死ぬほど間違っているからだ。

たとえば

著者としては、読者に本書を最後まで読み通してほしいので、最初に起業に関するいくつかの驚くべき事実を前もってお知らせしておくことにしたい。

●アメリカは、以前に比べるなら起業家的ではなくなって来ている。一九一〇年と比べるなら、全人口に占めるビジネスの創業者の割合は低下して来ている。

●アメリカが、格別に起業家的な国というわけでもない。ペルーは、アメリカよりも三・五倍の割合で新たにビジネスを始める人がいる。

●起業家は、魅力的で目を惹くハイテク産業などではなく、建設業や小売業などのどちらかというと魅力の薄い、ありきたりの業種でビジネスを始める場合のほうが多い。

●新しくビジネスを始める動機のほとんどは、他人の下で働きたくないということに尽きる。

●仕事を頻繁に変える人や、失業している人、あるいは稼ぎの少ない人のほうが、新しいビジネスを始める傾向にある。

●典型的なスタートアップ企業は、革新的ではなく、何らの成長プランも持たず、従業員も一人（起業家その人）で、一〇万ドル以下の収入しかもたらさない。

●七年以上、新たなビジネスを継続させられる人は、全体の三分の一しかいない。

●典型的なスタートアップ企業は、二万五〇〇〇ドルの資本しか持たず、それはほとんどの場合、本人の貯金である。

●典型的な起業家は、ほかの人よりも長い時間労働し、誰かの下で雇われて働いていた時よりも低い額しか稼いでいない。

●スタートアップ企業は、考えるよりは少ない仕事（雇用）しか産み出さない。創業以来二年未満の会社で働く人が全人口の一％であるのに対して、十年以上の会社で働く人は六〇％を占める。

これらは本書の内容のほんの一例にすぎないのだが、あなたが起業家やベンチャー投資家志願であるのなら、好奇心をそそられることだろう。さらに読み進めば、転ばぬ先の杖を手に入れることができるはずである。

第一章　アメリカ――起業ブームの起業家大陸

もし、あなたが、多くの人を起業家にしたいと考えている政策担当者であったり、あるいは、自分自身が起業家になりたいと考えていたり、はたまた、スタートアップ企業はいいものだと考える、起業に興味を持った一般市民であったりするならば、アメリカでの起業に関する基本的な事実について理解したいと思うのではないだろうか。たとえば、実際、アメリカ人は、多くの会社をおこすのだろうかとか、以前よりも多くの人が会社をおこしているのだろうかとか、特定の地域で起業が多いのはなぜだろうか、などといった事実について知りたくなるのではないだろうか。これらの疑問に対する解答は、新しい会社が、いつ、どこでおこされ、どのようなファクターがそれに影響を与えるのかを教えてくれるものとなるだろう。

これらの疑問に答えるのは、とても簡単なことだと、すぐに分かる。政策担当者や起業家、あるいは投資家や起業に興味を持った人は、その答えを知っているし、また、答えを教えてくれる。彼らは、要するに大企業の時代は終わったのだ、と言うだろう。毎年、以前にも増して多くの人が起業家になっている。なぜなら、彼ら自身に雇用の保障がないことや自分で何かやりたいという欲望が満たされないことに飽き飽きしているからだ。彼らは、従来の企業社会から脱出し、これまでにない勢いの新しいビジネスを始めている。実際、インターネットや近くの書店を覗いてみれば、次のようなことがすぐに分かる。

●「過去十年くらいの間に、アメリカで起業エコノミーが生まれ始め、起業的なスタートアップの数は著しく増加した。その結果として、現在、スモールビジネスはアメリカ経済の推進力となっている(1)」

●「アメリカ経済と他国のそれを比較観察した場合、アメリカ人は起業家になろうとする傾向が非常に強いことが注記される(2)」

●「われわれは、未曾有の起業ブームの真っただ中にいる(3)」

すべての人が同じことを言っており、また、真実であるようにも見える。しかし、これらの見解を裏付けるデータは一体どこにあるのだろう、という内なる声も聞こえて来る。仮にすべての人が同じことを言っているとしても、それを裏付けるデータを探し出さなければならないはずだ。

残念ながら、政策担当者や学者、あるいは起業家や専門家は、そのようなデータを提供してはくれない。実際、これらの専門家が正しいのだと思い込んでしまっているため、誰も彼らの答えが正しいのかどうかを確かめるために、わざわざ実際にデータをチェックしたことがないのだ。少しでも深く掘り下げて実際のデータを見てみるなら、驚くことになるだろう。というのも、これらの問題に関して一般的に受け入れられている答えが端的に誤っていることが分かるからだ。アメリカが起業に満ちていることや、アメリカで多くのスタートアップ企業が生まれる原因についての受け身の知識は間違っている。以下では、このことをもっと細かくみてゆくことにしたい。

起業家の数は増えていない

アメリカで新たにビジネスを始める人の全人口に占める割合は増えておらず、実のところ、これからは減ってゆくだろうと思われる。データによると、この国の起業の割合は、この二十年の間、フラットか減少する傾向にある。たとえば、アメリカ国内世帯の代表標本に対し、三年ごとに連邦準備制度理事会によって行われる消費実態調査（Survey of Consumer Finances）は、アメリカの家計状況の特定の時点でのスナップショットを測定するものである。この調査結果によるなら、自分のビジネスを持っているアメリカの世帯は、一九八三年の一四・二％から、二〇〇四年には一一・五％にまで減少しているのである(4)。

しかし、非常に多くの人は、今こそアメリカ史上最大の起業ブームであると信じ込んでいるので、そのような思い込みを捨て去ってしまう前に、本当にそのデータが正しいかを確かめてみなければならない。さらに、ビジネスを所有しているか否かは、起業家的活動を測定する際の的確な指標ではないかもしれない。なぜなら、その中には、つい最近、新たにビジネスを始めたというよりはむしろ、かなり前に自分の会社をおこしたビジネスオーナーも含まれているからだ。

別の測定方法もある。フロリダ国際大学で企業動態論と社会学を専門とするポール・レイノルズは、一九九〇年代中盤から毎年、新たにビジネスを始める人の数を調査して来た。十八歳から七十歳までの代表標本から収集したデータを用いて、レイノルズは彼自身が「起業活動率（TEA）」と呼ぶものを測定している。それは、新たにビジネスを始めるプロセスの真っただ中にいる人の毎年の数と、過去三年半の間に始められたビジネスを所有し経営する人の数を合わせたものである。レイノルズ教授が行う起業活動率の測定によるなら、アメリカでの起業活動は、一九九八年から二〇〇六年の間、本質的には変化していないことになる。(5)

残念なことに、このレイノルズのデータは、これ以上過去に遡っては存在しないため（彼はあと数年分のデータは集めていたのだが、少し異なった方法を使ってそれらを収集している）、彼の測定方法では、アメリカでの新たなビジネスの長期にわたる傾向を知ることはできない。しかし、われわれは、より長期間にわたるパターンを探り出すため、さらに別のデータを用いることができる。

この問題に関しては、アメリカ中小企業庁がデータソースを提供してくれる。中小企業庁は毎年、新たに創業した「雇用企業」の数を測定している（雇用企業とは、最低でも一人の従業員を抱えている企業である）。毎年の新たなビジネスの開業率を測定するために毎年新たに設立される雇用企業に関する中小企業庁のデータを利用しようとするなら、その数を毎年増加するアメリカ合衆国の人口で割って標準化（normalize）しなければならない。図一－一は、一人当たりの新たな雇用企業の誕生件数を示している。それによると、従業員を雇用する新たなビジネスの国民一人当たりの開業率は一九九〇年から一九九二年の間は減少するが、その後一九九〇年代中盤までは増加し、さらに二〇〇二年までは減少して、それ以降は増加してゆくこととなる。

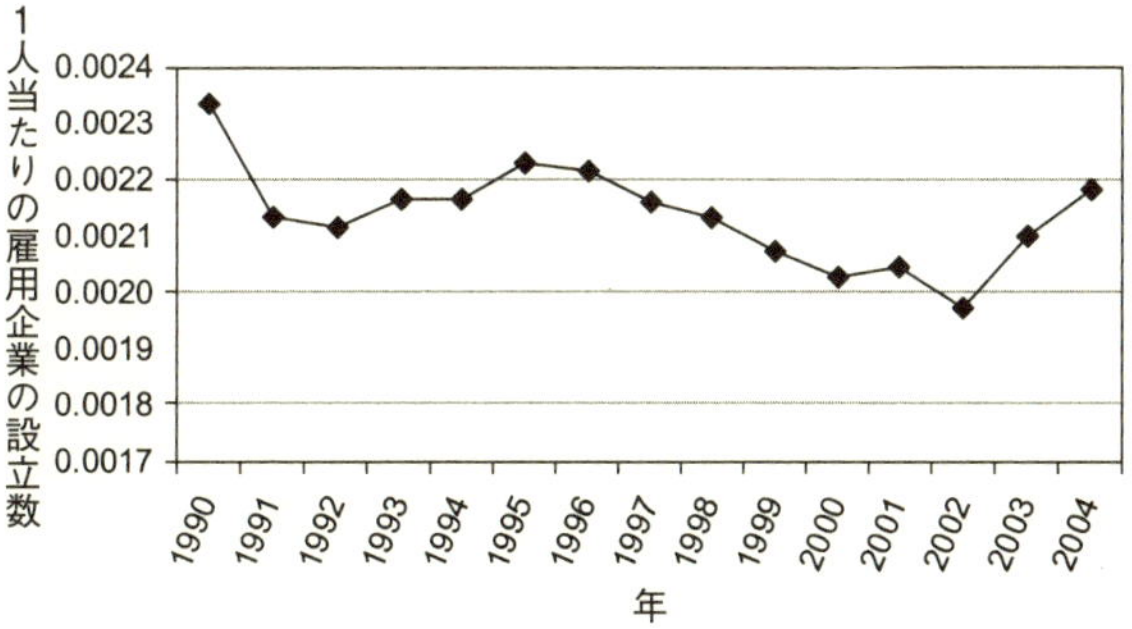

図1-1　アメリカで創業した雇用ビジネスの1人当たりの件数（1990～2004）

Source: Adapted from date from the U.S. Bureau of the Census and the U.S. Small Business Administration, accessed at www.sba.gov/advo/reseach/date.html and www.census.gov/population/www/index.html.

　しかし、従業員を雇用するビジネスはアメリカで新たに始められるビジネス全体のわずかな部分（およそ二五％）を占めているにすぎない。なぜなら、新たなビジネス全体のうち四分の三は、そもそも従業員を抱えていないものだからだ。従って、スタートアップ企業の割合が通時的に増加していないことを確証するために、われわれは起業件数を測定するさらに別の指標である「自営」の数を見てみたくなる。労働統計局と国勢調査局は、人口動態調査を通じて、毎年どのくらいの労働力が自営であるのかを測定している。この調査は、労働力の中での各自のステータスを「労働力外」、「賃労働」、「失業」、「自営」から選ばせる。

実は、これらの統計機関は、法人化されていないものと法人化されたものの二つのタイプの自営を測定している。前者は、自営ではあるが会社を経営しているとは言わないような人であり、後者は自営の会社オーナーである。いずれの測定結果も、アメリカで起業の割合が増加していることを示唆してはいない。法人化されていない自営の割合は、一九八〇年代から一九九〇年代前半まで基本的に変化しておらず、それ以降は減少傾向にある（図一－二を参照）[6]。

しかしながら、これらのデータは、法人化されたビジネスを経営する自営業者から構成される三％の労働力を算入してはおらず、その点、起業家の数を少なく見積もってしまったものとなる[7]。自営の正確な姿を知るためには、このような集団に関するデータを仔細に検討しなければならない。法人化された自営と法人化されてない自営に関するデータを並べてみた場合、自営件数の傾向はフラットに見える。法人化された自営は若干の上昇傾向にあるが、その傾向は、法人化されていない自営の下降傾向に相殺されるのである（図一－三を参照）。

労働統計局は、過去二十～三十年の間毎年、同様の方法論にもとづいて自営のデータを収集している。従って、われわれは、一九八〇年代から一九九〇年代にかけての毎年の自営の割合を捕捉した正確なグラフを作成することができるのである。しかしながら、このような傾向は新しいものではない。法人化されていない非農業分野での自営の割合に関する年ごとのデータが手に入る最初の年である一九四八年まで遡るなら、その割合は、現在よりも遥かに高い、全労働力の一二%を占めていたことが分かる。実際、二〇〇四年の非農業分野での自営の割合は一九四八年の水準の五八%なのである(8)。さらに、われわれは、自営に関する国勢調査のデータを一九一〇年まで遡って見ることができる。この歴史的データ(一九四八年以降に収集されたものと比べると信頼性は落ちるのだが)を検討したエコノミストは、アメリカでの自営の割合は、一九一〇年のほうが二〇〇四年よりも、はるかに高いことを発見している(9)。つまり、アメリカでの自営の割合は、長年にわたって下降傾向にあるのだ。

このような自営の割合の低下は、アメリカに限られたものではない。ほかの経済協力開発機構(OECD)諸国(オーストラリア、オーストリア、ベルギー、カナダ、チェコ、デンマーク、フィンランド、フランス、ドイツ、ギリシア、ハンガリー、アイスランド、アイルランド、イタリア、日本、韓国、ル

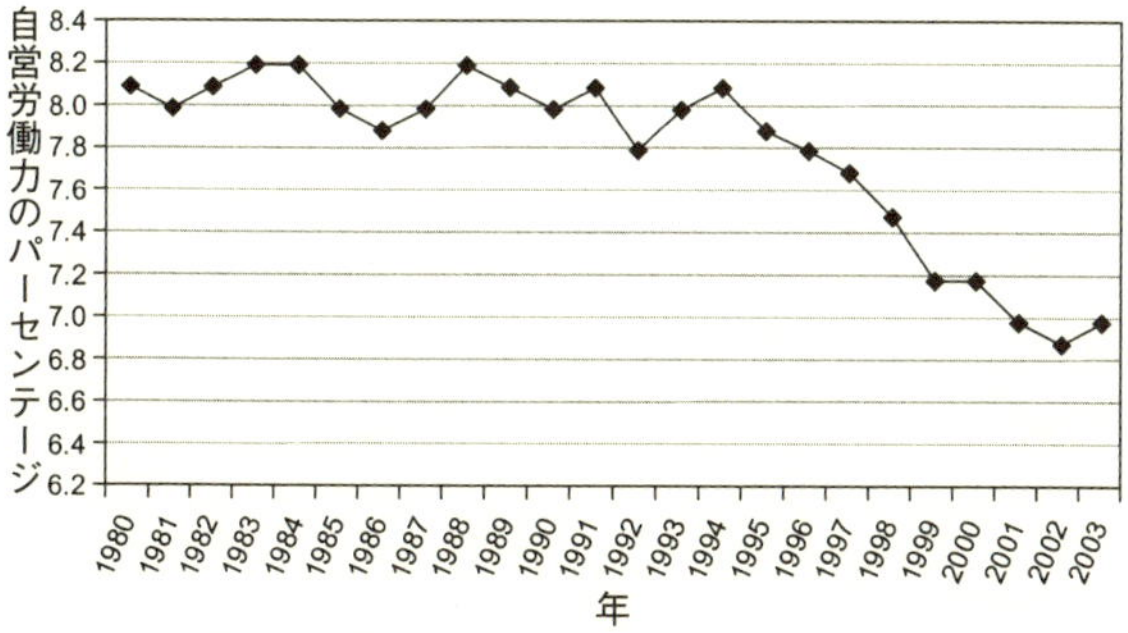

図1-2 アメリカでの法人化されていない自営の割合の通時的変化
Source: Adapted from the Office of Advocacy, U.S. Small Business Administration, *The Small Business Economy* (Washington, D.C.: U.S. Government Printing Office, 2004).

クセンブルク、メキシコ、オランダ、ニュージーランド、ノルウェー、ポーランド、ポルトガル、スロバキア、スペイン、スウェーデン、スイス、トルコ、イギリス、そしてアメリカ）でも事情は同じである。ポルトガル、ニュージーランド、イギリス以外のすべてのＯＥＣＤ諸国では、一九五五年から二〇〇二年の間、自営の割合は下降傾向にある。(10)

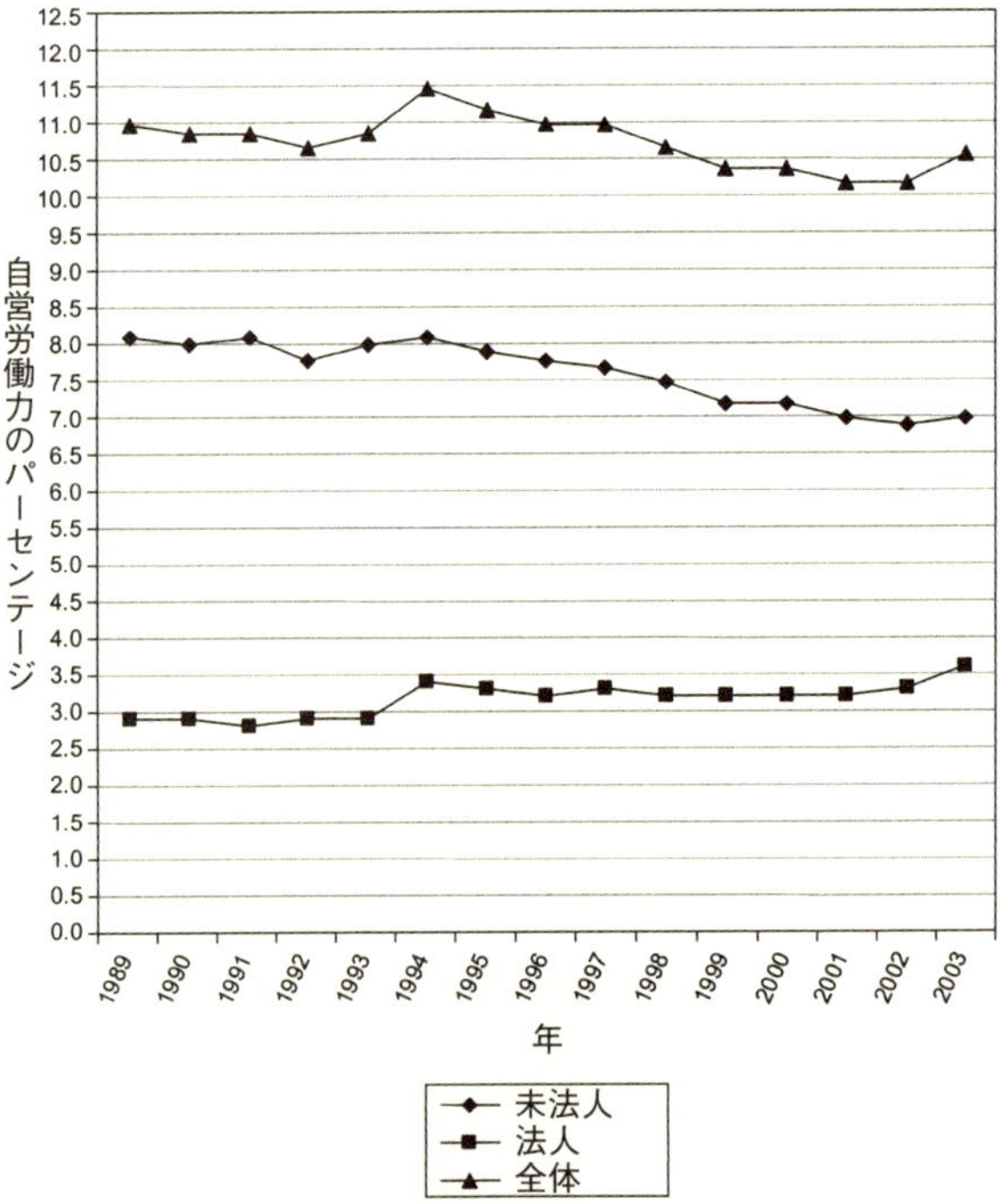

図 1-3　法人自営，未法人自営，自営全体の通時的変化
Source: Adapted from S. Hipple, "Self-Employment in the United States: An Update," *Monthly Labor Review*, July 2004, 13–23.

最後に、これまでとは異なったコーホート（cohort）に関するデータを見てみよう。この集団は、同じ年に学校を卒業したグループで、通時的に彼らが自営する割合がどのように変化しているのか見てみることにしたい。このコーホートに関する研究は、自営の割合に実質的にはまったく変化がないことを示している。たとえば、ある綿密な研究では、カナダの全国卒業生調査が検討されている。この調査では、一九八二年、一九八六年、一九九〇年、そして一九九五年に卒業したカナダの大学卒業生の代表標本に対して調査を行っている。このデータは、異なったコーホートのすべてが、一九八二年から二〇〇〇年までの間にカナダで発生した経済的・政治的・社会的な変化にもかかわらず、卒業の二年後と五年後に自営になる傾向が高いことを示している。(11)

以上のことから、どのようなことが分かるだろうか。現にビジネスを始めようとしている人、新たな従業員を雇用する企業、あるいは、法人化された／法人化されていない自営など、いずれのものとして起業家の数を測定するとしても、過去二十年の間、アメリカ（あるいはほかの先進諸国）では起業が増大している傾向を見つけ出すことはできない。多くの意見とは相違して、歴史上これまでよりも起業が盛んな時代に突入している気配はどうやらないようだ。

アメリカでの起業は低調である

アメリカは世界で一番起業が盛んな国であり、世界中のどの国と比べても自分でビジネスを始めたりビジネスを所有したりする人の人口に占める割合が高いと言われている。しかし、実際のデータも、このような主張と合致するだろうか。

答えはノーである。どれほど多くのアメリカ人が新たにビジネスを始めているかという、この手の話にもかかわらず、われわれはほかの国よりも、はるかに低い割合でしかビジネスを始めてはいない。自分でビジネスを始める割合で測定してみると、トルコ人はアメリカ人の四倍の割合で、自分でビジネスを始める傾向にある。

過去三年半の間にビジネスを始めたり、あるいは新たなビジネスを所有し運営したりするプロセスにいる生産年齢人口のパーセンテージで測定すると、ペルー人はアメリカ人の三・五倍の割合で起

表 1-1　OECD 諸国の自営の割合

国	2002	1992
トルコ	30.0	29.7
メキシコ	29.2	32.9
韓国	28.1	26.7
ポルトガル	24.5	26.5
イタリア	23.6	23.8
ポーランド	22.6	30.0
ニュージーランド	18.9	19.1
スペイン	17.8	19.7
アイルランド	17.0	21.2
アイスランド	16.5	17.8
ベルギー	14.5	14.1
オーストラリア	13.5	14.6
フィンランド	12.3	13.8
イギリス	11.2	12.9
オランダ	10.8	9.5
日本	10.8	13.5
オーストリア	10.5	10.2
ドイツ	9.9	8.2
スウェーデン	9.7	8.8
カナダ	9.7	9.2
フランス	8.8	12.3
デンマーク	8.0	9.0
アメリカ	7.2	8.6
ノルウェー	6.8	9.0
ルクセンブルク	6.1	8.4

Source: OECD Labour Force Statistics. http://www1.oecd.org/scripts/cde/members/LFSDAAuthenticate.asp（accessed on October 2, 2006）.

業家になっている。[12] 実は、起業の割合を自営人口のパーセンテージで測定しても、新たにビジネスを始めるプロセスにいる人口のパーセンテージで測定しても、いずれの場合でも、アメリカは各国の中でトップクラスには入っていない。信じられないって？ じゃあ、表一－一を見てみよう。この表は、一九九二年と二〇〇二年の両方の年で、アメリカがＯＥＣＤ諸国で最下

表 1-2　全人口中の新規もしくは社齢の浅いビジネスの割合

国	合計	新規ビジネス	社齢の浅いビジネス
タイ	27.20	13.10	14.10
中国	22.60	9.40	13.20
ニュージーランド	20.80	10.00	10.80
ギリシア	12.10	1.60	10.50
ブラジル	18.30	8.20	10.10
スイス	13.40	3.70	9.70
オーストラリア	14.30	4.70	9.60
ジャマイカ	16.20	6.70	9.50
ヴェネズエラ	16.10	7.50	8.60
フィンランド	10.50	1.90	8.60
アイルランド	12.80	4.70	8.10
スペイン	11.10	3.40	7.70
カナダ	11.00	3.60	7.40
ノルウェー	12.50	5.20	7.30
アイスランド	10.00	2.70	7.30
イタリア	8.70	2.30	6.40
スウェーデン	8.80	2.50	6.30
スロベニア	7.70	1.40	6.30
オランダ	7.60	1.90	5.70
ベルギー	6.80	1.20	5.60
日本	6.50	1.10	5.40
イギリス	8.00	2.90	5.10
アルゼンチン	8.90	3.90	5.00
ラトヴィア	7.80	2.80	5.00
アメリカ	9.90	5.20	4.70
シンガポール	8.40	3.70	4.70
デンマーク	6.80	2.40	4.40
ドイツ	6.90	2.70	4.20
チリ	9.10	5.30	3.80
オーストリア	6.20	2.40	3.80
クロアチア	6.20	2.50	3.70
フランス	3.00	0.70	2.30
ハンガリー	2.80	0.80	2.00
メキシコ	3.30	1.40	1.90
南アフリカ	3.00	1.70	1.30

Source: Adapted from the Global Entrepreneurship Monitor, Global 2005 Executive Report, (Accessed http://www.gemconsortium.org/category_list.asp?cid=179 October 2, 2006)

位のあたりにいることを示している。

一人当たりの社齢の浅いビジネスの数、つまり少なくとも過去三年半の間に運営されたビジネスを所有し経営している人口の割合で測定しても、アメリカは各国中で下位三分の一に位置している（表一－二を参照）。さらに、新たなビジネスの一人当たりの開業率、つまり、少なくとも過去三カ月の間、運営されたビジネスを所有し経営する人口の割合に関しても、アメリカは各国中で真ん中くらいの順位である。

明らかに神話は間違っている。アメリカ人は、世界中でもっともビジネスを新しく始める傾向の強い国民などではない。そのようなことからはほど遠いのが実態なのだ。

国によってスタートアップの数が多くなるのはなぜか

データによって、ある国ではほかの国よりもずっと新しいビジネスが一般的であることが分かる。たとえば、いずれの時点においても、日本の生産年齢人口のわずか三％しか新たにビジネスを始めてはいないのに対して、タイではほぼ三倍（生産年齢人口の二〇％）が新たにビジネスを始めている[13]〔以上のくだりは、日タイ間での生産年齢人口の違いに留意する必要がある。前者が後者の二倍近い〕。

これは一年かぎりの逸脱事例ではない。すでにアメリカについて見たように、ある国の新しいビジネスの開業率は、通時的にはほとんど変化しないのである。つまり、ある年に多くの人が会社を始める国では、その翌年にも多くが会社を始める。しかし、ある時点で会社を始める人がほとんどいない国では、別の時点でも会社を始める人はほとんどいないものなのである。[14]

なぜ、ある国では会社を始めることが一般的なのだろうか。これに関しては多くの説明がなされてきた。[15]その原因が税制、規制様態、資本へのアクセス、法的システム、そして所有権などにあるのだという説明もあれば、文化や意識について思案をめぐらすものもある。たとえば、フランス人はワインと政治談義を愛するあまり会社を始めるのには向いていない一方で、日本人はみな「サラリーマン」でしかなく、自分のビジネスを始めるには型にはまり過ぎているといった説明などだ。

これらの説明にも一理はあるのかもしれないが、国によってスタートアップ企業の数が違う第一義的な説明にはなっていない。安楽椅子に座った専門家の空論はすべて脇に退け、データそのものに注目するなら、驚くことになるだろう。開業率の違いを説明する際のキーとなる要素は、その国の富である。しかし、この関係の示す方向性は期待するようなものではない。すなわち、ある国が富んでいればいるほど（一人当たりのGDPが高ければ高いほど）、自営の割合は低くなるし、現にビジネスを始めようとするプロセスにいたり、最近ビジネスを始めた生産年齢人口のパーセンテージは小さくなる。[16]実は、二〇〇〇年から二〇〇四年の間に四四カ国で十八歳から六十八歳までのビジネスの創業を調査したグローバル・アントレプレナーシップ・モニター（GEM）によるなら、先進国よりも発展途上国のほうが、新たにビジネスを始める割合が、はるかに高いのである。たとえば、ペルー、ウガンダ、エクアドル、ベネズエラでビジネスを始める生産年齢人口のパーセンテージは、アメリカの二倍以上になっている[17]。

これは一体どういうことなのだろうか。なぜ豊かな国のほうが貧しい国よりも、ビジネスを始める人が少ないのだろうか。エコノミストはこの問題を検討して、すでに解答を得ている。ある国が豊かになればなるほど、労働者に支払われる平均賃金は上昇する。このような賃金上昇はビジネスオーナーに、従来は人の手で行われていた仕事を機械に取ってかえるよう促す。資本（機械）は、労働力よりは規模の経済性（大量生産による生産費の逓減）に従うものだ。結果として、資本を利用する必要が大きくなるので、企業規模は大きくなる。こうして企業はますます大きくなり、人は自分で働くことをやめ、代わりに他人の下で働くこととなる。ある国が豊かになるにつれて発生する、この自営から賃労働へのシフトは、どの時点でも新たに会社を始める人口の割合を低くするのである[18]。

さらに、国が豊かになり、実質賃金（インフレを考慮したのちの賃金）が上昇すると、個人ビジネスを経営する機会費用も増大する。なぜなら、自分ではないほかの誰かの下で働いた場合のほうが稼げる額が多くなるからだ。増大する機会費用によって、実質賃金が低かった時に比べ、多くの人が他人の下で働くことになる。結果として、新たに会社を始める人口の割合は減少することとなる[19]。

最後に、国が豊かになればなるほど、そうした国は、経済的価値が創造される場をシフトさせてゆく。まずは、農業から工業へ、そして、工業からサービス業へという変化である。経済的価値の源泉が、自営が一般的なところから工業のように自営があまり一般的ではないところへとシフトしてゆくのである。[20] 実際、農業経済から工業経済への移行は、自営の割合を大幅に減少させる。なぜなら、ふつう農民は自分のビジネスを持っているのに対して、製造業者はそうではないからだ。[21]

データによるなら、経済的価値の源泉として農業に依存する度合いを弱めるにつれて、起業に従事する人口（自営の数で測っても、その時点で新たにビジネスを始めた数で測っても）は減少することとなる。たとえば、アメリカ合衆国では、経済全体に対する農業分野の重要性が低下した結果、法人化されていない自営の割合が一九四八年の一二％から二〇〇三年には七・五％まで低下している。[22]

農業分野の付加価値と農業従事人口の関係は、農業に依存しない国よりも依存する国のほうが、自営業者を多く擁することを示している。ある国のGDP中で農業の占めるパーセンテージ（世界銀行調べ）と、その国の起業活動率（TEA…グローバル・アントレプレナーシップ・モニター調べ）との間の相関関係は、図一‐四に示された通りである。縦軸は、ある国のTEA（これは、新たにビジネスを始めようとしている人や過去三年半以内にビジネスを始め、現にそれを所有・運営している人の数を生産年齢人口で割ったもの）を表している。また、横軸は、ある国の（付加価値のある）経済活動の中で農業によって産み出されるものの割合を表している。図中を右上に向かって横切る直線は、相関性の予測値（fitted values for the correlation）を示している（相関性とは、二つの物事が互いにどのくらい似ているのかを測るものである。相関性が一・〇の場合、二つの物事のパターンはまったく同じということになる）。ここでの相関係数は〇・六六であり、これは非常に強い相関性を示している。[23]

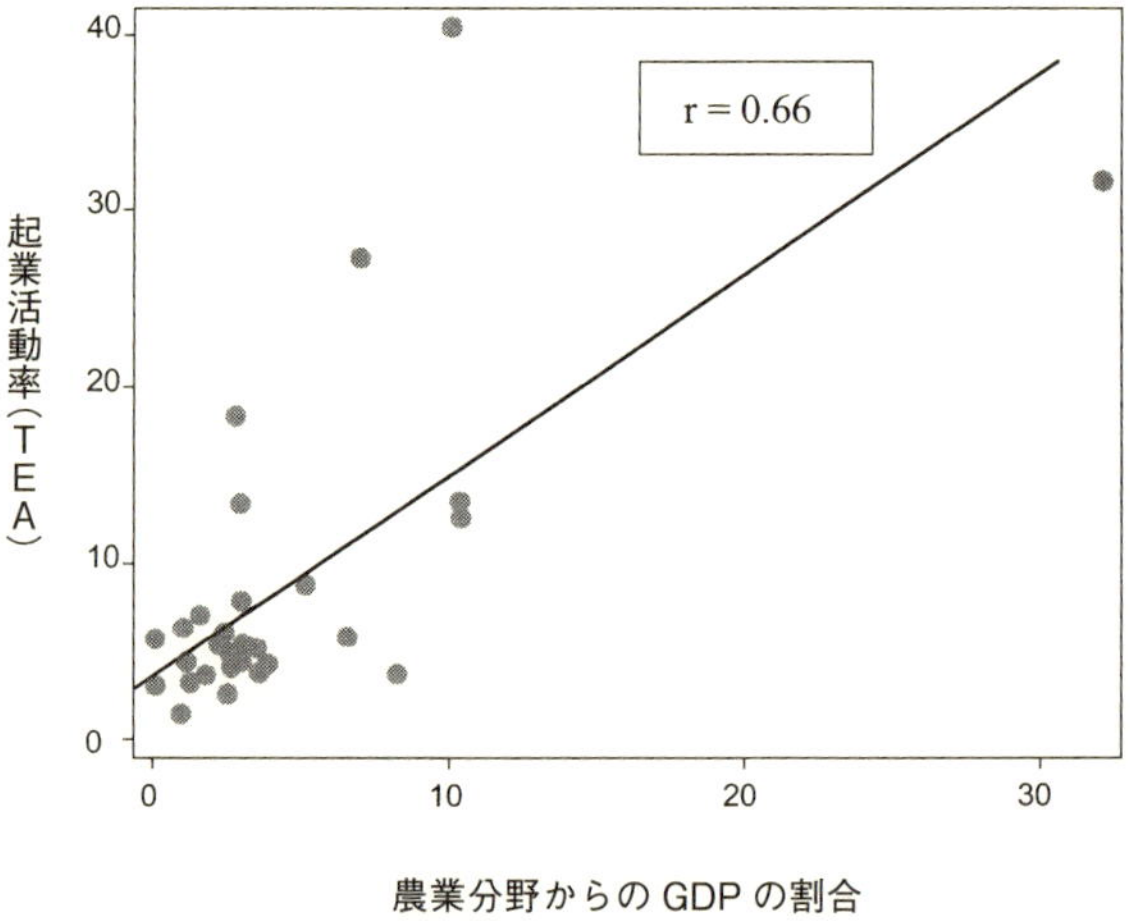

図 1-4　2004 年の農業分野の付加価値の割合と起業活動率（TEA）の各国での相関性
Source: Calculated from data from the Global Entrepreneurship Monitor and the World Development Report.

　これが何を意味するのかをよく考えてみると、それは新聞で読んだことと矛盾するのではないだろうか。アメリカ合衆国は、新たにビジネスを創出する水準という点からするなら、「起業の殿堂」たるトルコやペルーなどとは恥ずかしくて比べるべくもない、並み程度の国なのである。そして、これらの殿堂がなぜ、われわれよりも多くの新しい会社を擁しているのかも分かっている。それは、これらの国が貧しく、農業に依存しているからである。

国内でスタートアップが占める割合の相違

このような、各国でのスタートアップ企業の占める割合の違いだけでなく、一国内でも地域によって開業率や自営業率は異なってくる。[24] たとえばグレート・ブリテン北部での自営の割合は全国平均よりも二五％低いのに対して、南西部はイギリスの全国平均よりも二八％高い。[25] カナダを見ると、大西洋沿岸諸州ではほかの地域よりも自営の割合が低い。[26] このようなパターンはアメリカ合衆国にも存在し、北東部、中西部、南部よりも西部のほうが自営の割合が高い(図一－五を参照)[27](これほど明瞭ではないが似たようなパターンとして、新たな従業員を雇用する企業の人口一人当たりの設立件数が挙げられる[28])。

新たにビジネスを始める割合の地域ごとのバラツキは、このようなトピックに関して何か少しでも読んだことがあれば、それほど驚くには値しない。ある地域では他地域よりも高い割合で起業家が新しいビジネスを始めるということは普通に理解されていることだ。多くの記事や書籍、そしてブログなどは、シリコンバレー、ルート一二八、リサーチ・トライアングル、オースチン、テキサス、シアトル、ワシントンなどのアメリカの「起業家的」地域について言及している。しかし、これらの情報に関する唯一の問題点は、実のところ、これらの場所ではスタートアップ企業の割合が高くないということだ。

信じられないって？　じゃあ、各州間のデータを見てみようじゃないか。二〇〇五年にもっ

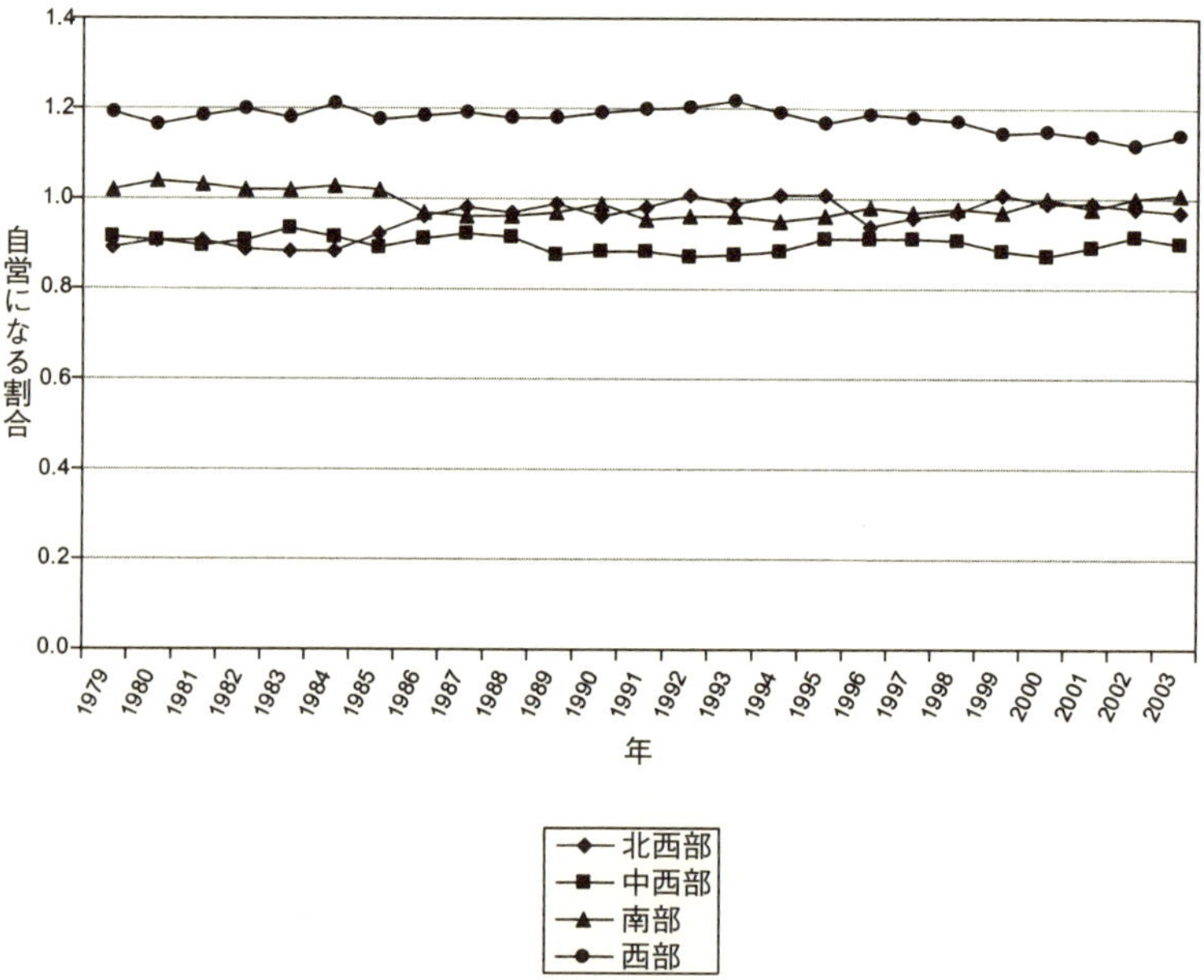

図 1–5　地域ごとに自営となるアメリカ人の人口割合

Source: Adapted from R. Fairlie, "Self-Employed Business Ownership Rates in the United States, 1979–2003," *Report for the U.S. Small Business Administration*, Contract Number SBA-HQ04-M0248, 2004.

とも多くの人が自営でビジネスを始めたのは、どの州だろう。シリコンバレーのあるカリフォルニア州だと思ったなら、それは間違いだ。じゃあ、ルート一二八現象が見られるマサチューセッツ州だろうか。それも間違いだ。じゃあ、シアトルやマイクロソフトの億万長者のワシントン州？　ストライクスリー！　アウトだ。答えはバーモント州なのだ。二〇〇五年に、バーモント州では、ほかのどの州よりも多くの人が自営のビジネスを始めており、それは自営になる割合がもっとも少なかったデラウェア州の三倍にものぼっている[29]。

これは自営を観察した際の単なる人工的な事実ではない。このデータは、従業員を雇うビジネスが人口一人当たりで創出される件数を州レベルで観察した調査でも同様のものとなっている。実は、このような調査の一つによるなら、シリコンバレーのあるカリフォルニアやルート一二八のあるマサチューセッツは、新企業設立の割合が全国平均を下回っている！[30]

しかし、州は地理的に広大で、カリフォルニアのサンノゼとサクラメント、あるいはマサチューセッツのボストンとウォーセスターの間には多くの違いがある。どのような場所が高い割合で新たに会社をおこすのかを知るためには、都市圏（metropolitan area）の違いに注目することになるだろう。

都市圏レベルでのデータを測定してみると、これまで見てきたのと同じようなことになっているのが分かる。すなわち、サンフランシスコからサンノゼにいたるシリコンバレーのような都市は新たなビジネス・スタートアップの割合がトップランクの場所ではない。ちなみに、このデータは、さまざまな都市圏で毎年新たに創業されるビジネスの人口一人当たりの件数に関して政府が提供する最良のソースである国勢調査局の縦断的な事業所・企業マイクロデータ（Longitudinal Enterprise and Establishment Microdata）のファイルにもとづいている。実際、これら二つの都市圏は、人口一人当たりの企業設立件数から見てみるなら、トップクラスでも何でもないのだ。トップの称号は、ワイオミング州ララミーに輝く。サンフランシスコは三九四位中一二一位であり、ララミーの人口一人当たりのビジネス創業数の四〇%でしかない(31)。

では、この順位でサンフランシスコより上位につけているのは、具体的にはどこなのだろうか。それは、普通は起業の中心であるとは思いもよらない以下のような場所である。――モンタナ州ボズマン、ニューメキシコ州ファーミントン、ワイオミング州ロックスプリングス、サウスダコタ州ラピッドシティ、ケンタッキー州パイクスビル、テキサス州ラレド、ジョージア州ブルンスウィック、ニュージャージー州ニューアーク、アラスカ州アンカレッジ、オクラホマ州エニッド(32)。

ハイテク・スタートアップの震源であるカリフォルニア州サンノゼは、人口一人当たりのスタートアップ企業のランキングでは一六五位である。じゃあ、サンノゼより上位の場所は、どこだろう? やはりアントレプレナーシップの中心とは思いも寄らない次のような場所である――サウスダコタ州ヤンクトン、アラバマ州アニストン、ミシシッピ州コリント(33)。

これは一体どういうことなのだろうか。世界中でではないにしろ、少なくともアメリカ合衆国では起業の中心地だと思われてきた場所、たとえばシリコンバレーで、なぜこんなに低い割合しか自分でビジネスを始めていないのだろうか。その答えは、多くの人がスタートアップ・ビジネスを始める場所でのスタートアップ企業がどのようなものかを、シリコンバレーのような場所で創業される高成長のハイテク・スタートアップと比べてみれば、はっきりするだろう。

人口一人当たりの企業設立件数の測定で満点を叩き出す場所というのは、どういう場所なのかを考えてみよう。そこでは、全員が自分のビジネスを始めていることになる。そして、すべてのビジネスは非常に小さなものとなるだろう。それらのビジネスには、働く起業家しかおらず、その中の誰も成長することはないだろう。なぜだろうか。それは、もしすべての人が起業家であるなら、雇い入れることのできる人（従業員）がいなくなってしまうからだ。

人口一人当たりの企業設立件数の測定で満点を取る場所は存在し得ないことが分かっただろう。それは、あり得ないことなのだ。しかし、高成長の会社は、人口一人当たりの企業設立件数が多い場所のほうが少ない場所よりも従業員を見つけるのに苦労する。シリコンバレーのような非常に高い成長率を誇る企業を擁する場所では、新たなビジネスの開業率はそれほど高くない。グーグルやヤフーなどの会社が貪欲に従業員を求めているのは、多くの人を雇用しようとする会社がほとんどないラミラーに比べ、シリコンバレーでは人口のごく小さな割合しか自営のビジネスを始めようとしていないことを意味している。結果として、ラミラーのような場所では、シリコンバレーのような場所に比べて、人口全体でより多くの割合が新たにビジネスを始めることとなるのである。

地域間の起業の違いを説明するのは何か

高成長のハイテク企業が創業される場所では、企業設立の割合が必ずしも最高水準にあるわけではないということは分かった。しかし、それだけでは、依然として、なぜ、特定の地域や州、あるいは都市圏で企業設立の割合が高いのか説明がつかない。特定の場所で、新たにビジネスを始めることが普通に天職であると思われるのは、なぜなのだろうか？

いくつかのファクターは非常に直観的なものであり、それほど興味深いものではない。人口の多さ、急速な人口成長、高い人口流動性、高い人口密度を有する場所では、より多くの人口が新たにビジネスを始める[34]。さらに、教育程度の高い層のいる場所では、多くが新たにビジネスを始める。なぜなら、人は高い教育を受けると、ビジネスを始める可能性が高まるからである[35]。また、ほかのファクターはすでに述べたものと同じであり、たとえば、貧しく農業に依存する度合いが高いといったものである。これについて繰り返す必要はないだろう。そこで、次に非直観的なファクターにフォーカスをあてることにしたい。それは、「失業」である。

▽失業と新企業設立

政策担当者がこんなことを言うのを聞くことはまずないだろうが、次のパターンは非常にクリアーである。ある場所で、より多くの住民に新たにビジネスを始めさせたいなら、そこでは、より多くの人が失業した状態になければならない（次のような選挙スローガンが聞こえて来そうだ。「わたくしは、プレザントビル〔映画『カラー・オブ・ハート』に登場するユートピア的な架空の町〕を、起業家的な場所にするため頑張ってゆきたいと考えております。わたくしに投票して頂けるなら、多くの人が自分の会社を始めるように、失業率の増大をお約束するものであります！」）。多くの研究によるなら、より失業率が高い場所で、あるいは失業率が上昇しつつある期間には、ほかの場所や別の期間に比べて、自分でビジネスを始める傾向にあることが分かっている(36)。

仕事のある人よりも仕事のない人のほうが自分でビジネスを始める傾向にあるのだから、このことは理解できるだろう。なぜだろうか。それは、彼らにとって、起業家になることによって失うもの、つまり、経済学者が言うところの機会費用が少ないからである。結局のところ、自営になるために今ある仕事を辞めて会社の給与小切手を失うよりも、昼間からテレビを観ている代わりに自分で会社を始めるほうが、コストが低いのである。

▽▽産業構造の限界

産業構造が原因で、特定の場所では多くの人が新たに会社を始める。ほとんどの人は、現に自分が働いている産業で新たにビジネスを始める（つまり、建設労働者は建設会社をつくり、医者は自院を開業する、といった形で）。また、ほとんどの起業家は、今とは違った別の場所ではなく、自分が現に居住していたり働いていたりする場所でビジネスを始めている。要するに、これら二つのパターンからは、あるエリアでのスタートアップ企業は、その場所で現在営まれている会社と似たものとなるということが分かる。

起業家が新しい会社をおこす傾向の強い産業について論じている本書の第二章を読んで貰えればもっとよく分かる理由により、地域・州・都市圏や市の間の相違は、産業構造によって顕著となる。たとえば、アイオワ州シーダーラピッズのような都市圏は農業依存度が高いのに対し、オハイオ州アクロンのような都市圏は製造業に依存し、また、ニューヨーク市はサービス業に依存している。また、このような広いカテゴリーの中で、それぞれの産業構造は異なったものとなっている。たとえば、イリノイ州ペオリアのような都市圏は、カリフォルニア州オレンジ郡のそれとは非常に異なったタイプの製造業を擁しているのである。

すべての経済領域においてスタートアップ企業は等しく一般的なものであるわけではない。それは、製造業よりもサービス業で、いっそう一般的なものである。さらに、製造業の中では、特定の種類のビジネスで雇用されている人、たとえば、金物製造で働いている人は、食品製造で働いている人よりも新たにビジネスを始める傾向は低い。サービス業自体についても同様のことが言える。対人ケア・サービス業のほうが、専門職的なサービスに比べ、スタートアップがより一般的である。

現に自分が働いている産業で会社を始める傾向、産業ごとに異なるスタートアップ企業の割合、そして、地域に応じた産業構造が混じり合って、地域・州・市の住民がそれぞれ異なった割合で会社を始める可能性を構成する。たとえば、非常に多くの自動車関連産業があるミシガン州デトロイトのような場所では、多くのビジネス向けのサービス業があるジョージア州アトランタよりも企業設立の件数は少ない(37)。

▽▽▽資本調達の容易さはどうだろうか

多くの観察者が、資本が豊富な場所では、より多くの企業が設立されるのではないかと議論して来た。たとえば、カンザス州トピカよりもマサチューセッツ州ボストンのほうが、多くの人が会社を始める。なぜなら、ボストンでは、より多くの資本が入手可能だからだ、と多くの専門家は言う。この議論によるなら、多くのベンチャー投資家やビジネスエンジェル（自分の友人でもなければ親戚でもない人が始めたスタートアップ企業にお金を投資する個人）がボストンにいるということは、そこにはスタートアップに使える資金が多く存在し、企業設立が容易になるのである。実際、調査によると、州や都市圏での資本量と開業率の間には正の相関性があることが分かっている(38)。つまり、より多くの入手可能な資金があるところでは、より多くの企業が設立される。

しかし、この相関性は、資本調達の容易さが特定の地域・州・都市圏での開業率の水準の高さの原因であることを意味しているのだろうか。実際、この因果関係は逆向きとみたほうがいい。つまり、たくさんの資本がある場所で起業がおこりやすいということではなく、たくさんの起業がおこる場所にお金が集まりやすいということなのだ。

なぜそうなるのだろうか。次のような思考実験をしてみればよい。たとえば、自分の住んでいる場所が突然、資本の洪水に襲われた場合を考えてみよう。なぜかというと、その町のすべての銀行が、思っていたよりも多くのキャッシュを持っていることに気がついたからだ。このような形で非常に調達しやすくなった資本は、その町で住民が新たに会社を始めるのに影響を与えるだろうか。いやいや、銀行が会社を始めたい住民の家のドアを叩き、資金を提供してまわることはないだろう。さらに、もしそうなり、仮に必要な資金繰りがついたとしても、住民は新しいビジネスを始めることに興味を示さないだろうし、また、どんなビジネスを始めたらいいかも皆目分からないままでいるだろう。

別の場所に住んでいる起業家が、「あそこにゃ、金がザクザク埋まっている!」と聞きつけて、この町に引っ越してくるかもしれない。しかし、それもありそうにない話である。その町で何のビジネスを始めるのか、誰を雇うのか、どこから仕入れをするのか、皆目見当がつかないはずだからだ。それに、会社を始めるためだけに見も知らぬ町に移り住むのを好む人は誰もいないだろうということは言わずもがなである。要するに、ある場所で「簡単に手に入るお金」が原因となって、そこで多くの住民が会社を始めるという事態は、理解しがたいことなのである。

では次に、多くの住民がビジネスを始めることに興味を持ってはいるが、資本が足りない場所について考えてみよう。起業家たちは、銀行やベンチャー投資家のドアを叩いてまわることになるだろう。投資家や銀行家たちは、申し訳ないが貧乏な町なので貸したり投資したりするお金はないと彼らを謝絶する。何人かの起業家はギブアップするかもしれないが、彼らの多くは、別の場所に住んでいる友人や親戚に電話や電子メールをしたりして、彼ら自身が始めようとしている素晴らしいビジネスについてお知らせをするだろう。同時に、先述の投資家や銀行家たちは、別の場所の同業者に、そのエリアでの、あり余るほどのチャンスについて知らせることだろう。銀行家や投資家、あるいは起業家の友人や親戚かもしれないが、彼らの中で、そこには追求する価値のあるチャンスがあると見て、幾分かのお金をそこでのスタートアップに投資する資金として移すことを決める人も出てくるかもしれない。これはあり得ないことではない。この時代、資本はパソコンのキーを叩けば、すぐに移動する。結果として、必要とされる資本は、少なくない件数の会社しか創業されない場所から、多くの会社が創業される場所へときわめて容易に移動してゆくことになる。つまり、新たにビジネスが始められる場所へとお金が移動してゆく物語のほうが、資本が潤沢な場所で住民がより多くの会社を始める物語よりも納得がゆくものなのである。

驚くべきことに、われわれはこの問題に関して十分な調査を行って来てはいない。ほとんどの人は、特定のエリアの起業家に対して多くの資本を提供することで、スタートアップ企業の割合が増加すると信じており、また、資本調達の容易さと開業率の相関関係を、資本調達の容易さが開業率を押し上げる原因であると信じたがろうとしている。

インディアナ大学ケリー・ビジネススクールのスティーブン・クレフトとウェストバージニア大学経済学部のラッセル・ソーベルの意欲的な二人の教授は、資本調達の容易さと新企業設立の因果関係について検証を行った。彼らは、州ごとに、ある時点での資本調達の容易さの変化が、別の時点での新しい企業の設立を帰結するのか、それとも、新たな企業の設立が資本調達の容易さへと帰結するのかを、その他の場所に関する条件はすべて同一に保った形で観察した。クレフトとソーベルが、ほとんどの企業が獲得できないような特定の種類の資本（ベンチャー資本）について調査していたことは明らかなので、この調査の結果がほかの種類の資本についても当てはまるかどうかは分からない。しかし、新しい企業がたくさん設立されている州ほどたくさんのベンチャー資本を受け取るが、ベンチャー資本がたくさんあるからといってたくさんのスタートアップが産み出されるわけではないことを発見した。(39)

結論

この章のメッセージは何だっただろうか。それは、皆さんがこの章を読む前に思っていたこととと随分違ったものであったとしても、とてもストレートなものだったはずだ。多くの専門家センセイたちの意見にもかかわらず、アメリカは以前に比べて、より起業家的な場所になりつつあるというわけではない。過去二十年の間ずっと、アメリカ合衆国で自営業を始める人の割合は増加しておらず、九十年前に比べるなら、現在の水準はきわめて低い。

一般的な通念とは正反対に、合衆国は世界中でもっとも起業家的な国というわけでもない。その名誉は、ペルーやトルコのような発展途上国に与えられるべきものである。豊かで製造業中心の国よりも、貧しく農業中心の国でこそ、人は会社を始める傾向にある。

国内でも、地域・州・都市圏・市などによって、新たな企業の設立の様態はさまざまだ。多くの人は常にどのファクターがこのような差異を説明するものなのかについて議論しているが、そこで議論されてきたファクターは生のデータから出て来たものではなかった。もっとも重要なファクターである失業率は、十分に周知されて来てはいなかったのだ。データによるなら、おそらく、失業は、ビジネスを始める機会費用を低減させ、失業率の低い場所に住む人に比べ、失業率の高い場所に住む住民は、新たにビジネスを始める可能性が高くなる。さらに、特定の地域での産業構造のいくつかの側面、たとえばサービス業と製造業の間のバランスや、代表的な産業の種類が、新しい企業の設立件数に影響を与える。最後に、熱狂的な信念にもかかわらず、資本調達の容易さは特定の地域でのスタートアップ企業の数を増やしはしない。むしろ、より多くのスタートアップの創業が資本を惹きつけるのである。要するに、データによるなら、時間的・場所的な比較の中での新しい企業の設立パターンは、誰もが思っているようなものとは全然違う、ということなのである。

第二章　今日における起業家的な産業とは何か？

新聞や雑誌を読んでいると、ほとんどの起業家は、テクノロジーに敏感かつ高成長な産業で、魅力的な会社を創業しているのだと思うようになるだろう。しかし、それらは単に新聞や雑誌の記者が記事にしたがる類のスタートアップ企業にすぎないのだということが、すぐに分かる。新たなビジネスのほとんどは、建設業や小売業のような、ありきたりな産業なのである。実際のところ、毎年、新たに創業される会社のうち、政府がハイテクであると定義する産業に分類されるのは、わずか七％にすぎない(1)。また、自分が始めた新たなビジネスを「テクノロジー的に洗練されたもの」と考える創業者は、わずか三％しかいないのである(2)。

なぜ、ここで、スタートアップ企業が創業される産業分野についての誤解が、メディア・バイアスによって生み出されることをわざわざ指摘しているのかというと、アメリカでの起業について理解するためには、ほとんどの起業家が現に会社を創業している産業分野がどのような分野なのか、そして、なぜ、彼らがそれらの産業分野でビジネスを始めるのかを知らなければならないからだ。実際、スタートアップの産業分野別の分布に関するデータは、興味深いストーリーを呈示してくれる。

どのような産業分野で起業家はビジネスを始めるのか

今日の典型的な起業家は、サービス関係のビジネスを始める。実際、アメリカその他の先進諸国では、モノづくりのビジネスを始める起業家は、ほとんど存在しない。たとえば、アメリカでは、サービス業で創業されるスタートアップ企業の数は、製造業のそれに比して八倍もの数に達する。(3) 毎年の新たなビジネスのうち、専門職サービスや建設業、あるいは小売業などの分野だけで全体の三五〜四〇%を占めており、製造業はわずか六%以下にすぎない。(4)

これらの大きな括りの産業カテゴリー内部での起業家のアクティビティ(事業活動)の幅は、大いに変化に富んだものとなっている。たとえば、表二ー一の「その他のサービス」というカテゴリー内での自営割合のバリエーションを例にとってみよう。二〇〇三年には、「その他のサービス」というカテゴリー内での平均的な自営の割合は、わずか一五・七%でしかないのに対して、理髪店の四八・八%、家財道具修理業の四三・一%、ネイルサロンなどの対人ケア・サービスの四一・八%、そして美容院の三三・五%が、誰か一人の人間によって経営されている。同様に「専門職あるいはビジネスサービス」というカテゴリーの中では、全体の自営割合が一三・七%であるにもかかわらず、ヘルスケアの開業者では三九・四%、専門的なデザインサービス業では三六・九%、造園業では二九・四%、子どものデイケアでは二九・四%の割合で自営になっている。(5)

表 2-1　産業分野ごとの新たなビジネスの分布

NAICS Code[a]	産業の種別	EIUS[b] 新企業の割合（2004）	EIUS[b] スタートアップの割合（2004）	新雇用企業の分布（2003）
11	農林漁業	2.0	2.7	0.4
21-12	鉱業・公益事業	0.9	0.3	0.3
23	建設業	10.0	6.6	14.2
31-33	製造業	3.5	4.1	3.3
42	卸売業	1.5	2.2	4.7
44-45	小売業	18.6	19.2	12.5
48-49	運輸業・倉庫業	2.4	1.7	3.3
51	情報	4.2	5.1	1.5
52-53	金融・保険・不動産	8.4	8.0	9.3
54	専門職・科学・テクノロジーサービス	12.0	9.3	13.1
56	行政・支援・ゴミ処理サービス	2.1	0.9	5.9
61	教育	4.8	2.6	1.2
62	ヘルスケア・社会支援	2.9	4.3	7.9
71	アート・エンターテイメント・娯楽	3.2	6.9	2.0
72	宿泊・フードサービス	10.9	14.1	8.7
81	その他のサービス	0.3	0.4	9.2
諸	その他すべて	12.4	11.6	2.5[c]

Source: Adapted form data contained in P. Reynolds, *Entrepreneurship in the United States*（Miami: Florida International University, 2005）and data provided by the Office of Advocacy, U.S. Small Business Administration, http://www.sba.gov/advo/research/dyn_us03.pdf（accessed March 24, 2007）.

[a]NAICS＝北米産業分類システム

[b]EIUS＝アメリカでの起業

[c]この図はデータとして与えられているものではなく，ほかの数値すべてを与えられた上で，その残余から算出されたものである．

表 2-2　2003 年に 500 人以下の従業員の事業所が誕生した割合

NAICS 名称	NAICS[a] CODE	2002 年の 500 人以下の従業員の事業所	2003 年に新たに設立された 500 人以下の事業所	2003 年にその産業全体で生まれた新たなスモールビジネスの割合
製紙	322	3509	173	0.05
プラスチック・ゴム製造	326	11858	603	0.05
機械製造	333	23931	1244	0.05
電気機器製造	335	5068	303	0.06
化学製造	325	8982	633	0.07
家具製造	377	19734	1521	0.08
第一次金属製造	331	4691	409	0.09
交通機関支援業務	488	26045	3248	0.12
専門職・科学・技術サービス	541	617971	81939	0.13
映画・音楽産業	512	15476	2222	0.14
建設・デベロッパー・ゼネコン	233	184428	30272	0.16
警備	523	41263	6902	0.17
オイル・ガス掘削	211	6000	546	0.09
卸売・非耐久財	422	120488	11576	0.1
宿泊業	721	45536	4847	0.11
病院	622	2666	315	0.12
情報・データ処理サービス	514	14998	2558	0.17
漁業・狩猟	114	1547	284	0.18
アパレル	315	11129	2052	0.18
宅配便・メッセンジャー	492	7350	1360	0.19
ファンド・トラスト等の金融業	525	2060	477	0.23

Source: Adapted from data contained in Office of Advocacy, U.S. Small Business Administration, www.sba.gov/advo/research/dyn_us_98_03n4.txt (accessed on March 24, 2007).

[a]NAICS＝北米産業分類システム

業種別の企業設立の違いは、中小企業における新企業の割合をみても同じだ。たとえば、製紙業におけるスタートアップ企業の割合は、「建設、デベロッパー、ゼネコン」のそれの三分の一以下なのである（表二－二）。

さらに、このようなパターンは非常に確固としたものである。新たなビジネスの開業率の産業別分布は、通時的にはほとんど変化せず、先進諸国では、非常に似通ったものとなっている(6)。以上をまとめると、長年にわたって多くの諸国で、新たなビジネスのほとんどは、ありきたりなサービス業の分野で創業されて来ているのである。

なぜ特定の産業が起業家の間で人気なのか

以上のようなパターンからは次のような疑問が出てくるだろう。つまり、なぜ、ある業種はほかの業種に比べて起業家の間で、それほどまでに人気なのか。ここには、何か秘密があるのだろうか。特定の産業が特に人気があるのは、それらが新しい会社に適合的だからだろうか。ビジネスを始める傾向がもっとも強い産業は、スタートアップ企業にとっては必ずしもベストのものではなく、どちらかというと、そういう産業は、（スタートアップにとっては）最悪のものなのだと知ったら驚くだろう。たとえば、ふつう、起業家は競争の少ない産業でビジネスを始めるものだと思うものではないだろうか。論理的に考えるなら、特許や企業秘密、あるいは顧客や供給者との間の特別な関係など何らかの競争障壁をつくることのできるような産業に（起業家は）集中すべきだと思うのではないだろうか。結局のところ、競争の少ない産業ほど、大きな収益を上げることができるので、このような産業で新たにビジネスを始めると、起業家は多くを稼ぐことができるようになるのである。

しかし、既存の企業がほとんど存在しない産業で会社を始めるよりは、ほとんどの起業家は、すでに非常に多くの会社が実際に経営されているような産業でこそ、新たにビジネスを開始するのだ。新しい会社の産業分布は、既存のビジネスの分布を反映しているのである（図二－一を参照）[7]。

さらに、ほとんどの起業家は、資金繰りの観点からもっとも利得の出やすい魅力的な産業では起業しない。アメリカ中小企業庁助成政策審議局と内国歳入庁のデータから、ある産業の開業率と、平均事業所得や総収入の相関を計算できる。一九の主要な経済セクター（二桁の北米産業分類システム＝ＮＡＩＣＳのコード）を見ても、七三の主要な産業（三桁のＮＡＩＣＳコード）を見ても、どの業種でも事業当たりの所得や営業利益と、開業率の間に顕著な正の相関はみられない〔ＮＡＩＣＳのコードは六桁まで存在し、それによって産業種別を詳細に分類している〕。それどころか、一企業当たりの総収入とその分野への参入率の間には、弱い負の相関性が存在する。つまり、高い所得、利益、収入が上がる産業分野を起業家が選択している証拠は存在しないのである。

しかし、だからといって起業家がランダムに産業を選択しているというわけではない。データによるなら、起業家が新たにビジネスを始める際には、ある特定の産業をシステマティックに選択しているのである。不幸なことに、彼らはもっとも失敗する可能性の高い業種を選択している。アメリカ中小企業庁のデータによるなら、三桁コードで見た場合、スタートアップ率と失敗率の相関係数は約〇・七七である。すなわち、もっとも失敗の割合が高い産業は、同時にもっとも起業する割合の高い産業でもあるのだ[8]。

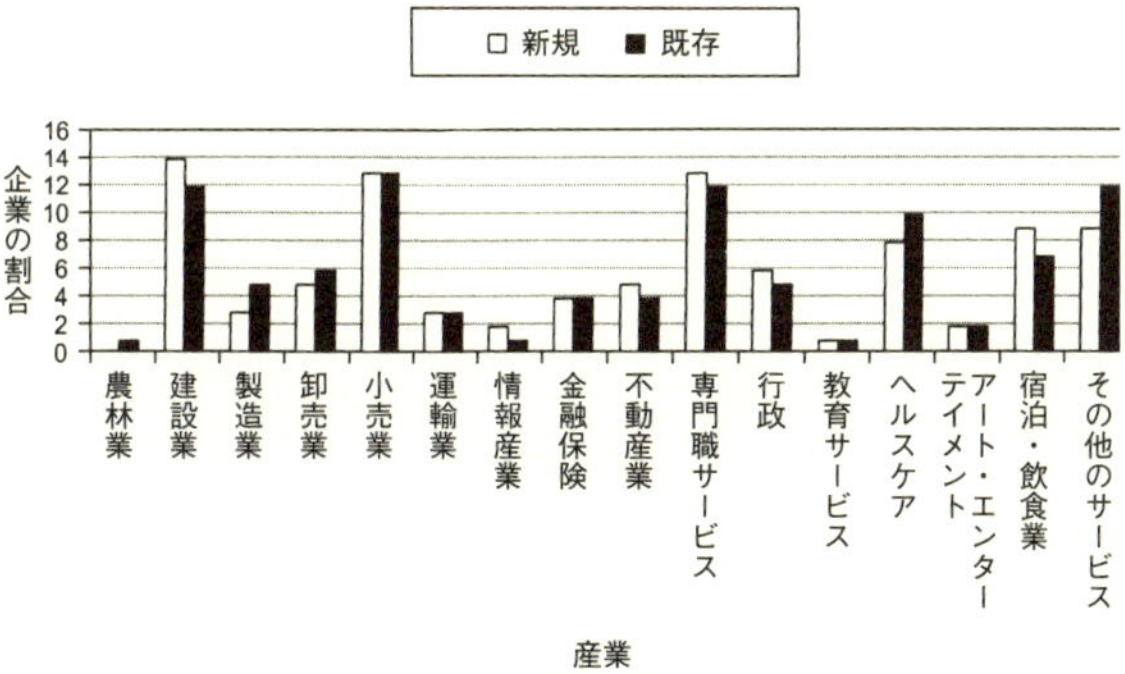

図 2-1　新規もしくは既存の雇用企業の産業分布

Source: Adapted from www.census.gov/epcd/nonemployer/2002adv/us/US000.HTM and www.sba.gov/advo/research/data.html#us.

ここでは、いったい何が起こっているのか。われわれが偶像視する起業家たちは、ただの薄らバカなのだろうか。なぜ彼らは、わざわざ失敗しそうな産業でビジネスを始めようとするのだろうか。なぜ、彼らは、もっと利益の出る産業でビジネスを始めようとしないのだろうか。この点に関しては二つの解答が考えられる。第一に、多くの起業家は、自分自身がかつて働いたことのある、自分で理解することのできる産業でビジネスを始める。平均的に、これらの産業はもっとも多くの人間を雇用し、もっとも競争的である。結果として、多くの起業家は、スタートアップ企業にとってはもっとも魅力的でない産業で、新しい会社を始めることになってしまうのである。第二に、多くの起業家は、新たに会社を始めることが容易な産業でビジネスを始め、そのように簡単にビジネスを始めることのできる産業で開始されたビジネスは、ほかの産業のそれよりも失敗しやすいものなのである。

データによるなら、多くの起業家は、現に自分が働いている産業でビジネスを始める。つまり、理髪師は理髪店を開き、料理人はレストランを開き、タクシー運転士は個人タクシー業を開業し、などということなのである。実際、ある研究によるなら、ほぼ半数(四五%)の起業家は、自分が以前雇用されていた産業でビジネスを始めている。このような、前職での経験と起業家がビジネスを始める産業の関係は、より多くの人間を雇用する産業の中に、より多くのスタートアップ企業が存在することを意味している。つまり、多くの人間が、現に建設業や小売業のような産業で雇用されているからこそ、これらの産業で起業家となるのである(9)。

他方、起業家の半数以上(五五%)が、自分が以前に働いていたのとは異なる産業分野で起業している。これらの起業家にとっては、その産業でビジネスを始めることの容易さこそが、その産業でビジネスを始めたことの説明となるのだ。データによるなら、起業家は、より少ない資本しか要求されず、平均的な企業規模(従業員数と資産額)が小さく、製品を差別化しなくていい産業でビジネスを始めたがるものなのである(10)。

結論

この章でのメッセージは何だろうか。ほとんどの新たなビジネスは、主要産業の中でもごく少数の魅力に乏しい業種で始められる。起業家がこれらの産業を好むのは、それが高利益であるからとか、スタートアップ企業を始めるのに適しているからとかいうわけではなく、それが、起業家自身がよく知っているものであるからとか、あるいは、そこでビジネスを始めるのが容易だからとかいう理由にもとづいているのである。

このパターンについて少し考えてみるなら、ちょっと凹むことになるだろう。毎年、十八歳から七十四歳までの全アメリカ人の一三％がビジネスを始めているのだが[11]、その典型は、ベンチャーに適した産業を選ばない。むしろ、彼は、失敗しやすい産業でビジネスを始めることで、自分自身を失敗へと追い込んでいるのだ。であるにもかかわらず、誰も起業家に、そのことを注意してはくれないのである。

伴侶を選ぶ時に間違いを犯しているように見える場合、友人や家族は、離婚統計の標本になってしまわないよう、その結婚に反対する助言を行うものだ。一方、毎年、結婚するよりも多くの人がビジネスを始めている。友人や家族は、いったい、こんな大事な時に、どこにいるというのだろうか。なぜ、彼らは起業家がビジネスを始めるのを思いとどまり、ビジネス破綻の統計標本になってしまわないようにと忠告を行わないのだろうか。毎年、結婚するよりも多くの人がビジネスを始めるのだから、われわれは彼らが下すビジネス上の決断に対しても、結婚の時にしてあげるのと同じくらいのクオリティのフィードバックをしてもよいのではないだろうか。

第三章　誰が起業家となるのか?

平均的なアメリカ人に、起業家とはどういうものかと聞いてみたら、何と答えるだろうか。多分、ビル・ゲイツとかスティーブ・ジョブズ、あるいはラリー・エリソンのように、自分の会社を有名にし、金融帝国を築いてしまうような、強烈に成功したハイテク・ベンチャーの創業者を挙げるだろう。結局のところ、世間の通念に従うなら、起業家というのは非常に特別な人間だ、ということになる。彼らは、超人的な努力を持って大いなる困難に打ち克ち、自分の足でしっかと立つヒーローなのだ。

平均的なアメリカ人が描く起業家像は、ダラスの連邦準備銀行広報課が提供する次のようなイメージと合致するものとなるだろう。すなわち、「崇めたてまつる対象として、その達成に敬意を払うべきヒーローとして、皆から愛されている」といったものだ。何か新しいことを成し遂げるために果敢に前進し、結果として多くの人に利益をもたらすような人のことをわれわれは尊敬し、評価する。このような資質は、起業家の本質を説明しているものとみなすことができるだろう。起業家というのは「もっといい方法があるし、俺がそれを見つけてやる!」と主張するような人のことを指すのだ。起業家的であるということは、チャンスにめざとく、チャンスのためにはリスクを厭わず、新しい道へと体当たりすることを意味する。つまり、エネルギーに溢れ、ビジョンを持ち、楽観的で、何か新しいことに挑戦する者なのである。(1)

ワーオ！　もし、起業家がそういうものだとするなら、彼らは非常に特別な人間で、たぶんわたしやあなたとはあまり似ていないのだと認めざるを得ないだろう。しかし、今いったヒーローみたいなイキモノと自分がまったく似ても似つかないことにガッカリする前に、連邦準備銀行が神話について詳しく述べていることを確認しておきたい。現実の起業家というのは、まったくもって、そんなご大層なものではないのである。

典型的な起業家は、ビル・ゲイツに似たものなどではなく、われわれ自身の自宅から通りを隔てたところに住んでいたり、あるいは、教会で隣に座っていたりするような普通の人にこそ似ている。たとえば、それは次のような人だ。

- 彼は、四十代の白人である。
- 彼は、配偶者と共働きである。
- 彼は、カレッジに入学してはいるが、中退しているかもしれない。
- 彼は、アメリカ合衆国で生まれ、これまでずっと国内で暮らしている。
- 彼は、自分がビジネスを始めた町で、人生のほとんどを過ごしている。
- 彼は、ただ日々のやりくりをするために仕事をしているだけで、何か高成長のビジネスをやろうとしているわけではない。

● 彼は、以前自分が働いていた業界で自分のビジネスを始めた。たとえば、建設業とか小売業とか。

● 彼は、心理学的に特異な性格ではない(2)。

われわれは、典型的な起業家がどのようなものであるかについて、誤ったイメージを持っているのだ。なぜなら、本当の典型的な起業家は、それについてわざわざ何かを書き記そうとするには退屈過ぎるくらいのものだからである。テレビや新聞で、彼らに関する真のイメージを見つけることは難しいだろう。つまり、結局のところ、自分の家に来ている配管工の人生についての記事をピープル誌で読み、彼の一五万ドルの自宅の写真を眺めたり、彼が昨夜なにを食べたのかを聞いたりしたい人などいないだろう。ラリー・エリソンのヨットや、ビル・ゲイツの財団、セルゲイ・ブリンの自家用ジェットについての話を聞いたほうが、ずっと興味深いに決まっている。そういうわけで、現実には、ひと握りの劇的に成功した起業家だけがメディアに登場し、起業家がどのようなものであるのかについて、歪められたイメージを提供しているのである。

起業家のマインド

人気のある出版物や一般的な議論の中で興味をもっとも惹くのは、起業家の心理だろう。多くの場合、起業家は特別な心理学的特徴を持っているということになっている。彼らは特異なパーソナリティを持ち、われわれ普通の人間とは異なった考え方をするというわけだ。彼らは、われわれよりも、情熱的、創造的、革新的であり、進んでリスクを取り、衝動的かつ楽観的なのだ。(3)

われわれには、起業家が特異な心理や思考様式を有しているという常識が染み付いてしまっている。試しにインターネットを覗いてみるなら、グーグル検索で、起業家になるのに向いた心理的構造を持っているかどうかを判定してくれる多くのサイトを見つけることができるだろう。中小企業庁でさえ、この手のテストを公式サイトで提供している。(4)

しかし、われわれは、時間とお金を節約しなければならない。こういうテストをやっても、あなたが起業家に向いているかどうかは分からないのだ。慎重に行われた心理学的性格に関する大規模調査によるなら、起業家とわれわれを分け隔てるものはほとんど何もないということが判明している(5)(成功した起業家と失敗した起業家の違いについても事情は同じであり、これについては本書第七章で、さらに詳しく述べてある)。

起業家とそれ以外の人の相違点について明らかにした研究によるなら、このような違いに寄与しているのは、年齢、人種、性別などのファクターであり、これらのファクターと比べるなら、心理学的性格の寄与は、ほとんどないに等しい[6]。リスク許容度、社会的自信、不安の受容、新奇なものへの興味、役割期待、そして承認欲求など、起業家から連想するような心理学的ファクターは、起業家とそうでない人でほとんど違いがない。むしろ、白人であるとか、男性であるとかといったファクターのほうが圧倒的で、それらは起業家になる可能性に関して二倍の影響を与えている。裏を返せば、リスクを許容し、不安を受容し、社会的自信に溢れ、新奇なものに興味を示し、役割期待を担い、承認欲求が強いなどといった特徴を持つ年配の黒人女性は、これらの特徴とはすべての面で真逆の中年の白人男性よりも起業家となる可能性は低いのである。従って、誰が起業家で誰がそうではないのかを説明するためには、人口統計学的なファクターに焦点を絞ったほうがいいのだ。

起業家がほかのそうでない人と比べて特に際だって異なった心理学的特徴を持っているわけではないのだとしたら、なぜ、神話は起業家の心理にこれほどまでの関心を寄せるのだろうか。心理学者によるなら、これは、われわれ自身の基本的帰属エラー（fundamental attribution error）という傾向によるものである。パーソナリティの特徴が安定的であることの帰結として、人は予測可能な形で行為するものだと考える傾向がわれわれにはある。その結果として、われわれは、パーソナリティや心理学的性格に必要以上に多くの説明を求めてしまう。そして、ビジネスを始めるという行為の説明を、実際以上に心理に求め、黒人や女性に生まれるといった自分ではコントロールできない力に対しては求めないのである[7]。

なぜビジネスを始めるのか

主として、金銭欲、ビジネスを始めるスリル、あるいは自分の家族を養うため、有名になるためなどといったことによって、起業家が動機づけられていると思ってはいないだろうか。結局のところ、これは世間一般の通念でしかない。たとえば、再び連邦準備銀行広報課の言葉を引くなら、「起業家はどこにでもいて、あらゆることをやっている。……リッチで有名になりたいという者もいれば、自分や家族、そしてコミュニティをよりよくしたいと思う者もいる。あるいは、自分の能力の限界に挑むための純粋な冒険を求める者もいるのである」[8]

しかし、ビジネスを始める本当の理由は、お金を稼ぐことや有名になること、あるいはコミュニティをよくすることや冒険を求めること、はたまた世界をよりよくすることなどとは、まったく何の関係もないものなのである。ほとんどは、単に他人の下で働くことが嫌なだけなのだ。[9]

起業家は〝優れた〟人間なのか

起業家は常に肯定的に描き出される。彼らは、典型的には、起業家ではない人よりも、賢明で洞察力に優れ、創造的かつ革新的であり、忍耐強く高潔、そして、楽観的かつ臨機応変で、成果を出すことに熱心であると思われている。「起業家の神話」は、「よい」性格を起業家と結びつけ、控えめの性格をそうでない人に結びつけるものなので、われわれは起業家を「平均以上の」人間だと思ってしまうのだ。しかし、これは本当なのだろうか。

この疑問に答えるためには、次のような思考実験を考えてみるといい。あなたにジョーとトムという二人の友人がいるとしよう。彼らはお互いによく似ている。二人とも四十代の白人男性で、一四万ドルの家に住む、ご近所さんである。彼らは同じカレッジへ行き、同じ専攻で学位も得た。また、同じ業界でキャリアを積み、ごく最近まで同じ会社で働いていた。しかし、去年のジョーの年収はトムよりも一二％低かった。もちろん、これはジョーが解雇される前の話だ。いま彼は、数カ月間の失業状態にある。クビになる前の仕事での最初の頃のキャリアをみると、ジョーはトムよりも頻繁に転職している。彼には少しばかり波乱に富んだ過去があり、ティーンエイジャーの頃に一度ドラッグの取引をやったことがある。トムは正反対で、清廉潔白な過去しかない。

来年、新たにビジネスを始める可能性が高いのは、この二人のうち、どちらの友人だろうか。もし、それがジョーだと思うなら、正解だ。ジョーがトムよりも、自分で新たにビジネスを始める可能性が高いのは、四つの理由がある。

- 彼は、頻繁に転職している。
- 彼は、解雇されており、現在失業中である。

● 彼は、前の仕事で稼いでいる額が少なかった。
● 彼は、若い頃にドラッグの取引をしたことがある。

パートタイムで働いたり、頻繁に仕事を変えたりする人は、フルタイムで働き転職しない人に比べると、自分でビジネスを始める可能性が高いことが、研究によって明らかになっている。[10]それによると、失業者は、職のある人に比べて二倍の可能性で、自分でビジネスを始めている。[11]実際、失業期間が長引けば長引くほど、自分でビジネスを始める可能性は高まるのである。[12]さらに、稼ぐ額が少なくなればなるほど、ビジネスを始めるものなのだ。[13]最後に、ティーンエイジャーの頃にドラッグの取引をしたことのある人は、そうでない人に比べ、成人してから自分でビジネスを始める可能性が一一％から二一％も高いと指摘しておこう。彼らの高い自営業率はドラッグ取引で儲けた富の蓄積の結果ではなく、犯罪歴がつく可能性や低賃金の結果なのである。[14]

このようなデータと、よく耳にする神話をどう引き比べればいいのだろうか。現実には、起業家は一般的に「望ましくない」性格を持つ可能性が高い、ということになる。起業家が優れているという神話は、間違っているのだ。

起業家になることは若者の専売特許なのか

起業家にまつわるその他の神話としては、それが若者の専売特許であるというものである。メディアを見てみれば、新聞やテレビで、新たなビジネスを立ち上げる二十数名の起業家とか何とかいった紹介をしているだろう。ウェブで「若手起業家」と検索してみれば、「老年起業家」や「中年起業家」と打ち込むよりも多くの検索結果がヒットするだろう。

多くのウェブサイトやブログは、高齢者よりも若者のほうが起業家に向いていると説明している。たとえば、次のような事例である。すなわち、「起業家というのは多かれ少なかれリスクを取るものなのだから、カレッジの学生は、家族や住宅ローンなど背負うものがないので、リスクを取るのに特に向いている」とかいうものである。[15] 学術的研究でさえ、これと同じような印象を与えるものがある。たとえば、「新たな企業の設立は、若者のゲームである傾向があり……年寄りに比べて若者は、新たに企業をおこす傾向が強い」とか。[16] 若者のほうが、新たにビジネスを始める可能性の高いグループだと思うなら、このような形で起業家が描き出されたとしても、驚くにはあたらないだろう。

このような神話とは反対に、実際には中年のほうが、起業家になる可能性が高い。カウフマン企業調査（著者はこの調査の主任調査員なのだが）の予備調査によるなら、二〇〇四年にアメリカで始められたビジネス創業者の全国確率標本のうち、わずか二・四％が、ビジネス開始時に二十四歳以下だった。[17] 創業者になる年齢層でもっとも層が厚かったのは、三十五歳から四十四歳の間である。実際、ほとんどの研究によるなら、二十五歳から三十四歳の年齢層よりも、三十五歳から四十四歳の年齢層のほうが、起業家になる可能性が高いのだ(18)。

さらに、起業家は、ただビジネスを始めるだけではなく、経営する。たとえば、テキサス大学の寮でビジネスを始めた若手起業家の寵児、マイケル・デルを考えてみればいい。ビジネスが完成し、それを持続的に経営しているから、彼のことをもはや起業家と思うべきではないのだろうか。あるいは、新たにビジネスを始めた人が、そのビジネスを経営し続ける限り、彼のことを起業家だと思うべきなのだろうか。こういう風に考えると、平均的な起業家というのは、かなり年を取った人になる。自営やビジネスオーナーの割合がもっとも高い年齢層は、じつは四十五歳から六十四歳の層なのだ(表三-一)。

表3-1　年齢ごとの起業家割合

年齢グループ	自営	ビジネスオーナー
18–24	3.1%	1.0%
25–34	12.8%	8.0%
35–44	26.0%	24.0%
45–64	45.6%	53.0%
65＋	9.5%	10.0%

Source: Small Business Administration, *The Small Business Economy: A Report to the President* (Washington, D.C.: U.S. Government Printing Office, 2005).

この事実から読み取れるメッセージは何だろう。それは、起業家はまったくもって若者の専売特許などではない、ということなのである。

実社会で痛い目に遭うことがビジネスを始める導きなのか

フェイスブックのマーク・ズッカーバーグ、アップル・コンピュータのスティーブ・ジョブズ、デル・コンピュータのマイケル・デル、マイクロソフトのビル・ゲイツ、オラクルのラリー・エリソンなどの創業者たちは、みなカレッジを中退している。さらに、彼らはわれわれの多くにとって、起業家に関する典型的なイメージを提供している。このようなイメージは、学校に行くことはビジネスを始めることには結びつかず、むしろ起業家になりにくくするといった神話を産み出して来たのである。ウェブ上のさまざまなブログを読んでも同じような結論に辿り着くことになるだろう。すわなち、もし起業家になりたいのなら、大学に行っても役に立たないのだ、と。教育にはお金がかかり、時間も食い、ビジネスを始める実社会とは特に関係のないものだ、と。しかし、データでは、本当のところはどうなっているのだろうか。

この疑問に答えるためには、生のデータを見るだけで済ますわけにはいかない。人が起業家になるかどうかに影響を与える多くのファクターは、教育を受けるかどうかということに対しても影響を及ぼす。たとえば、建設業で働く人は、他業種で働く人に比べて、大卒の学歴を持っている割合が少ないにもかかわらず、他業種よりも新たに自分のビジネスを始める傾向にある。(19) 学歴と新たにビジネスを始める可能性の関係だけに目を向けるなら、彼らが教育によって起業家になるよう駆り立てられているのか、それとも自分が現に働いている業種といったほかの要因によってそうなっているのかを区別することができない。ある人が新たにビジネスを始める可能性に対して教育がどのように影響を与えているのかを理解するためには、ほかの要因の影響を制御してみる必要がある。

専門職大学院を含めた形で、それを行ってみると、学歴が高くなればなるほど、新たにビジネスを始める傾向が高まることが分かる[20]。このようなパターンは図三－一に示されている通りである。この中では、別の説明要因（人種、年齢、性別、財産、業種など）を制御した上で新たにビジネスを始める可能性に対しての教育の影響が示されている。データが示すように、専門職大学院を修了したあとの追加的なスクーリング（博士号の取得）だけが、新たにビジネスを始める可能性を小さくしている。

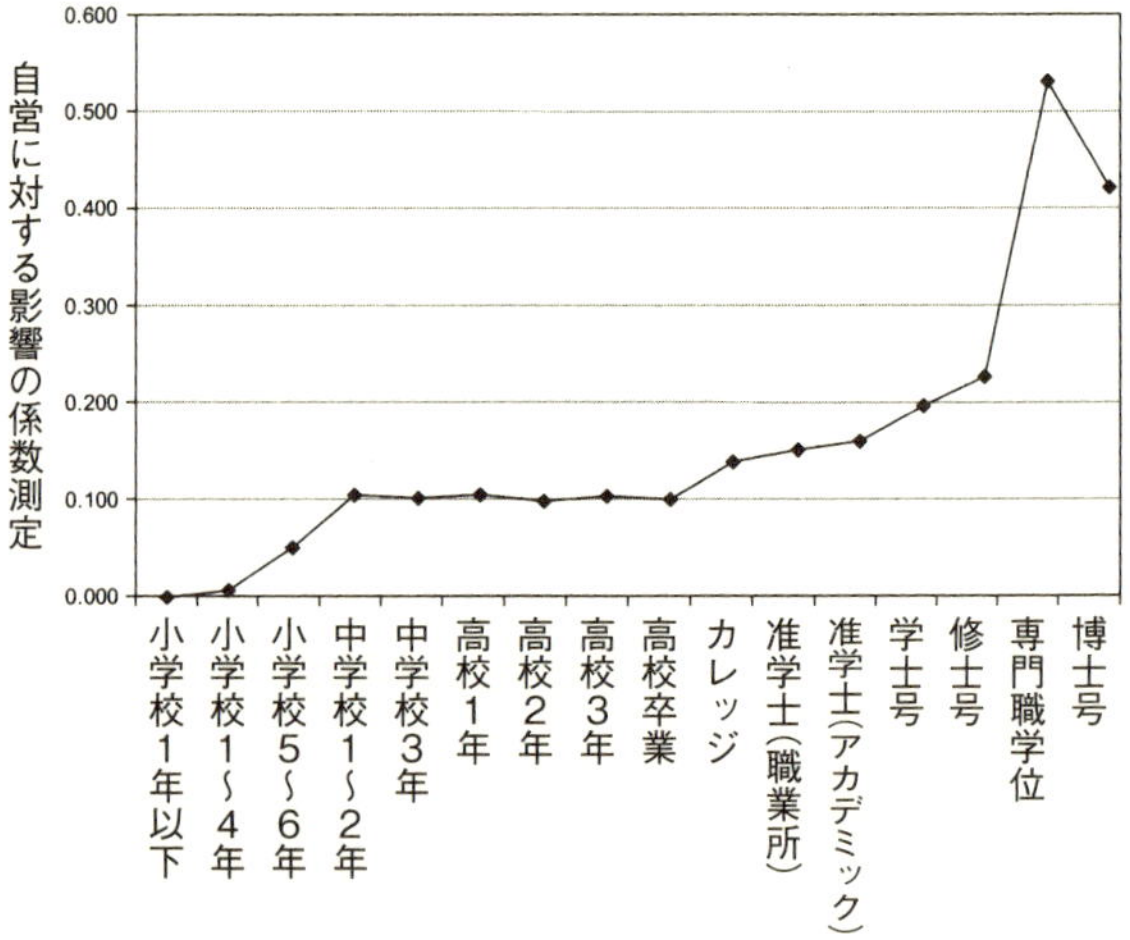

図3-1　他要因を制御した上での教育の自営への影響

Source: Adapted from D. Blanchflower, "Self-Employment: More May Not Be Better," *Swedish Economic Policy Review* 11, no. 2 (2004): 15–74.

　ここでのメッセージは非常にシンプルなものである。すなわち、神話とは反対に、学校に行くことは起業家になる可能性を高める。しかし、いったん大学院で学位を取ったなら、それ以上の学歴は起業家になるチャンスを高めはしない。従って、起業家になりたいのなら学校には行かないとダメなのだが、博士号まで取ってはイケナイ。学歴が高すぎると私のようにヲタっぽい大学教授とかになってしまい、実際に起業家になる代わりに、起業家について研究することになってしまう。

専攻が重要なのか

起業家の教育は、ビジネススクールでも大盛況である。アメリカ国内の二〇〇〇以上の大学で、この分野に関する講義が開講されており、その多くは専攻科目や副専攻科目として設置されている。このトピックに関するダートマス・カレッジでの四週間の講座には八四〇〇ドルかかったりする。(21) 彼らの宣伝によるなら、これらの講座を受けることで、あなたは起業家へと踏み出す一歩を手助けしてもらえる。これは本当なのだろうか。起業について専攻することによって、自分の会社を始める可能性に違いが出てくるのだろうか。

起業研究を専攻することが、ビジネスの創業に結びつくのかどうかを調べる研究は存在しないので、この疑問に対して完全な回答を行うことはできない。しかし、ビジネスを専攻することと他科目を専攻することのそれぞれの影響に関する比較対照研究を目にすることはできる。何の驚きもないだろうが、ビジネスを専攻すると、他科目を専攻するよりも新たにビジネスを始める割合が高まるのである。しかし、それ以外の新たにビジネスを始める人の専攻を知ったら驚くことになるだろう。健康に関連するトピック（医学、看護学、薬学など）や、法学、建築学、農学などを専攻した人は、他専攻で学んだ人よりも自分で新たにビジネスを始める割合が高い[22]。自分でビジネスを始める人は、起業に関する情報だけを学習するのではなく、参入する業種に対応する知識も学んでいる。

経験の重要さ

カレッジを出たてで起業した人のストーリーがメディアには溢れている。このようなストーリーは、誰かの下で働くことは起業家になるチャンスを高めるどころか低めるものだというイメージをわれわれに提供している。

これもまた、現実ではなく神話である。メディアに溢れるイメージとは逆に、実際のデータによるなら、仕事の経験があればあるほど、起業するチャンスは高まる[23]。情報の多くは、起業へと飛び込むことがスタートアップ企業に特有のものではなく、他人の下で働くことを通じて学ぶことができるとしている。それ〔＝起業へと飛び込むこと〕は、たとえば、他人をどうマネージするかを理解し、いかに顧客を満足させるのかを知り、会計上の記録をつけるようになり、などといった事柄なのである。

だから、たぶん、誰かほかの人の下で働くことは、いつか自分でビジネスを始める可能性を高めることになるだろう[24]。しかし、誰かの下で働く際に、何をやるかが重要ではないだろうか。データによるなら、回答ははっきりと「イエス」である[25]。主としてビジネスの世界で見られる

表 3-3　自営が存在しなかったとされる職業（1983〜2002）

職業
農業・林業の技師
航空管制官
服飾のパターンメーカー
自動車修理工見習い
生物学の教師
製本業者
大工見習い
矯正施設の職員
踏切番
経済学の教師
エレベーターのオペレーター
爆発物取扱者
外国語の教師
産業工学の技術者
裁判官
法学の教師
立法者
映写
配達以外の郵便業
製品テスター
水夫
社会科学の教師
統計学者
港湾労働者
警察・探偵の管理者
電信技手
都市プランナー
上下水プラントのオペレーター

Source: Adapted from data in the Bureau of Labor Statistics, Current Population Survey.

表 3-2　職業ごとの自営の割合

職業	自営の割合
園芸農家	100
園芸以外の農家	98.59
足治療医	81.99
漁師	73.79
獣医	67.89
不動産販売	54.41
弁護士	44.14
建築家	39.33
精神分析医	31.45
郵便局長	29.82
ダンサー	26.25
自動車整備工	23.72
地質学者・測地学者	11.46
会計士・監査	10.65
物理療法士	9.88
家政婦・執事	8.54
育児業	6.58
栄養士	5.20
建設現場監督	4.85
セールス・エンジニア	4.49
セールス（服飾）	4.16
精肉販売	3.65
料理人	3.27
秘書	2.98
案内係	2.71
クレーン操縦	2.48
配車係	2.23
ソーシャル・ワーカー	1.86
機械修理士	1.49
バス運転士	1.41
歯科衛生士	1.23
製品配送業	0.93
ホテルのフロント	0.67
図書館司書	0.64
ゴミ収集	0.39
電話線敷設・修理	0.23
放射線技師	0.21
銀行窓口	0.15
警察・探偵	0.05
郵便配達業	0.02

Source: Adapted from data in the Bureau of Labor Statistics, Current Population Survey.

ような職種に就いている人は、政府機関や教育、あるいはヘルスケアや非ビジネスセクターなどの職種で働いている人に比べて、自分でビジネスを始める可能性が高い[26]。さらに、より多くのマネジメントの経験（他人を監督する経験）を持っている人は、そうでない人に比べて自分のビジネスを始める可能性が高いのである[27]。

最後に、一つ前の章で見た通り、主として開業率が高い産業分野（たとえば、建設業や専門職サービス）で働く人は、ビジネスを始める可能性が高い。実は、職種による新しいビジネスを始める割合の違いは非常に大きなものなのである。表三－二のデータが示すように、ある職業に就いている人に比べてほかの職業に就いている人のほうが、五〇〇〇倍の割合で新たにビジネスを始めているのである。

表三－二に示された違いは、いずれにしても自営の職業に有利になっている。しかし、表三－三のデータから分かるように、自分でビジネスを始める人の数が実際にゼロであるような職業も数多く存在する！　労働統計局によるなら、これらの職種に関しては一九八三年から二〇〇二年の間、自営業でその仕事をやろうとした者は誰もいない。

生粋の地元育ちよりも移民のほうが起業家になりやすいのか

起業家精神を持ったキャリアによって、移民は新たにビジネスを始め、わが国の経済成長に貢献しているのだろうか。新聞や雑誌を定期的に読んでいるなら、この疑問に対する解答は

「イエス」だと思うだろう。世間一般の通念に従うなら、移民は、生粋の地元育ちと比べると、高い職業倫理を持ち、進取の気性に富み、敢えてリスクを取るなど、ビジネスを始めるために必要な資質の多くを持っているということになる。結果として、多くの移民を招き入れれば、わが国のベンチャー活動は活発になるという物語が描き出されることとなる。

ここでもやはり、人気のある世間一般の通念が、単なる都市伝説でしかないことが露わになる。さまざまな種類のデータソースによるなら、一九八〇年以来、移民と、生まれも育ちもアメリカである人の間には、ビジネスを始める割合に違いがないことが分かる。[28] さらに、移民は一枚岩ではなく、ビジネスを始める可能性に関しては、移民グループ間で実質的な違いが存在している。たとえば、ある研究によるなら、イスラエルからの移民男性の二九％、韓国からの移民男性の二八％が自営であるのに対して、ラオスからの移民男性は三・二％、プエルトリコからの移民男性は三・二％しか自営で働いてない。[29] 移民グループの間での大きな差異は、移民であるということ自体が自営になるかどうかを説明する要因にはなっていないことを示唆している。

特定の国からの移民が、アメリカ入国後に自営を始める割合がなぜ高いのかは分からないが、移民の出身国での開業率がアメリカでビジネスを始める可能性の高さを説明するものではないということは分かっている。[30] 代わりに研究者たちは、移民グループ間の起業活動の割合の違いは、資本へのアクセスや彼らが特定の専門的職業分野で働く傾向と関係あると考えている。

コネより知識

起業に関する神話の一つとして、何を知っているかよりも誰を知っているかのほうが重要だ、というものがある。多くの人は、ビジネスを始めるにあたって社会的ネットワークがいかに重要であるかを説く。より広範な社会的ネットワークを持っているなら、お金を増やしたり、人を雇ったりと、ビジネスを始める際に必要なことすべてをやれるようになるだろう、と。このような世間の思い込みは非常に強く、ある州の政府は住民にビジネスを始める際の五つのコツのうちの一つとして社会的ネットワークを提示している！[31]

ネットワークを作るのがうまいとビジネスを始める可能性が高くなるという考えが多くの人に対してアピールする一方で、実際のデータは反対の結果を示している。合衆国の生産年齢人口の代表標本を用いた起業家動態パネル調査によるなら、ビジネスを始める人とそうでない人との間で、社会的ネットワーキングの側面で、何らかの違いを見いだすことはできなかった。さらに調査によるなら、起業家は実際は社会的ネットワークをより補助的にしか利用していない。たとえば、以下の通りである。

- 他人が自分の仕事に役立つと答える割合は、起業家がわずか六三％であるのに対して、そうでない人は七四％である。

●起業家が自分のキャリアを助けてくれた人として一人か二人くらいの人を挙げるのに対して、対照群はもっと多くの人数を挙げ、このグループの三分の一は、五人以上を挙げるのである。

●起業家は、ビジネスを始めようとはしていなかった人と比べ、半分の割合でしかビジネスのことについて助力者に相談しない[32]。

要するに、ネットワーキングがうまいことは、ビジネスを始めるのに、それほどの影響を与えることはない。むしろ、一匹オオカミであることのほうが普通である。この証拠に、業種やマネジメントの経験がビジネスを始める可能性に影響を与えるという証拠を組み合わせるなら、ビジネスを始めるかどうかは誰を知っているかではなく、何を知っているのかに依存していることが分かるだろう。

結論

では、どういう人が新たにビジネスを始めるのだろうか。典型的な起業家はあなたのお隣さんだ。四十代既婚の白人男性で、誰かの下で働きたくないから自分でビジネスを始め、高成長の会社を作り出すというよりは、普通に日々のやりくりをしようとしているだけである。

ある人を、ビジネスに向かわせるような性格は、神話が起業家精神に望ましいと思うような性格とは、まったく関係ないものである。データによるなら、ビジネスを始める可能性を高めるのは、次のような状態にある時なのである。

- 失業状態。
- パートタイムで働いている。
- 頻繁に転職をしている。
- 給料が少ない。

最後に、ビジネスを開始させる種類の経験は、われわれが普段メディアで見聞きしているようなものとは異なったものである。起業家になることから連想される経験としては、移民、学校の中退、ネットワーキングがあるが、それらは実際にはビジネスを始める可能性を高めはしない。代わりに、大学へ行き、専門職大学院の学位を取得し、既存のビジネスの中でマネジメントした経験こそが、実際には、ある人が会社を始める可能性を高めるのである。

第四章　典型的なスタートアップ企業とは、どのようなものなのか？

道ゆく人に、典型的なスタートアップ企業と聞いて、どのようなものを思い浮かべるかを尋ねてみたら、どんな答えが返ってくるだろうか。たいていの答えは、おそらくこうだ。何百万ドルも売り上げがあって、従業員は十人ほどの、小規模だが成長性のある企業。革新的な新製品や新サービスを開発する優秀なチームに率いられていて、自社の競争優位を巧みに生かしながら、既存のビジネスに対して常に挑戦をしかけている企業。結局のところ、これは新聞や雑誌の記事に書かれていることそのままである。実用書や教科書でも同じような記述を読んだことがあるかもしれない。しかし、これは正しいのだろうか。

もし、これが正しいと信じているなら、この章で紹介する情報はあなたの期待を大きく裏切ることになる。データが描き出す新たなビジネスの典型的な姿は、たいていのメディアが伝えるのとは明らかに異なっているからだ。

新たなビジネスのほとんどはとても平凡である

新たなビジネスの典型は、ごくごく平凡だ。事実、あまりにも平凡なため、新聞や書籍、雑誌で取り上げられることはほとんどない。読者の興味を惹かないからだ。典型的なスタートアップは革新的ではないし、既存の会社に挑戦しようともしていない。独自の競争優位など持っていないし、そもそも成長しようとしてさえいない。誰もが聞きたがっているスタートアップ神話と比べると、それは、分かりやすく退屈なものである。

たいていのスタートアップは革新的ではない

典型的な起業家は、しばしば革新者として描かれる。たとえば、ある評論家による次の文章を読んでほしい。「起業家は……新しい機会と、それを探求するリスクを注視している。新しい市場を探し、新しい商品を作り、商品を採算ベースにのせる新しいやり方を考え出し、新しいテクノロジーを構想したり、より生産的な部門に資金を振り向けようとしたりしている。起業家は探検家だ。未踏の大地に分け入り、いずれわれわれの誰もが普通に旅することになる、新しいルートを開拓しているのである」（強調は引用者による[1]）

このように起業家をイノベーション（革新）と結びつける人は多いが、たいていの新しいビジネスは革新的なことをまったくしていない。データによると、ほとんどすべての新しいビジネスは、既存の製品やサービスと同じものを提供しており、創業者自身でさえ、自分たちの製品やサービスが独自のものだとは思っていない[2]。最良のスタートアップ企業――アメリカでもっとも急速に成長した企業五百社――の中で、他社にない商品やサービスを提供しているのは、わずか一〇％にすぎないのである[3]。

新たなビジネスは、参入する市場を変えてしまうほど革新的な何かをしようとは意図していない。起業の実態を調査したデータによると、自社が参入する市場に本格的な影響を与えると思っている創業者は、わずか二％であり、実に全体のうち九一％が、市場にほとんど、あるいは何らのインパクトももたらさないと考えているのだ[4]。

たいていのスタートアップはごく小規模である

たいていの新しいビジネスは本当に小規模なものである。毎年新たに立ち上がるビジネスで、人を雇っているのは、わずか二四％にすぎない（自営業全体でも、人を雇っているのは、わずか一六・九％である[5]）。複数の従業員がいる企業はごくわずかだ[6]。一九八九年から二〇〇三年までの間に、一年間で平均五七万八五四三社が従業員を雇って新たに立ち上げられたが、従業員五人以上の会社は、わずか一〇％、二十人以上ともなると、四・五％しか存在しない。

従業員がいる新企業の平均人員は三・八人である。しかし、新たなビジネスのおよそ七六％は、誰も雇ってはいない[7]。アメリカの平均的なスタートアップ企業は、従業員一人から始まる。つまり、そこには創業者本人しかいないのだ。

新しい起業はまた、収益面で見ても規模が小さい。連邦準備制度理事会・消費実態調査によるなら、オーナー企業の収益は中央値で九万ドルである[8]。それに対して、単独の個人事業、共同経営、あるいはSコーポレーション〔通常の株式会社〕に分類される株式会社など一万二五〇〇人の自営オーナーについて調べた、国勢調査局の「ビジネスオーナーの特徴に関する調査(Characteristics of Business Owners Survey)」によるなら、事業所当たりの平均収入は、一八万三九七三ドルである。(9)

成長を目指すビジネスはわずかである

成長を追求する新たなビジネスという神話は、アップル・コンピュータのようにベンチャー資本によって支えられた会社のそれをなぞったものなのである。それらのビジネスはガレージから始まったが、創業者はいつか巨大企業になることを夢見ていた。

そういう会社の物語は、疑いもなく真実だが、それは庭に雷が落ちた人の話でもある。問題は、庭に雷が落ちた話と同様、頻繁に何度も話しているうちに、それがいかに珍しい話かを忘れてしまうということだ。起業家の成長への意欲という神話を誰もが信じ始めてしまい、そのリアリティに注意を払わなくなるのだ。

起業の真実、それは創業者がほとんどビジネス拡張の意図を持ってはいないということだ。一九九八年に創業した新たなビジネスの創業者の代表標本に関する研究によるなら、創業者の八一%はビジネスの成長を望んではいない。(10) 典型的なスタートアップの創業時の規模を与件とすると、これは次のことを意味する。従業員を一人以上にし、売り上げを一七万四〇〇〇ドル以上にしたいと希望している創業者は、五人に一人もいないということだ。

別の研究によるなら、一九九三年にアメリカで創業されたスタートアップの代表標本のうち、創業者たちの半数は、最初の一年でわずか一人、三年でわずか三人の従業員を持ちたいとしか考えていなかった[11]。さまざまな国の創業者を調査した研究では、三分の二の創業者が、自社が五年以内に複数の仕事を産み出せるとは考えていないのである[12]。

ビジネスを拡大しようとしている少数派の起業家でさえ、期待の程度はごくつつましいものである。たとえば、ある研究によるなら、アメリカの代表的な創業者のうち半分が、開始後五年目の売り上げは一〇万ドル以下と予想している[13]。

多くの起業家は、自分の新しいビジネスが、元の仕事に取って代わるほど実入りのいいものになるとは考えていない。データによるなら、三分の一の起業家は、彼らのビジネスが元の仕事とそっくり置き換わるほど儲かるとは考えていない。それが、アルバイトのような、家計を助ける方法の代わりになるとは考えているけれども[14]。

新たなビジネスの多くは競争優位を欠いている

誰もが知るとおり、なぜ、ある企業が別の企業より優れているかについての標準的な説明は、競争優位を有しているからというものである。成功した企業とは、ほかの企業が追いつけないような、ある種のアンフェアな優位性を有しているのだ。特許のある技術とか、優れた生産工程とか、規模の経済性とか、有能な労働力とか、ほかの企業が対抗できないようなものを持っている、という説明である。

われわれは、企業業績に対する競争優位の価値を知っているので、他社と競争する上で何らかの競争優位を持っているか、少なくとも創業者は競争優位を持っていると、すべてのスタートアップ企業が信じていると思いがちである。新しい企業の創業者が、他社を圧倒する競争優位など持っていないと報告するとは思っていないのである。

ところが現実には、自社はいかなる競争優位も有していないと報告する創業者は、全体の三分の一を上回る。これは控えめな表現かもしれない。たいていの創業者は、自らのビジネスを信じる傾向にあるため、自己報告がインフレ化しがちだからだ。ともかくも、カウフマン財団の調査データによるなら、自社のビジネスが競争優位を有していると答えたのは、創業者の六三％である。言い換えると、三分の一以上の創業者が、他社を打ち破るようなものは何ひとつ持っていないと思っているということだ――特許技術も、優れた顧客サービスも、金融面での優位な条件も、あるいは起業家としてのやる気でさえ。

半数は在宅ビジネスである

起業について現存する神話は、アメリカの新たなビジネスの二つに一つが、予備のベッドルームや、誰かの家の台所から出発しているのだとは言いたがらない。神話が語りたがるのは、ガレージで創業し、やがて大きなビジネスへと生まれ変わるスタートアップ企業の話だ。神話が、自宅の地下室から始まって、ずっとそのままというビジネスに言及することはない。

現実はどうだろうか。この国で設立され、五年間生き延びて経営している新たなビジネスのほとんど半分（四六％）は、自宅で起業し、いまもそこにとどまっている。[15] カウフマン財団の調査による、事業実施場所の分布は、表四－一で見ることができる。ほぼ半分が在宅ビジネスである。加えて、ほかのソースによるなら、五年以内に自宅から別の場所に引っ越したビジネスは、全体の五％にも満たない。[16]

表4-1　起業する場所

場所	パーセント
自宅または自宅の一部	48.40
新たに賃貸	40.64
新たに購入	5.20
顧客が提供	4.78
その他	0.98

Source: Preliminary date from the Kauffman Firm Survey.

起業家はどのようにしてビジネスアイデアを思いつくのか

典型的な起業家は、どのようにしてビジネスアイデアを思いつくのだろうか。一般的な認識では、たいていの起業家はビジネスアイデアを常に探している。事実、われわれのイメージでは、起業家は常に顧客が既存の製品に満足しているのかを調査し、どんな商品が市場で見逃されているかを自問し、新しい製品アイデアを探すのに雑誌や新聞を読み、新しいビジネスチャンスを発見すべく規制構造や人口構造の変化に目を配っている――すべては、新しいビジネスのアイデアを見つけたいと願ってのことだ。

近所の図書館に行って書棚を見渡せば、新しいビジネスアイデアの探し方をアドバイスしてくれる本が、山のように見つかるだろう。インターネットで検索すればたちどころに「三十日間で三〇のビジネスアイデアを思いつく方法」を解説したウェブページや、あちこちで開かれているビジネスセミナーの案内にたどり着く。これらはすべて、ビジネスアイデアを探すテクニックを提供するものだ。多くのウェブサイトが、ビジネスアイデアを思いつくのに役立つワークシートを提供している。[17]こうしたウェブページ、本、そしてセミナーの急増は、たいていの起業家が同じようなテクニックを用いてビジネスアイデアを見つけているのだろうという印象を強めている。

しかし、現実は異なったものだ。たいていの起業家は、ビジネスアイデアをいちいち探したりしてはいない。実際、起業家動態パネル調査によるなら、ビジネスアイデアを探すために、じっくりと計画的な調査に取り組んだのは、創業者全体のたった三分の一（三三・二％）でしかない。[18]どうすれば発見できるか、彼らはアイデアを捕えるのに十分な経験をしていなかったからではない。全米自営業連盟（ＮＦＩＢ）の調査によるなら、ビジネスの立ち上げに習熟した経験豊かな起業家でも、経験に乏しい起業家より少ない調査しか行っておらず、少ない情報しか収集していない。[19]

起業家が新しいビジネスアイデアを探さないのは、おそらく、われわれの神話が暗示するような、たった一回のビビッ！　と来た体験によって、それを「発見」することができるとは信じていないからだ。起業家動態パネル調査によると、むしろ、七〇・九％の創業者が、ビジネスチャンスの発見は一回限りの出来事ではなく、時間を通じて徐々にはっきりしてくるものだと考えていることが示されている。加えて、ほぼ半数（四九・六％）の創業者が、ビジネスアイデアは最初に発見された時点と、それに関する〔統計〕調査を受けた時点とでは変化しているとしている。[20]

起業家が新しいビジネスアイデアを調査しないのは、計画的な調査がよい結果をもたらすとは信じていないためでもある。ビジネスアイデアを探している創業者の三〇・四％が、ベストなアイデアは、探さずとも自然にやって来るものだと信じているのだ。[21]

ビジネスアイデアを探していないのだとすれば、どうやってそれを見つけているのだろう。さまざまなソースからのデータが示唆しているのは、たいていの起業家は自らのアイデアを、その業界で働いた経験から得ている、ということだ。たいていの場合、新たなビジネスは、以前にもその業界で働いたことがあり、そこから重要な経験を得た人によって開始されている。カウフマン財団の調査によれば、二〇〇四年の段階で、圧倒的大多数（九二％）の創業者が、実際に創業したのと同じ業界で一度は働いた経験を持っている。しかも、かなりの量の経験をしているのだ。同調査では、典型的な起業家は、その業界で前もって十年間の経験を積んでいる。[22]また多くの起業家が、新しいアイデアを思いつく能力も、その分野の経験のおかげだとしている。たとえば、起業家動態パネル調査によると、実に五五・九％の創業者が、新しいアイデアを思いついたのは、特定の業界や市場での経験のおかげだとしている。[23]

前の仕事での顧客とのやりとりが、起業家が新しいビジネスアイデアを思いつくのに役立っている。起業家動態パネル調査によると、ほぼ三分の一（三三・九％）の起業家は、顧客との会話か、あるいは想像上の会話から新しいアイデアを思いつく。[24]同様に全米自営業連盟によるなら、創業者の以前の仕事は、四三％の割合で、新たなビジネスのアイデアの源泉となっているのである。[25]

前の仕事での顧客とのやりとりが、新しいビジネスアイデアの主な源泉になったからといって、顧客の従来のニーズから劇的にかけ離れた何かを思いつくわけではないようだ。むしろ、データによるなら、多くの創業者は、同一であるか似たような製品を、かつて雇われていた時と同一か、似たような顧客に提供している。たとえば、全米自営業連盟のメンバーである創業者への調査によると、その六一％は、かつての従業員時代と同一、または類似の顧客を扱っており、六六％は同一か、似たような製品を扱っているのである。[26]

起業家はどのようにビジネスアイデアを評価しているか

では、ビジネスアイデアを思いついたとして、それをどうやって評価しているのだろうか。お馴染みの神話によれば、起業家はさまざまなビジネスアイデアを注意深く考え抜き、もっとも見込みのありそうなものを選び取っているということになる。時間やお金を投資すべきかどうかを決める前に、彼のアイデアの実現可能性を調査し、ほかの誰かに相談する。われわれが起業家に抱くイメージは、そのようなものだ(27)。

実際には、多くの起業家は、実現可能性を調査してもいなければ、事業評価をまともにやってもおらず、また、いくつものアイデアの中で、どれがベストのものであるかの比較作業も行ってはいない。起業家動態パネル調査のデータでは、二七・八％の創業者が、自分が追求するもの以外の機会について、まったく考慮していないのである(28)。

もっと驚くのは、ビジネスを始める時に自分が何をやろうとしているのか、はっきりとしたアイデアを持っている起業家は少ないということだ。起業家動態パネル調査のデータによると、四二％の創業者は、ビジネスアイデアがはっきりする前に会社をおこしている。その一方で、三七％は、開業前にビジネスアイデアをはっきりと持っている（二一％は、会社立ち上げとビジネスアイデアの追求を同時に行っている(29)）。言い換えるなら、十人中四人の起業家は、ビジネスアイデアをしっかりと手にする前に会社を始めているのだ。彼らはビジネスチャンスについてよく考える前に、お金を投資し、会社を立ち上げ、事業の場所を探すなどしているのである。

起業家が、開業前にどこまで新しいビジネスついて考え抜いているのかも明らかではない。起業家動態パネル調査のデータによれば、ビジネスを始める（お金を投資し、市場機会を探し、設備を購入する）前に、「そのビジネスについて考えるのに長い時間をかけている」のは、たったの半分（五二％）なのである。[30] つまり、それ以外の起業家は、最初からじっくり考えることなしに、ビジネスを始めている。ビジネスを立ち上げる前に、じっくり事業評価をするという起業家像は、現実と大きく食い違ったものなのである。

ビジネスを立ち上げる

新たなビジネスのアイデアを思いつくことと、実際に新しく会社を始めることは、まったくの別物だ。では、典型的なスタートアップはどのようにテイクオフするのか。創業者は何を、いつ行うのだろうか。一人でやるのか、誰か別の人と一緒にやるのか。スタートアップにかかる時間はどれくらいか。これらは起業活動を理解する上できわめて重要な疑問である。

答えに不足はない。このトピックについては、いくつもの資料があるが、たいていのものは起業プロセスについて、神話にもとづく間違った記述をしている。神話によるなら、起業家は新たなビジネスを一直線に進めていて、経済的機会に対して、機敏かつ容易に対応している。この物語によるなら、典型的な起業家とは、常に新しいビジネスアイデアを探していて、アイデアが一つでも見つかると、それを積極的に評価し、整然と会社を立ち上げ、必要な経営資源を集めて製品やサービスを開発し、顧客に販売するものなのだ。そのすべてをわずか数カ月でやり遂げてしまう。これは素敵な物語ではあり、論理の筋も通ってはいるのだが、物事のリアルな進み方を描いたものではない。

▽プロセスであって出来事ではない

新たなビジネスを始めるというのはプロセスであり、一回きりの出来事ではない。ビジネスを始める最初の第一歩というものは存在しない。新たなビジネスは、白紙の状態から始まる。最初の段階では、おそらく資本も、従業員も製品も販売も、あるいは生き残るのに必要なものも何も持っていない。たとえば、ある研究によると、創業した最初の月終わりに売り上げをあげている企業は、たったの一一%しかない[31]。新たなビジネスを開始するのに必要だと考えられるステップを進んでゆくためには、何年も何カ月もかかる（表四－二を参照）。たとえば、一年目の終わりに失業保険税（unemployment tax）を払っているのは、七%以下である。これは、その時点では従業員に給料を払っていない、ということを意味しており、それは創業者を含めての話なのである。

ビジネスを組織するには時間がかかる。推計に

表 4-2　スタートアップ企業が行うビジネス活動

活動	設立当初	一年目の終わり
出資	23.8	67.1
事業機会の定義	20.2	61.7
製品／サービスの開発	22.3	59.9
原材料の調達	13.5	52.1
製品／サービスの販促	5.0	37.8
施設・設備のリース／購入	8.3	36.7
予測財務諸表の作成	6.1	31.6
サプライヤーズクレジットの供与	2.9	23.7
資金調達先を探す	3.8	21.4
社会保障税の支払い	2.0	11.5
知的財産権の保護	1.4	10.1
従業員を雇う	1.3	8.1
失業税の支払い	1.3	6.7

Source: Adapted from P. Reynolds, *New Firm Creation in the U.S.: A PSED I Overview,* (Berlin: Springer-Verlag, forthcoming).

よると、典型的な起業家は、ビジネスを立ち上げて軌道に乗せるためにフルタイムで努力しても、一人の人間が一年の時間を費やす必要がある——これは、資本の少ない状態で、単独で始めた場合だが。[32] チームで始める場合や、大きな資本を必要とする場合には、組織化にもっと多くの時間がかかる。[33] 加えて、たいていの起業家はフルタイムでは働かないので、新たなビジネスを軌道に乗せるまでに一年以上かかることも、よくあることなのである。

実際、七年以内に新たなビジネスを立ち上げてうまく切り回すに至っている創業者の努力に着目した研究によるなら、典型的な起業家は、そのベンチャーの一年目の終わりまでに、二七のあり得べきアクティビティ（事業活動）のうち、わずか八つに着手しただけであることが分かる。二年目に着手したのはわずか一〇、三年目では一二、四年目では一三、五年目では一四であった。[34] ある観察者は、きちんとした企業になるまでに、だいたい六、七年かかるものだと言っている。[35]

ビジネスを立ち上げるために、起業家が取り組まなければならないアクティビティを見れば、典型的なスタートアップが、どれほどノンビリと立ち上がっているのかが分かるだろう。一九九八年にスウェーデンで始められたスタートアップの代表標本に関する研究によるなら、ベンチャーを開始した会社創業者のうち、わずか六％しか、六カ月以内にビジネスプランを書いておらず、一年目の終わりまでに書いていたのは二五％。十八カ月後までで五九％、二十四カ月後までで六四％なのである。[36] この情報によるなら、スタートアップ企業が、きちんとしたビジネスプランが描けるようになるまで、一年半かかることになるのだ。

▽▽プロセスは直線的ではない

神話によると、ビジネス立ち上げのプロセスは直線的であり、アイデアを思い付いてから市場で製品を売るに至るまでの間、一連のステップを秩序だったやり方で進んでゆくこととなる。しかし、現実はもっとゴチャゴチャしたものである。

すでに述べたように、多くのビジネスは、ビジネスアイデアがはっきりする前に始められる。会社を始めることが必ずしもビジネスアイデアをはっきりとさせることを意味しないのと同様に、会社をおこすために起業家たちが着手するアクションは、秩序だった形で行われるわけではない。

複数の研究が示すところによるなら、起業家は実にさまざまなアクティビティ――お金を投資し、マーケティングを始め、税務申告書に記入し、法人化し、製品を販売し、原材料を買い入れる――をこなしている[37]（最初から人を雇うことはまずない）。

この混沌とした始まり方にもかかわらず、ここでは、いくつかのアプローチが有益である。データによるなら、ビジネスプランを書くことは、事業存続の可能性を引き上げる[38]。ビジネスプランを完成させることは、製品開発や投入資本の獲得、マーケティングの開始や顧客との対話、そして、外部資金調達などのペースを上げる[39]。このように起業家がなし得る有益なアクシヨンは実際に存在してはいるものの、起業が秩序だった形で行われることはないし、次に出現する出来事を予期することはできないのである。

会社立ち上げは成功例よりも失敗例のほうが多い

われわれのイメージ、つまり、機敏かつ容易に進展するスタートアップというイメージは、起業するプロセスに入った全員がビジネスの立ち上げに至るものなのだという錯覚を与えている。このイメージは、スタートアップ神話に深く染み付いているので、テイクオフに失敗した会社については語られなくなってしまっているのだ。われわれは、新たな会社を始めようとしたすべての人が成功し、うまくやっているのだと単純な想定をしている。

しかし、たいていはベンチャーを立ち上げられないし、続けられない[40]。事実、ビジネスの立ち上げプロセスに入っても、かなりの割合で一年後には断念する。アメリカ、カナダ、オランダでスタートアップを開始した起業家の代表標本に関する研究によるなら、アメリカで二〇%、カナダで二七%、オランダで二六%の割合で、一年後には、立ち上げの努力を諦めているのである[41]。

すでにビジネスを立ち上げている起業家を見ると、結果はさらに悪い。データによるなら、創業七年目で、給料や必要経費以上のキャッシュフローを三カ月以上にわたって確保しているビジネスは、全体の三分の一しかない[42]。

事実、非常に多くが、ビジネスを立ち上げる最初の段階で足止めされているように見えるのだ。ある研究によるなら、ビジネスを始めたうちの実に三分の一（三八％）が、五年たってもまだ「順調に走る」ところまでは行っていない[43]。実際、ある研究者の推定によるなら、五分の一が、永遠にスタートアップの段階から抜け出せない状態にあり、努力を諦めてしまってはいないものの、さりとて完成に至ることもできないでいるのだ[44]！ なぜそれほど多くのスタートアップ企業が、アイデアを完全に実現することができないのか、確かなことは分からない。おそらく、さまざまな要因の組み合わせなのであろう。ある場合には、自分のために起業してみたものの、ビジネスコンセプトがないので、ビジネスが進展しない。別の起業家はビジネス立ち上げのための十分な時間をとれないので、ビジネスがゆっくりとしたスピードでしか進展しない。また別の場合には、ビジネスの開始に夢中になりすぎて、その創造をあたかも無際限に追求する趣味であるかのように取り組んでいるのである。

チームで起業？

起業について、より一般的に信じられていることの一つ、それは新たなビジネスがチームによって始められる傾向にあるというものだ。新たなビジネスについての学問的研究[45]や、ビジネスプランのコンペ、起業家のネットワークサイトなどに、こうした信念を見いだすことができる。新たなビジネスはチームによって作られるという思い込みが、われわれの間にあまりにも深く浸透しているので、「ベンチャーチーム」はいまや起業活動について書かれた本には必ず載っており、多くの人が「起業家」より「ベンチャーチーム」について語るという事態になっている。(46) しかし現実には、チームによって開始される新たなビジネスは少数派である。データによるなら、新たなビジネスの五〇～六〇％が、単独の個人によって創業されている。(47)

誰もが使う意味でのチーム（共同製作者、友人、隣人、あるいは見知らぬ者同士のグループ）によって開始されるビジネスは、ほとんど存在しない。二人以上でビジネスが開始される時でも、親族以外の他人と開始されることは稀である。事実、「パパ・ママ企業（日本でいう零細企業）」という用語は、二人以上で開始されるビジネスの実態を、「ベンチャーチーム」という言葉よりも、はるかに正確に表現している。二人以上で開始されるビジネスの半数以上（五三％）が、配偶者とともに始められたものである。(48) ベンチャーの半数は一人で創業されていることを考えると、これは次のようなことを意味している。ベンチャー全体の四分の三以上（七六％）が、単独か、あるいは配偶者と一緒に創業されたものである、ということだ。

二人以上で開始されるビジネスの中には、夫や妻ではなく、他の身内や親戚と共に開始されるものもある。事実、起業家動態パネル調査のデータによるなら、配偶者以外の親族とビジネスを始めたのは全体の一八％。つまり、配偶者や親戚、家族以外の誰かとチームを組んで始められたビジネスは、全体の一〇％以下でしかないのだ。(49)

加えて、チームによってビジネスが設立される時でさえ、最初は一人で始められる傾向にある。起業家の代表標本のいくつかによるなら、一三％から一七％がベンチャーチームを最初の一カ月の間に組織している。明らかに、ベンチャーチームを組織しようとしている創業者は、チーム単位で行動してはいないのである。新たなビジネスの半数は個人で始められるといったが、チームで始められたベンチャーでさえも、四分の一から三分の一のベンチャーが、ビジネス立ち上げのプロセスが開始されてから、リーダーたる一人の起業家によってチームを組織されているのだ。

夫婦で経営しているベンチャーが、最初から二人で始まったものだと考えているのだとすれば、それは間違いである。われわれの発見によるなら、ベンチャーチームの半数から三分の二は、一人の起業家がスタートアップのプロセスを開始してから、ベンチャーチームを組織している(50)。それゆえ、おそらく、われわれはこの国でベンチャーについて考える時、ベンチャーチームという用語で考えるべきではないのだ。大学のルームメイトや少年時代からの友人が一緒にビジネスの王国をつくるというのはよくできたイメージだが、新たなビジネスが親戚以外のチームによって開始されるのは稀なことなのである。

結論

われわれは典型的なスタートアップ企業がどのようなものであるかについて、多くの誤った認識を抱いている。一般的なイメージとは反対に、典型的なスタートアップは小さく、在宅ビジネスであり、誰もがすでに知っている製品やサービスを提供している。

加えて、新たなビジネスの典型的な創業者は、ビジネスのアイデアを、われわれの想像どおりのやり方では思いついていない。たいていの起業家は新しいビジネスアイデアを体系的に探しているわけでも、評価しているわけでもない。その代わり、前の職場と同一、あるいは似たような顧客を相手に、やはり、同一か似たような製品を提供している。

事実、多くの起業家は、ビジネスチャンスについて熱心には考えていない。逆に、多くの人はビジネスアイデアを思いつく前に、会社を立ち上げているのである。会社を立ち上げる前に、具体的にビジネスアイデアを練っているのは、全体のたった半数程度である。

新たなビジネスの立ち上げは、われわれが勝手に想像しているほど機敏でも容易でもないし、一直線に進むものでもない。また、それは、集団的でもないし、包括的なプロセスでもない。明らかに少ない割合（三分の一）の起業家しか、スタートから七年以内でビジネスを定着させることをできてはいない。つまり、七年以上はかかるということだ。

加えて、ビジネスに王道はない。起業家がビジネスの開始にあたって、何から手をつけるかは、投資、マーケティング、税の申告書など人によってさまざまだ。最初の二〜三年ののち、次にやることは、ベンチャーによってまったくといってもいいほどに異なって来る。

ベンチャーのチームは非常に珍しい。典型的なビジネスは一人で始まる。そして、二人以上で始まる時にも、それは、たいていは配偶者か親族とである。つまり、「典型的なスタートアップ企業はどんなもの？」「スタートアップってどんな風に始まるの？」ということに関するわれわれの信念の多くは、現実に照らせば、まったくもって適切ではないのである。

第五章　新たなビジネスは、どのように資金調達をしているのか？

典型的なスタートアップ企業について、少し考えをめぐらせてみよう。そこでの資金調達はどうなっているのだろうか。どれくらいの元手が必要なのか。そのお金は、どこからやってくるのだろうか。借り入れだろうか、それとも株式発行だろうか。

多くの人は、ビジネスを立ち上げるのに何十万ドルものお金が必要だと考えている。そして、そのお金の大半は、ベンチャー資本やビジネスエンジェル、友人、家族といった外部の投資家からやってきており、彼らは、引き受ける株式に見合った出資をしているのだ、と信じている。こうした見解は、幅広い層に共有されている――若い会社に資金を提供する投資家から起業のための政策を展開している政府の役人まで。それがアメリカの起業への取り組みを形づくっているのである。

唯一の問題は、この見解が間違っているということだ。典型的なスタートアップ企業の資金調達についての世間一般の認識は、繰り返すが、ただの神話である。

ビジネスを立ち上げるのにどれくらいのお金が必要なのか

研究によると、典型的な新しいビジネスは、現実には非常に少額の資本から始まっている。たとえば、起業家動態パネル調査によると、典型的なスタートアップが必要とする開業資金は、中央値で二万ドル（一九九八年ドル）であり、アメリカ起業アセスメント（Entrepreneurship in the United States Assessment）によると、初期資本は一・五万ドルである。(1)

企業買収による起業の費用も、それほど高くはない。開業にどれくらいのお金が必要だったのかを調査した、連邦準備制度理事会・中小企業金融調査によると、買収によるビジネス立ち上げに必要なのは、三万四六〇〇ドル（一九九六年）。ゼロからスタートした場合には、初期資本は二万二七〇〇ドル（一九九六年）であった。(2) ゼロから始めるより、買収から始めたほうが七三％高くつくけれども、金額そのものは高くない。どちらにしても、それほど多くのお金が必要なわけではないのである。

主な資金源は創業者の貯金

専門家が語るところによるなら、起業家は開業資金を探しまわっている。銀行や政府機関、ベンチャー資本家やビジネスエンジェル、友人、親族など、考えつくところならどこへでも足を運ぶ。もちろん、それらの相手から、ある程度の資金は供給されるけれども、開業資金のもっともありふれた出所は、起業家本人の貯金である。事実、起業家の大半は、誰からも資金を得ずにビジネスを始める。貯金をつぎ込んでビジネスを始める人の数は、銀行や友人、家族の出資を受けてビジネスを始める人を足し合わせた数よりも多い(3)。社齢八年の企業でさえ、調査によれば、外部資金を調達していないところが半分もある。この場合、必要なお金の出所は、すべて創業者自身なのである(4)。

起業家の多くは、開業資金を外部に求めてはいない。アメリカのビジネス創業者の代表標本に関する研究によるなら、創業者の六一％はビジネスを始めるに際して外部資金を得ようとはしていなかった(5)。別の研究によると、外部からの資金調達を考えていたのは全体の五六％だった(6)。

もっとも、外部からの資金調達を受けたビジネスは、創業者の資金だけで始められたビジネスよりも資本規模が大きい。そのため、この手の企業は、創業者の資金のみによる企業に比べて、資本構成における創業者の資金の割合は小さい。それでもなお、相当な割合だ。研究によると、新たなビジネスの開業資金の二〇〜三〇％は、創業者自身の懐から来ている(7)。

お金持ちのほうが起業しやすいのだろうか

新たなビジネスの資金が、主として創業者の貯金から来ているのだとすれば、十分な資金が手元にないことが、人々を起業から遠ざけていると言えるのだろうか。確かに、そう考えたくなる。スタートアップにそれほど多くのお金が必要なわけではないとしても、起業家志望者の多くが、手元にお金がないために挫折を余儀なくされている。多くの人はそのように信じ込んでいるのだ。こうした思い込みがあるため、アメリカでは起業家志望者が資本にアクセスしやすくなるような数々の政策が導入されてきた。

しかし、この思い込みは正しいのだろうか。答えは「イエス」でもあり「ノー」でもある。研究によるなら、宝くじに当たるなど、予期しないお金が転がり込むと、起業に踏み切る可能性は高まる。しかし、起業の可能性が高まるのはアメリカでも上位一〇％に入る富裕層であり、しかも、専門性の高いサービス業、たとえば法律事務所や会計事務所を設立しようと考えている人の間だけのことである。ほかの業種や、あるいは残り九〇％のアメリカ人にとっては、どれくらいお金を持っているかということは、新たにビジネスを始めるかどうかに影響しないように見えるのである(8)。

これは、どうしてだろうか。(一般的な観察と同様に)研究によるなら、自己資本をたくさん持っているとか、大きな資産を持っているとか、多額の収入を得ているとかいうような人は、自分でビジネスを始めやすい(9)。どうやら、豊かな人は貧しい人に比べて起業家になりやすいようだ。しかし富裕度と開業率に相関関係があるということは、低所得、低資産の人が、お金がないために開業を控えているということを意味するわけではない。

開業と富に相関関係が存在するのは、お金のある人は、ビジネスの勘を持っているからであり、また、彼らはビジネスに勘が利くので、自分でビジネスを経営するのが得意だと考えることはまったくもって可能である。そのため、金持ちのほうが新たなビジネスを始める傾向にある。営利事業で働く人のほうが、教育、福祉、公共サービスなどの非営利事業で働く人よりもお金を稼ぐ傾向にあることを考えれば、この説明は道理にかなっている。平均的に見て、営利事業で働く人は、非営利で働く人に比べてビジネスの勘を多く持っている。

起業しないのは十分な資本を持っていないためであるのかどうかを確かめるため、何人かの研究者は、遺産継承が開業率を押し上げるかどうかについての調査を行っている。もし、そうであるなら、お金さえ得られれば、起業を妨げる障害は乗り越えられるということになるだろう。[10]研究の結果は、遺産相続が開業率に与える影響は、開業する前に遺産をもらっても、開業した後で遺産をもらっても、いずれの場合でも変わらないというものだった。これが意味しているのは、遺産相続は、お金がないことが障害になっている人の開業率を増やすことはない、ということだ。[11]

お金がないことが開業率の上昇を押しとどめているのかを確実に知るためには、ランダムにお金を与えて、お金をもらったグループと、もらっていないグループの振る舞いを観察してみればよい。ほかの条件が同じだとすれば、お金を受け取ったグループの開業率が上がった場合、お金の有無は決定的な要因であることになる。[12]

スウェーデンの研究者が、まさにこの実験を行った。彼らが調べたのは、宝くじに当たると、会社を辞めて独立しようとするかどうかである。前もって宝くじに当たるかどうかは分からないので、もし、当選者のほうが外れた人よりも独立する傾向が高いのであれば、資金の欠如が開業の障害となっていたのだ、ということになる。研究の結果、宝くじの当選は、当選者を独立させる確率を上昇させた。つまり、ある種の人は手元にお金がないために開業できないでいるという仮説を支持したのである。[13]

それゆえ、たくさんのお金を持つことで、起業しやすくなるということになりそうだ。お金がないためにビジネスを始められない、という制約が取り除かれるためだ。しかし、その制約は主観的なものかもしれない。というのも、新たなビジネスの立ち上げには、それほど多くのお金はかからないからである。「金がない」と考えることで自分に制限をかけているのかもしれないのだ。加えて、お金がないことがすべての起業家志望者を制約しているわけではない。データを注意深く検討すると、お金が増えることで開業率が高まるのは、アメリカの富裕上位一〇％（二〇万ドル以上の純資産を持っている層）に集中している上に、それで影響を受けるのは法律事務所や会計事務所のような、専門性の高いサービス業を始めようとしている世帯のみであるように見えるからだ。加えて、資産規模が与える影響は、とても小さい。所得が一〇万ドル上昇しても（これは、五万五〇〇〇ドルくらいの純資産が、ほとんど三倍になったということを意味する）、開業率は一〇％しか上昇しない。[14]

ここからどのような結論を得られるのだろうか。宝くじに当たるなど、棚からボタ餅式にお金が増えることは開業させやすくする。しかし、その効果はとても小さい。そしてその効果は、すでにある程度豊かで、専門性の高いサービス業を始めようとしている層に集中しているのだ（このパターンの例外は黒人の間で存在する。第九章を参照）。

個人的な負債

誰もが、開業資金の調達に自宅を第二抵当に入れる起業家の物語を聞いたことがあるだろう。この物語はアメリカにおける新たなビジネスの資金調達の重要なポイントを描き出している。つまり、起業家は会社を立ち上げるに際して、自分の貯金を使うだけでなく個人のクレジット〔信用貸し〕も利用している、ということだ。事実、研究によるなら、アメリカの創業者の六五％が、資金繰りのために何らかの個人的な借り入れを行っているのである[15]。

起業家は、新たなビジネスの運営に必要な個人のクレジットをどこに求めているのだろうか。主にクレジットカードに求めていると読者は考えるかもしれない。もしそうであるなら、その半分は正しい。クレジットカードは、個人的な負債のもっともありふれた出所である。起業家動態パネル調査によるなら、およそ二八・三％の創業者は、ビジネスの資金繰りに自分のクレジットカードを使っている。第二の出所は銀行ローン〔＝銀行からの借り入れ〕であり、創業者の二三％がそれを利用している[16]。しかしお金の総額から見るなら、クレジットカードは、銀行ローンに比べてそれほど重要ではない。カウフマン企業調査のデータによると、銀行ローンは、クレジットカードに比べて七倍のお金を創業者に提供している。

個人的な〔＝個人名義の〕負債は、新たなビジネスの資金繰りにも大きな役割を果たしている。というのも起業家はしばしば、会社名義のクレジットカードや銀行ローン、自社の与信枠を得るために、個人的担保や個人保証の提供を求められるからである。もしこれらの保証を提供すれば、ビジネスのためにいっそう多くの資金を得ることができる[17]。ビジネスの負債を個人的に保証する創業者はかなりの割合に上る。連邦準備制度理事会・中小企業金融調査によると、会社のローンを個人的に保証している業歴五年以下の中小企業のオーナーは、だいたい二五・一％から四八・一％である。正確なパーセンテージは、そのビジネスが個人事業主か合名会社なのか、税法上のSコーポレーションなのか、それともCコーポレーション〔税制面での優遇を受ける株式会社〕なのかによって変わってくる[18]。

たいていのアメリカの起業家は（株式会社ではなく）個人事業主としてビジネスを始めるという単純な事実は、彼らがビジネスの負債を個人で引き受けているということを意味する。株式会社の場合、創業者はビジネスの債務責任から守られているが、個人事業主の場合はそうではない。つまり典型的なアメリカの起業家は、個人事業主になることで自らのビジネスの債務を個人的に保証することを厭わないのだ。

どんな企業が外部資金を獲得するのか

たいていは、自分の貯金を個人のクレジットによって補いながら、ビジネスの資金繰りをしているのであるが、ある種のビジネスは外部から資金を調達している。なぜ、あるスタートアップ企業は外部資金を工面することができ、別の企業はできないのだろうか。起業家について書かれた記事を大衆紙で読んだり、ウェブサイトで見たりすると、読者はおそらく、次のように考えるだろう。その答えは起業家の才能と、ビジネスアイデアのできによるのだ、と。一般的な通念に従うなら、外部資金を調達できるのは、彼がよい起業家であり、スムーズな交渉人であり、質の高いビジネスのアイデアを持っているからだ。しかし実際は、もっと別のものが重要だ。お金を求める意志である。

起業家なら誰でも、銀行や、金融会社、ベンチャー資本、ビジネスエンジェルなどの外部の資金源にお金を求めそうに思える。しかし、驚くべきことに、創業時に外部からお金を求める起業家はたった三分の一しかいない。事実、ある研究によるなら、開業後最初の二年半で外部にお金を求めたのは全創業者のたった三七％しかいないのである。[19]

なぜ、外部に資本を求める起業家はそんなにも少ないのだろうか。たいていの起業家は、まだそのビジネスが若い時にはお金を求めないが、社齢を重ねるにつれ、外部資本を探すようになる。[20] 一方、たいていのビジネスは失敗する、それもかなり早く失敗するので、創業者は外部資本を探す段階に到達する前に、廃業してしまうのだ。

しかも、起業家のほとんどは、特に外部資本を必要とはしないビジネスを始めている。当初資本が必要な少なからぬ業種（たとえば、製造業）を除けば、新たなビジネスに資金調達の必要性は低い[21]。昨今のたいていのビジネスはサービス業であり、それは、ほとんど資本を必要としないものだ。資本集約的なベンチャー企業（製造業）は稀である。結果的に、たいていの起業家にとって、外部資本を探すことの優先順位は低いのである。

結局、多くの起業家は、ビジネスを成長させようと決断した時にだけ、外部資本を獲得する。成長のプロセスの中で資金繰りは苦しくなってゆくため、外部からのファイナンスが重要となる。しかし、ビジネスを大きくしようとする創業者はきわめて稀なので、たいていの起業家は、外部から資金を集める必要がない。彼らは、会社を自分の貯金や、個人的な借り入れ、あるいはビジネスで得たお金でうまくやりくりできる。つまり、たいていの起業家が外部資本を得ていないのは、彼らがそれを求めないからで、それを求めないのは、そもそも必要ないからである。

しかし、外部資本を必要とする起業家のすべてが、それを獲得しているわけではない。ではなぜ、ある会社は外部資本を獲得しやすいのだろうか。一般的な通念によるなら、注目されるべきは、起業家と、彼らのビジネスアイデアである。才能ある起業家は、投資家と上手にネットワークを作り、流行のビジネスアイデアを追求するなどして、外部資金を得ている。それができない者は、外部資金を得られない。

起業家の才能や、価値あるビジネスアイデアが外部資金の獲得に影響するのは間違いないとしても、もっと基本的なことのほうが、資金の獲得に大きな影響を与えている。一つは、業歴だ。新たなビジネスが借り入れや株式発行で資金調達できる確率は、業歴が上がるほど高まる。(22) 単純に二〜三年の間生き延びるだけでも、外部からお金が得られる確率は上がる。

もう一つの、しばしば忘れられがちな要素は、ビジネスの発展度合いだ。ビジネスエンジェルや、銀行その他の債権者は、売り上げがあり、資金繰りが順調で、従業員のいるビジネスにお金を拠出する傾向にある。結果的に、売り上げが上がり、キャッシュフローが潤沢なビジネスは、外部からの資金提供を受けやすい。

残念なことに、売り上げの上昇や順調な資金繰りは、なかなか達成できるものではない。それができているのは、スタートアップ企業のたった三分の一だ。しかし、達成できる企業が少ないということは、融資や投資を提供する側にとって、そのビジネスが考慮に値することを示すよきシグナルとなる。それゆえ、売り上げが上がること、手元資金が増えることだけで、新たなビジネスが外部資本を調達できる可能性は飛躍的に上昇する。しかし、もっと小さな取り組みによっても、チャンスは広がる。研究によると、資産を得ること、アクティビティを改善すること〔前章を参照〕、マーケティングを開始すること、あるいはビジネスプランを完成させること——つまり、スタートアップの段階から前進していると示すこと——によって、ベンチャー企業が外部資金を得る可能性は高まるのである。(23)

これは驚くべきことではない。多くのベンチャーは立ち上がる前に頓挫し、たとえ立ち上がったとしても最初の数年で廃業してしまう。ビジネスを新たに組織化するなど、スタートアップの段階から少しでも前進する努力を始め、二〜三年の間でも生き延びれば、素質の有無を見分けようとする投資家の目にとまりやすくなるのだ。

負債か株式か

新企業の資金調達を考える時、たいていの人が株式資本（equity capital）の引受先として、ベンチャー資本家や、ビジネスエンジェルを考える。そこで前提とされているのは、新企業は主として株式で資金調達しているという認識だ。たとえば、全米自営業連盟のガイドライン（アメリカ最大の中小企業組合が発行する中小企業向けガイド）には、次のように記されている。「あまりに若い企業はしばしばビジネスローンに不適格とされる」と。(24) しかし、なぜ、これほど多くの人が、新企業は概して株式で資金調達していると信じているのだろうか。その理由は、新企業は決まったスケジュールでローンを支払う実績を欠いている（＝ので、銀行がお金を貸さない）と、考えているからだ。また、スタートアップ企業への投資は非常にリスキーであり、投資家がこの国に存在する貸金業規制法を考慮して貸し出し利率よりも高いリターンの利率を期待していると考えているからでもある。

結局のところ、投資家は新たなビジネスにかなりの出資をしているという、一般的に受け入れられた通念は、データとは一致しない。新たなビジネスの借り入れによるファイナンスは驚くほど多い。事実、若い企業を対象に行った研究によれば、新企業は負債と株式発行を、おおよそ等しい割合で行っている。[25] たとえば、連邦準備制度理事会・中小企業金融調査によるなら、業歴二年以下のビジネスの資金調達の、およそ半分が株式（四七・九％）で、残り（五二・一％）が負債である。[26] 投資家が提供する情報も同じようなパターンを示している。過去三年以内に、自分以外の人が所有している若い私企業に対して、少なくとも一件の投資を行っているビジネスエンジェルについて調査したところ、投資の四五％は株式であり、五五％は借し出しであった。[27]

ただし、外部からの資金供給だけを考えれば、スタートアップは、われわれが信じているよりも借り入れで資金調達する傾向がずっと強い。外部からの負債（external debt）を受け取るスタートアップの比率は、外部からの株式資本（external equity）を受け入れるスタートアップの比率よりも高い。なぜなら、企業が発行する株式の大半は、創業者が引き受けているからだ。したがって、負債という形で外部から資金調達する傾向が強まるほど、負債と株式のバランスは半々に近づくのである。

外部からの借り入れを行っている企業の数は、外部から株式資本を調達している企業の数よりはるかに多い。外部からの株式投資は、外部からの借り入れに比べて大きくなりやすいので、外部からお金を借りているビジネスの割合は、資金調達における負債の割合よりもずっと大きくなる。たとえば、ミネソタ、ペンシルベニア、ウィスコンシンの若い企業の研究によると、外部からの株式投資を受けている企業は一〇%以下であるのに対して、外部からの借り入れを行っているのは半分である[28]。

スタートアップは銀行から借り入れできるのか

新たなビジネスは負債により資金調達を得ることができるにもかかわらず、大半の人は、スタートアップは銀行からローンを得られないと信じ込んでいる。というのも、それらの企業は、有形資産（たとえば売掛金や設備などローンの担保として用いることができるもの）を欠いているからである[29]。ある起業の教科書が説明するところによると「銀行その他の貸付機関は、預金者や取引先の大切なお金の守り手であり……いかなる状況でも、お金をスタートアップに対して貸し付ける立場にはない」のである[30]。

またしても、「誰もが知っていること」は間違いだったということが分かる。銀行は頻繁にスタートアップに対してお金を貸している。実際、さまざまなデータを集めた研究によると、銀行は新たなビジネスが借金をして資金調達する際の主要なソースである[31]。連邦準備制度理事会・中小企業金融調査によると、商業銀行からのローンは、業歴二年以下の若いビジネスの全資金調達のうち一六%を占め、次に高いソースである企業間クレジット（trade credit）よりも三%高い[32]。

加えて、商業銀行は、一般にローンの出所と思われているもの（友人、家族、政府機関、そして戦略的投資家）よりも多くの資金を提供している。連邦準備制度理事会・中小企業金融調査によると、戦略的投資家は業歴二年以下のビジネスの全資金調達量のうち、わずか一・五％しか説明しないし、政府機関に至ってはわずか〇・三％である。これらのソースはいずれも、三番目に重要な、銀行以外の金融機関（ノンバンク）に及ばない。こちらは業歴二年以下のビジネスの全資金調達の一二％を占めている。[33]同様に、起業家動態パネル調査でも、銀行、企業債権者（trade creditor）、ノンバンクのすべてを足し合わせたほうが、戦略的投資家、政府機関、友人や家族などよりずっと多くの資金を提供しているのである。[34]

これらの研究で、会社名義のクレジットカードはどのような位置に置かれているのだろうか。というのも、大衆紙などでは、新たなビジネスの負債による資金調達の中で、クレジットカードによる資金調達がもっとも注意を惹くものだからである。興味深いことに、カウフマン企業調査によるなら、会社名義のクレジットカードは、外部からの負債による資金調達の中では、圧倒的に誰もが利用する資金源である。創業者の二七％以上が、会社名義のクレジットカードでお金を借りている。しかし連邦準備制度理事会・消費実態調査[35]や、カウフマン企業調査など、どの研究を見ても明らかなのは、会社名義のクレジットカードによるローンの金額はそれほど大きくないということであり、開業一年目の新会社によるすべての借り入れのうち二％以下しか提供していないのである。

外部からの株式資本による資金調達

たいていの書籍や雑誌記事、ウェブサイトなどには、外部から株式による投資を得たいのなら、友達や家族、ビジネスエンジェル、ベンチャー資本、ほかのビジネス、政府機関のところに行けと書いてある。出資を得るのにたくさんの選択肢があるわけではないのは事実ではあるが、メディアによって提供されている情報は少しばかり当てにならない。これらのソースは、外部から株式投資を受けるスタートアップがどれほど少ないかについては、しばしば言及さえしない。そのパーセンテージは一桁をわずかに超える程度である。

書籍や記事、ウェブサイトやブログなど、資金調達のために友人や家族のところに行けと勧めるものには、一定のパターンがある。メディアでもっとも共通して推奨されているのは、三つのFのところに行くことだ。友人（Friends）、家族（Family）、そして愚か者（Fools）だ。たとえば、次のようなコメントを見てほしい。

- 「家族と友人は、自力で資金調達する上で、もっとも大きなソースとなりうる。彼らはあなたの個人的な成功に対する既得権者であり、どんな銀行もやってくれないこと、つまり喜んであなたに一か八か賭けることをしてくれるかもしれない(36)」
- 「皮肉なことに、中小企業ブームが到来している昨今では、スタートアップのための借金や株式による資金調達には多くのソースが存在する。「本当にいいアイデアを見つけたなら、友人や家族からお金を得ることは決して難しくない(37)」

●「新しく成長性のあるビジネスに資金を融通することは、誰もが大昔から知っている。銀行なんてまだ存在していなかった時代には、非公式に人から人へお金を貸し出すことで、多くのビジネスが始まったのだ――同時にそれは、投資家がお金を稼ぐ手段でもあった(38)」

これらのコメントを読むと、友人や家族に投資してもらうことは、とてもありふれているという印象を受ける。しかし真実は異なる。一人の相手からでもグループからでも、出資してもらうこと自体が、きわめて稀なことなのだ。たとえば、起業家動態パネル調査によると、友人や家族から投資を得ているのは、一二のスタートアップ企業のうち一社（七・八％）にも満たない(39)。

もう一つの誤った認識は、政府機関がスタートアップにとって重要な外部からの投資ソースであるというものだ。テレビの宣伝番組は「われわれのセミナーに来て、スモールビジネスを始める際に政府からの補助金を得る方法を見つけよう！」と訴えている。興奮気味のアナウンサーが調子よく言うところによるなら、「受講料は、たった三〇〇ドル(40)」。にやけた起業家が、証言ＶＴＲで、それを保証してくれる。「おかげで四万ドル得ました」と。

政府機関からスタートアップのための投資を得ている起業家もいる。しかしそんなに多くはない。事実、どこかの市や州、そして連邦政府、あるいはその他の政府機関があなたのビジネスに投資してくれる確率は、あなたが内国歳入庁の監査を受ける確率とほとんど同じである（前者が一六四件に一件、後者が一七五人に一人）[41]。カウフマン企業調査が示すところでは、アメリカで二〇〇四年に、政府関係機関から投資を受けたスタートアップ企業は一％以下である。

おそらく、ここでさらに重要なのは、スタートアップが政府機関から外部投資を受ける稀な事例でも、投資の重要性が小さいということだ——ベンチャー資本投資全体から見ると、平均して十分の一強である。投資の頻度で計っても、あるいは供給されるお金の総額で計っても、政府は新会社への資金源としては重要ではないのである。

もう一つの重要な論点がある。運よく外部から投資を受けることができたとして、果たしてどれくらいのお金が得られるのだろうか。得られるお金の平均総額は、その出所によって随分と開きがある。たとえば、配偶者から投資を受けるのは、よくある話だが、カウフマン企業調査によるなら、別の会社から出資される額のほうが、配偶者からの出資額よりも二四倍も大きい。したがって、同じ時間を使うなら、有力な顧客や取引先を探したほうが、配偶者のところに行くよりもずっといいということになるだろう。もちろん、あなたがドナルド・トランプのような大富豪と結婚しているなら、話は別なのだが。

ベンチャー資本はあなたが考えるほど重要ではない

新たなビジネス向けの投資のほとんどすべてのガイドには、ベンチャー資本についての記述がある。ベンチャー資本は非常に興奮に満ちたビジネスであり、現にいくつかの重要な会社の立ち上げに際して資金を供給している——たとえば、ジェネンテック、マイクロソフト、フェデラル・エクスプレス、そしてグーグルなどだ。ニュースは頻繁にベンチャー資本を取り上げるので、新たにビジネスが立ち上がる時にベンチャー資本がもっとも重要な資金ソースだという誤解が生まれてしまう。しかし、真実は違う。

極端に成長性の高いバイオメディカル企業かＩＴ企業でもない限り、あるいは独占的な優位性を持ち、過去に株式上場を成功させたチームを社内に擁しているのでもない限り、ベンチャー資本に資金を求めるなどといったことは忘れてしまったほうがよい。ベンチャー資本家は、非常に口やかましい投資家である上に、毎年創立される会社群のほんのわずかな割合に対してしか資金を投入しない。アメリカでは、たとえば、ベンチャー資本家は毎年、およそ三〇〇〇社に投資をするが、その中でスタートアップは五〇〇社くらいでしかない[42]。言い換えるなら、ベンチャー資本家は、この国で毎年創業されるあらゆるビジネスのわずか〇・〇三％以下に対してしか資金供給していないのである。

あなたがスタートアップ企業を立ち上げたとして、ベンチャー資本から投資を受けることができる確率はどれくらいか考えてみよう。グーグル社の最高経営責任者や、シリコンバレーのベンチャー資本は、一般の起業家がベンチャー資本投資を得られる確率を、太陽が燦々と降り注ぐ中、プールで雷に打たれるのと同じくらいの確率だと語っている[43]。

実際は、そんなに悪くはない。スタートアップのシード段階でベンチャー資本を得る確率は四〇〇〇分の一、それに対して雷に打たれる確率は実際には五七万六〇〇〇分の一だ。しかし、ベンチャー資本を獲得する確率は、芝刈りしてケガをする確率（三六二三回に一回）、シャワー中に不運にも転ぶ確率（二二三二回に一回）よりも低い[44]。シャワーを浴びている時に、どうやってベンチャー資本を得ようかと深く考え込むより、転ばないよう注意したほうがよい。そのほうがよりよい時間の使い方になるだろう。

もし、実際に新たにビジネスを立ち上げたなら、ベンチャー資本を得ようと熱心に考え込まないほうがいい。ベンチャー資本家によって供給されるお金の総量は、立ち上げ資金のわずかな部分でしかないからだ。ベンチャー資本家が新企業の資本の大きなシェアを提供していないのは明白だ。連邦準備制度理事会・中小企業金融調査によるなら、ベンチャー資本が提供するのは、中小企業の資金調達全体のわずか一・九％にすぎないのである[45]。一つの会社が複数の投資を受け入れている場合もあるので、全体としてみれば、ベンチャー資本がこの国で（ほかの国でも）新たなビジネスの主要な資金源となっているとは言い難い。

加えて、典型的なスタートアップが数多く生み出されている業界では、ほとんどベンチャー資本の投資は行われていない。ベンチャー資本による投資は、非常に限られた分野に集中しているからである。ベンチャー資本による投資の九二％がコンピュータ／ITか、バイオメディカル部門に対してのものである[46]。あなたがこの分野のどれかで会社を立ち上げたのでない限りは、ベンチャー資本を得る確率は、現実には、雨の日に雷に打たれるのと同じくらいのものになるだろう。

ビジネスエンジェルの実像

スタートアップにお金を投じるビジネスエンジェルは、ベンチャー資本よりも重要な存在である。複数の研究がそのことを示している。たとえば、合衆国起業アセスメントの推定によると、ビジネスエンジェルはベンチャー資本家の八倍の資金を提供している[47]。また、連邦準備制度理事会・中小企業金融調査によると、ビジネスエンジェルの中でも適格投資家〔証券取引委員会（ＳＥＣ）が認定した個人、または機関投資家で、未公開株の取引などができる〕――単独で、または夫婦で持っている資産額が百万ドルを超えているか、過去二年間の毎年の収入が三〇万ドルを超えているか、夫婦合わせての収入が三〇万ドルを超えている人――は、ベンチャー資本家の二倍のお金をスモールビジネスに提供しているのである（ベンチャーの一・九％に対して、三・六％を提供している[48]）。

明らかに、スタートアップにおけるビジネスエンジェルは、新会社の重要な資金源である。しかし、それは誰なのだろうか。非公式の資金源の一つは、適格投資家、あるいは起業家としての経験を持つ人であり、投資のリターンや未来の起業家を指導することの両方に関心がある人である。このタイプのビジネスエンジェルは、しばしば記事などにも書かれているが、それ以外にも多くの人がスタートアップに対してインフォーマルな投資を行っている。実際、適格投資家は、アメリカで新たなビジネスに行われているインフォーマルな投資のわずか一三・四%を占めているにすぎない(49)。

研究によると、アメリカの十八歳から七十歳までの人口の一%から二%が、過去三年間に親類縁者以外の人物が設立したビジネスに投資を行っている(50)。そして、任意の時点で、およそ一%のアメリカの世帯が、自らが経営していない私企業に出資をしている(51)。

ビジネスエンジェルについて、なぜ誤解が広がっているのだろうか。おそらく、典型的なビジネスエンジェルや彼の投資が、記事にするほど興味深いものではないためだ。典型的な投資家はあなたやわたしのような普通の人であり、投資といってもせいぜいお金を預けているにすぎない。典型的なインフォーマルな投資は、適格投資家が行う投資（ニューハンプシャー大学のベンチャー研究センターが報告しているところでは、平均して五一万八三六七ドル）に比べて圧倒的に小さい(52)。合衆国起業アセスメントによると、二万ドルを超えるインフォーマルな投資を行っているのは全体のたった二三パーセントであり、五三%は一万五〇〇〇ドル以下である(53)。一九九七年から二〇〇一年までの期間の、アメリカのビジネスエンジェルの平均投資額は、わずか一万六二八ドルであり、二〇万ドルを超える投資を行っているのは、すべてのビジネスエンジェルのトップ一％である。[54]

スタートアップ時の、たいていのビジネスエンジェルは、いたって普通の人であり、エンジェル投資について新聞や雑誌に書かれているように、シリコンバレーの起業経験を数多くこなしたような人物ではない。適格投資家ではない投資家の典型は、イアン・マクグリンだ。イングランドのサセックスでガレージを所有する普通の男で、あるスタートアップ企業の五〇％の所有権と引き替えに、一万ポンド（一万七〇〇〇ドル）の投資を行った。それが、どの企業かって？　あのザ・ボディショップだ。[55]

データによるなら、アメリカのスタートアップに投資するビジネスエンジェルの四一・一％は、世帯所得が毎年五万ドル以下である。加えて、それらの投資家はスタートアップへの投資経験がほとんどない。三九％はベンチャーにたった一度しか投資したことがなく、人生でそうした投資を三回以上行うのはわずか三三％だ。彼らが投資した会社が含まれる業界でビジネスをしたり、働いたりした経験も少ない。ビジネスエンジェルの二六％は、投資した企業の業界に何の経験もない。自分のビジネスを始めたり、運営したりした経験があるビジネスエンジェルは、たった二七％だ。[56]

一般的なイメージだと、エンジェル投資家は、シリコンバレーのバンド・オブ・エンジェルズや、ボストンのコモン・エンジェルズのように、グループでお金を出資し合い、共同で投資している。しかし現実には、たいていのビジネスエンジェルは単独で投資をしている。合衆国起業アセスメントによると、グループの一員として投資しているのは、ビジネスエンジェルのたった一五%でしかない。彼が投資している時点で、三〇%のビジネスエンジェルは、そのスタートアップの外部資本を提供する唯一の人物である。[57]

おそらく、ビジネスエンジェルについてもっとも驚くべき情報は、その投資の動機である。ビジネスエンジェルにまつわる神話では、彼はスタートアップへの投資からお金を得る、洗練された人物の一人ということになっている。おそらくベンチャー資本家ほど洗練されていないため、エンジェル投資家は一山当てようと画策しているように見える。投資の目的が、慈善ではないのは確かだ。

しかし、現実には、ベンチャー資本家や適格投資家と違って、スタートアップに投資するたいていのビジネスエンジェル(非適格投資家)は、高い収益を求めているわけではない。事実、ある研究によると、ビジネスエンジェルの三分の一(三五%)は、スタートアップへの投資からのリターンをまったく期待していない(期待収益はゼロだ)[58]。典型的なビジネスエンジェルが投資しているのは、金銭的な動機ではなく、たとえば友達を助けるとか、そういう動機なのだ。

結論

アメリカで、新たにビジネスを始めるのに多くの資金は必要ではない。典型的なスタートアップが必要とするのは二万四九二〇ドルである。それが買収によって開始された場合でも、その額は四万四四六一ドルである。

新たなビジネスはさまざまなソースから資金を調達するけれども、もっとも共通した資本のソースは、創業者自身の貯金である。しかし、自分の会社への出資額は、彼の貯金額よりも多い。起業家の大半は、自分の新たなビジネスのために個人的な借り入れを行っており、個人的な銀行ローンがもっとも重要な個人的負債のソースである。

起業家が自分の貯金を新たなビジネスにつぎ込んでいるという事実だけを見ると、ある種の人は、それだけのお金がないから開業に踏み切れないのだと考えるかもしれない。もしそう考えているのなら、あなたは部分的に正しい。棚からボタ餅式の大金を受け取ると、開業する率は高まる。ただし、豊かな人が貧しい人に比べて開業しやすいということはない。上位一〇％の富裕層で、会計事務所や法律事務所や、開業医を始めようという人は例外だが。

なぜ、ある起業家は外部から資金調達できて、別の人ができないかの理由はたくさんある。彼らのビジネスアイデアのクオリティや起業家としての才能は重要ではない。それよりも、お金を探しているかどうかのほうが重要だ。

もちろん、外部資金を探しているすべての起業家がそれを獲得するわけではない。なぜ、ある種の起業家がお金を得ることができて、別の起業家はできないのか、その理由はいくつもあるが、もっとも基本的な理由の一つは、彼らのベンチャーのほうが長い業歴を持ち、発展を経験しているということだ。投資家はそれらの要素――業歴や発展の度合い――を出資に見合った価値があるものかどうか、ふるいにかける時に用いる。

新企業は会社名義で融資を受けられないという一般的な見解とは反対に、新たなビジネスは半分を負債、半分を株式でファイナンスされている。事実、新たなビジネスの負債のもっとも共通したソースは、商業銀行である。

たいていの新企業が得ることができないのは、創業者以外の外部からの株式投資である。新企業に対して株式で出資してくれるのは、ごくごく小さなパーセンテージでしかない。実際、よく引用される友人や家族は、決してよき資金源ではないのである。彼らが提供している資金は六%以下であり、そのすべてが株式ではない。ベンチャー資本家は、普通考えているほどには重要ではなく、すべてのスタートアップ企業の一%の十分の一以下のお金しか提供しておらず、中小企業金融全体の二%以下しか占めていない。

ビジネスエンジェルはベンチャー資本家よりもずっと重要であり、何倍ものお金を提供している。ビジネスエンジェルの実像は、雑誌や新聞で描かれているようなビジネスエンジェルとは似ても似つかないものである。適格投資家は全体のたった一三・四%であり、典型的なビジネスエンジェルはさほど裕福ではなく、経験もなく、少額しか投資しておらず、そして、われわれがよく見聞きするエンジェルのように多額のリターンを求めてはいない。つまり、スタートアップの資金調達の実像は、われわれが漠然と考えている姿とは食い違っているのだ。

第六章　典型的な起業家は、どのくらいうまくやっているのか?

起業家はどうすれば成功するのか?　新聞や雑誌を読むと、たいていの起業家はたくさんのお金を稼いでいるかのような印象を受ける。「自営は、他人のために働く人より四倍も億万長者になりやすい[1]」――こんな文章を読むと、ビジネスを始めた人はとても成功していて、大金持ちになっているのだという印象を受ける。しかし、この認識は正確ではない。真実はこうだ。典型的な起業家が始める会社はすぐに行き詰まる。典型的ではない起業家で、ビジネスを何年も生き延びさせているような人でさえ、よそで働いていれば稼げたはずの額よりも少ないお金しか得ていない。

データは明白にこの見解を支持している。実際、このことについて、少しでも考えてみれば、平均的な起業家はほとんど失敗せざるをえない。もし、平均的な新しいビジネスが何年も生き延びることになるのなら、平均的な既存企業は失敗していなければならないし、また、アメリカの起業家数が上昇することになるだろう。しかし、その数は、過去二十年から三十年にわたってほとんど変化がないこと、また、すでに設立されたビジネスは簡単には失敗しないことは誰もが知っているので、ほとんどの新たに始められたビジネスが失敗しているというのが真相に違いないのだ。

しかし、ほとんどの起業家が失敗するからといって、起業家になるべきではないなどと早合点しないでほしい。データは、少数が大変なお金持ちになるということも示している。事実、会社を始める以外に、あなたが大金持ちになる道はほとんどない。演技や歌がうまいとか、フットボールやバスケットボールが得意とかでない限りは、ビジネスを始めることが、おそらく、あなたに唯一、可能な道なのだ。

起業家になるべき理由は、もう一つ存在する。それは、個人の幸福だ。さまざまな研究から幅広く集めたデータによれば、人は他人のために働くよりも、自分のために働いたほうが幸せになれる。一般的な認識とは反対に、自分のビジネスを始める理由は、そうすることで金銭的に裕福になるためではない。むしろ、独立することで、自分の仕事からいっそうの精神的な報酬を得るためなのである。

典型的な新たなビジネスは失敗する

たいていの新たなビジネスは失敗する。ほぼすべての研究がこのことに同意している。問題は、新たなビジネスがどれくらいの期間で事業から撤退するのか、そして、それはなぜなのかという点だ。いくつかの情報ソースから集めた自営に関するデータが示すところでは、自営の半数は七年以内に会社勤めに戻る(図六-一を参照)(2)。自営業を始めた人の中で、少数だけがその後も自営業にとどまる。この数字は、別の統計を見てもほとんど変わらない。五年間存続できるのはたった四五％、十年間だとたったの二九％である（図六－二を参照）。

こうしたパターンは、新企業のコーホートの違いを超えて驚くほど一貫している。一九九七年に設立された新企業の一年目、二年目、三年目、四年目の廃業率は、一九九二年の新企業の

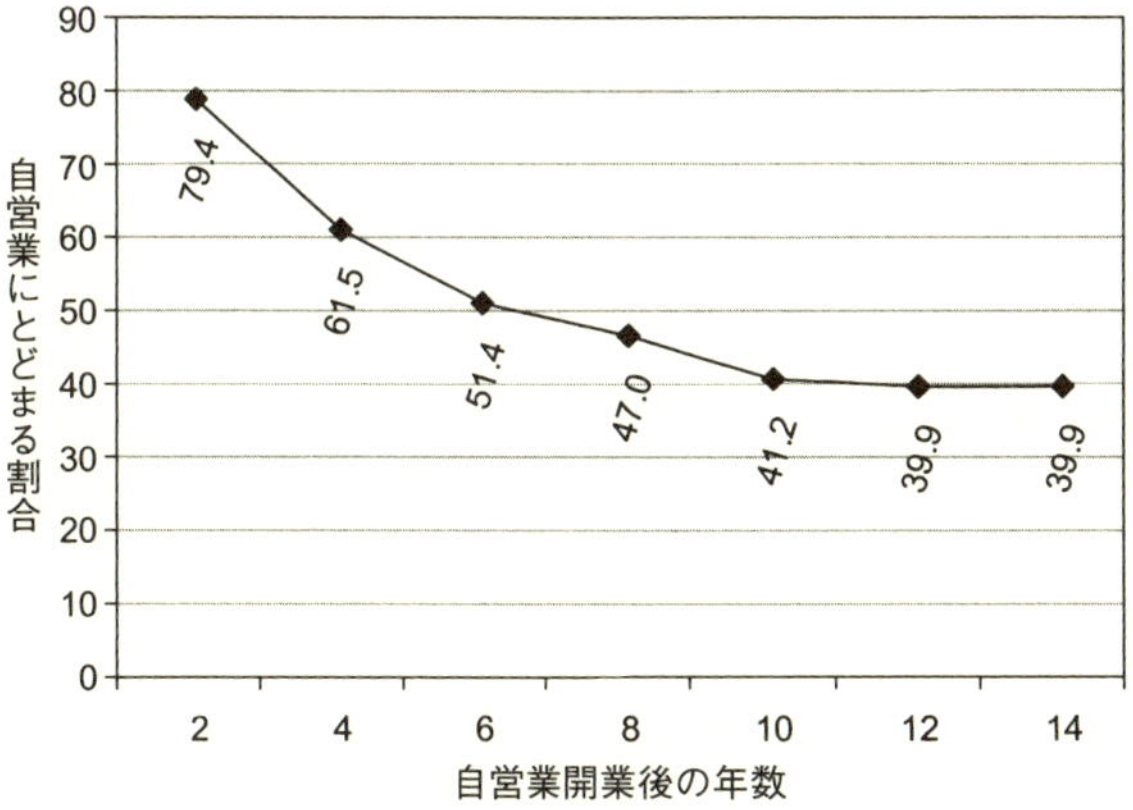

図6-1　自営業者が自営業にとどまる割合

Source: Adapted from date in D. Evans and L. Leighton, "Some Empirical Aspects of Entrepreneurship," *American Economic Review* 79, no. 3 (1989): 519–35.

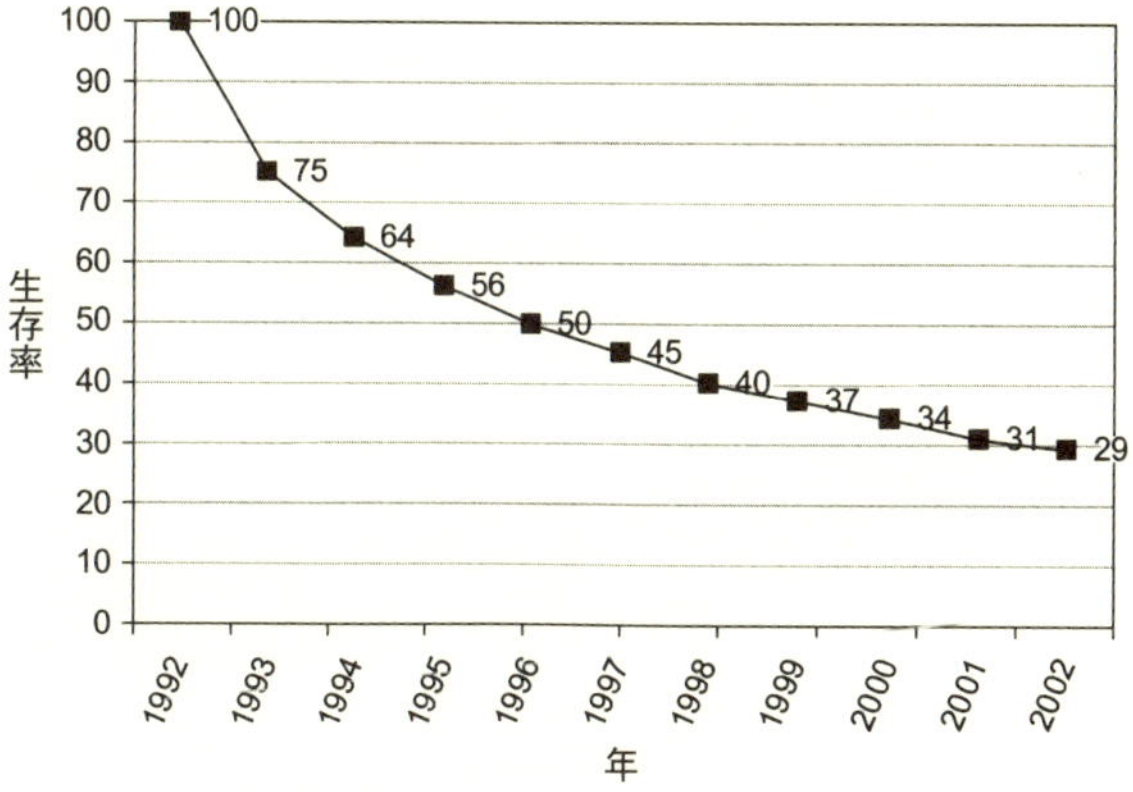

図6-2　1992年に設立した新企業の生存率

Source: Adapted from a special tabulation by the Bureau of the Census produced for the Office of Advocacy of the U.S. Small Business Administration.

一年目、二年目、三年目、四年目の廃業率とぴったり一致しており、五年目の廃業率だけわずかに一％高い。一九八九年から一九九二年までに設立された新たな雇用企業のコーホートで、六年目の廃業率を見ても、それぞれわずか一・二％の違いがあるだけであり、一九九二年から一九九七年までに設立された企業の廃業率とほとんど一致している。また、一九七七年から一九七八年までに設立された企業についてダン・アンド・ブラッドストリート・ファイルズから引用したデータを用いた研究や、ビジネスオーナー・センサスの異なった年度、一九八二年に設立された企業のいくつかのセンサスデータ、たとえばミシガンで設立された企業統計などの、どれを見ても、きわめて類似した生存パターンが見られる(3)。

その上さらに、この生存パターンは、アメリカだけに特徴的なものというわけではない。研究によれば、たいていの先進国で事情は似通っている。つまり、どのようにして計測しても、どの先進国を見ても、五年間生き残る新企業は、わずか半分しかないし、それが十年となると三分の一しか生き残らないのである。

ビジネスから撤退する

新たなビジネスの生存率は、大して重要ではないという人もいる。会社が操業を停止する理由はさまざまだからだ。彼らが言うには、破産して終了する企業はあまりないので、廃業が多いからといって、それをネガティブに解釈する必要はない。しかも創業者は結果に不満足というわけでもない。Ｉｎｃ誌のコメンテーターであるジョン・ケースの説明によるなら、「会社が終了するのには、いくつもの理由がある。オーナーがビジネスを売り払ってしまったり、別の職に就こうと決めたりすることもある。もっと別の、たぶん違った業界や場所で新しい何かを始めるために、今の会社を畳むこともある。この場合のビジネスの終了は、通常われわれがビジネスの失敗と考えるようなものと違い、債権者がお金を失うような事態を意味しない。債権者がお金を失わないような終了の仕方こそ、圧倒的な多数派なのだ。現実的な意味で失敗によって終わるのはすべてのビジネスのおよそ一八％だけだ。残りは生き延びるか、自発的に畳んでいる[4]」

ビジネスの停止を、成功の証とするケース氏その他の評論家のように考えるべきなのだろうか。それともわたしが先に述べたように、失敗と考えるべきなのだろうか。このことを明らかにする一つのやり方がある。ビジネスを停止した創業者に、起業という冒険の成果をどのように考えているのか、尋ねてみればいい。

ある研究は、ちょうどこれを行っており、その結果は非常に有益である。ビジネスの終了はネガティブなものではないというケース氏の見解とは反対に、一九八九年から一九九二年までの間に設立された企業（従業員を雇用しているところも雇用していないところも含む）のうち、四年以内に廃業した企業の調査によると、七〇・一％の創業者は、自らの起業努力が成功していないと感じている[5]。立ち上げに失敗したと考えたから操業を停止したのだとすると、最後が

表6–1　ベンチャーの企業形態

形態	パーセント
個人事業	59.8
ジェネラル・パートナーシップ	14.9
リミテッド・パートナーシップ	6.4
有限会社	10.2
S法人	3.8
一般法人	3.8

Source: Adapted from P. Reynolds, “Nature of Business Start-Ups,” in *Handbook of Entrepreneurial Dynamics*, ed. W. Gartner, K. Shaver, N. Carter, and P. Reynolds (Thousand Oaks, Calif.: Sage, 2004), and P. Reynolds *Entrepreneurship in the U.S.* (Miami, Florida International University, 2004).

破産で終わろうと破産で終わるまいと、ビジネスが失敗したことは明白であるように思われる。

加えて、新たなビジネスの終了は、金銭面でも創業者に悪影響を及ぼす。自分のビジネスが失敗しても起業家は負債に対して個人的な責任を負わないと信じられているが、その認識は正確ではないことが分かる。大半の起業家はビジネスの失敗で個人的な債務を負っているのである。というのも、たいていのスタートアップの努力は、個人事業として組織されており、個人事業主は有限責任ではないためだ。（表六－一を参照）[6] つまり、仮に破産しなくても、大半の起業家はスタートアップの終了で不幸になる。ビジネスの失敗で負債を抱えることになるからだ。

起業家はそれほど儲からない

新たなビジネスは、失敗しやすいだけでなく、たとえ、それが何年も生き延びても、ほとんどのスタートアップはそんなに儲からない。すべてのオーナー企業で、毎年一万ドルの利益を上げるのはわずか三分の一にすぎない。[7] 典型的な利益水準は、それほど高くはない。連邦準備制度理事会・消費実態調査によると、オーナー企業の利益の中央値は三万九〇〇〇ドルである[8]。この数字はおそらく高めに見積もられている。というのも、このデータは、あくまで調査の時点まで生き延びたスタートアップ企業に限定されているからであり、生き延びているということは利益を上げているということだからだ。

利益が上がらないのは、オーナーがビジネスの成果を報酬として自分のものとしているからではない。いくつかの研究によると、平均的な自営業者は、平均的な勤め人に比べて、著しく稼ぎが少ない[9]。事実、自分でビジネスを経営している人の十年間の稼ぎは、どこかに勤めている人の稼ぎに比べると三五%も低い。二十五年になると差は縮まるが、それでも二五%だ。加えて、どんなに長く自営で働いても、典型的な起業家は、同じ仕事を誰か別の人に雇われて行っている新人よりもサラリーが低いのだ[10]！

自営で働く人は、他人の下で働く人と同じくらいの才能がない可能性があり、彼らの劣った才能がその報酬の低さを説明するという可能性もある。そこで、研究者たちは、このことが正しいのかどうか調べるために、自営で働いた場合と、他人の下で働いた場合とで、同一人物の稼ぎを比較する統計的手法を用いた[11]。この手法を用いて研究者が明らかにしたのは、勤務経験が十年以内の正社員の場合、起業家として働いたほうが稼ぎが一八%少ないということだった[12]。会社勤めよりも自営で働いたほうが、健康保険のような便益が少ないという事実に加えて、典型的な起業家の報酬は典型的なサラリーマンに比べて顕著に少ないことが明らかになった。

起業によるリターンは不確実である

平均的なサラリーマンに比べて稼ぎが少ないというだけでは物足りないといわんばかりに、起業家の収入は、同じ職種や同じ業界で働き、同じ顧客を相手にするサラリーマンと比べると、振れ幅が大きい。加えて、起業家は普通に働く人と比べると、月によって、年によって収入がまちまちなのである[13]。

収入の変動は、二つの点で起業家にとって問題になる。第一に、起業家は所得の不安定性に直面している。別の言い方をすると、ビジネスを始めると、普通に働くより低い社会的、経済的水準に陥る可能性が高いということだ。このリスクは、もとの収入が高い人ほど大きい[14]。ビジネスを始めるということは、あなたの家族が金銭面で顕著に苦労する可能性を選ぶということだ。

第二に、自営業の収入が変動するということは、普通に働く人に比べて平均的に高い所得税を支払うということを意味する。彼らの所得は年によって顕著に変動するので、起業家はたくさんお金を稼いだ年には、しばしば最上位の高額納税者層に位置づけられるが、租税法規は硬直的なので、お金を稼げなかった年にも税の減免を受けることはできない。結果的に、もし起業家の収入を平均するなら、彼らは普通に働く人が同じ額の稼ぎを得た場合に支払うより高い税金を支払っていることが分かるだろう。後者は毎年もっと均一にお金を稼いでいるからである。

起業家は投資資金に対する追加的なリターンを得られない

読者は、自分のビジネスに投資していることから得られる収益が、起業家の安価でかつ変動幅の大きな収入を補っていると考えるかもしれない。一般的な通念では、起業家はサラリーマンほど月給を得てはいないが、いずれビジネスを売却して換金する。これは素敵な物語だが、実際のデータとは合致しない。起業家が自社に出資した資本から得られる金融的な収益について調査した研究者が発見したところによると、平均的に、それは市場で取引された株に投資した時に得られるものと同じ程度のものであった[15]。

現実に、典型的な起業家は、投資した資本から同じ収益を得たとしても、典型的な勤め人に比べると暮らし向きが悪い。なぜなら起業家の投資は流動性がなく、必要な時に素早く、簡単に売ることができないからだ。現金がほしい時でも、彼はよそから資金を調達する必要があり、おそらく自分の資産を売った時よりも高いコストを蒙ることになる。反対に、勤め人が現金を必要とする時は、ディスカウントブローカー〔手数料の安い仲介人〕のところへ行って自分の株を売ることができる。それもおそらくかなり低いコスト（手数料）で、である。

加えて、起業家の投資は分散されていない。彼はすべての卵を一つのバスケット——自分のビジネス——に入れている。反対に、勤め人は投資信託にお金を入れているとすれば、さまざまな会社に投資を分散できる。分散によってリスクの総量を最小化することで、一定の利率を確保することができる。リスクは望ましくないものなので、より多くのリスクにさらされた起業家の暮らし向きは悪くなるのだ。(16)

▽起業家は他人よりもっと働く

稼ぎが少ないことや、勤め人よりも変動幅の大きな収入に直面していること、あるいはビジネスへの投資からなんの利得も得られないことに加えて、典型的な起業家は、より多くの時間労働する。研究によると、自分のビジネスを経営する人の労働時間は、中央値と平均値の両方で雇われ人よりも高い。(17)

事実、起業家は、研究対象のいずれの国においても（チリとロシアを除けば）もっとも仕事の負担が大きいことが分かっている（表六－二を参照）。その上、起業家は、雇われ人よりもちょっとシビアどころではないのである。たとえばドイツやポーランドでは、平均的な自営業者は一週間で十三時間も余分に労働しているのだ。

起業家が、より多くの時間働くのは、彼らが働くことを愛しているからだと考えている人もいる。そして物語は次のように続く。彼らが多くの時間を働くことに費やすのは、働くことが彼を幸せにするからだ、と。これも起業家にまつわる神話の一つである。起業家は勤め人に比べて仕事に満足しているけれども、彼を満足させているのは長時間労働ではない。調査によれば、起業家は自分の労働時間について、勤め人よりもいっそう不満なのである。

加えて自営業者は、その高い仕事の負担が肉体的にも心理的にも犠牲を要求するものだと報告している。自営業者は勤め人に比べて自分の仕事を次のように報告する傾向がある。

表 6-2　自営業と会社勤めの国別の週当たり平均労働時間（1999）

	自営業	会社勤め	差
東ドイツ	56.7	41.3	15.4
西ドイツ	54.2	39.7	14.5
ポーランド	56.5	42.9	13.6
フランス	49.9	37.1	12.8
スロバキア	56.3	43.5	12.8
ブルガリア	54.6	42.1	12.5
北アイルランド	43.7	34.4	9.3
スロベニア	52.0	43.0	9.0
スウェーデン	47.2	38.5	8.7
チェコスロバキア	52.0	43.7	8.3
ノルウェー	45.7	39.0	6.7
ニュージーランド	46.3	40.0	6.3
ハンガリー	51.8	46.1	5.7
ポルトガル	47.0	41.5	5.5
スペイン	49.9	45.2	4.7
アメリカ	44.7	40.3	4.4
日本	51.6	47.3	4.3
イスラエル	42.8	38.5	4.3
キプロス	42.6	38.4	4.2
イギリス	42.6	38.6	4.0
オーストラリア	39.4	36.4	3.0
カナダ	41.4	39.1	2.3
ラトビア	44.2	42.0	2.2
チリ	46.5	48.2	−1.7
ロシア	36.5	39.0	−2.5

Source: Adapted from D. Blanchflower, "Self-employment: More May Not Be Better," *Swedish Economic Policy Review* 11, no. 2 15–74.

- ストレス過多で消耗するもの。
- 生活への負担や圧力が大きい。
- 不眠症の原因。
- 余暇を楽しみにくい。
- 夫婦不和の原因となる。
- 不幸や鬱になる。(18)

起業家はベンチャーの展望について過剰に楽観的か

平均的な起業家は激しく働くわりに、勤め人よりも稼ぎが少ない。彼は自分のビジネスへの投資から何の追加的な金融リターンも得ないし、その上、不確実な報酬に直面している。この悲惨な光景を前にしながら、なぜ誰もがビジネスを始めようとするのだろうか。そこには、長時間労働と少ない稼ぎを埋め合わせる何かがあるのだろうか。

一つの答えは、典型的な起業家が、単に楽観的な愚か者であるというものだ。彼は成功のチャンスを全体的に過大に見積もっており、事業展望が平均的に見て貧弱でも、ビジネスを立ち上げようとする。平均的な起業家は、ギャリソン・キーラーのレイク・ウォビゴン〔そこでは「すべての子どもが平均以上である」〕には住んでいないので、彼の暮らし向きは、ビジネスを始めないでいれば得られたはずの収入よりも悪くなる〔小説『レイク・ウォビゴンの人々』に登場する町で、そこではすべての人が自分のことを平均以上であると思っている。これは〝平均〟の定義からしてあり得ないことである〕。

このことが事実だと分かる、いくつかの証拠が存在している。研究によると、自営で働く人は、他人の下で働く人よりも、よりよい金銭的収益を期待する傾向にある[19]。その上、別の研究によるなら、平均的な起業家は、自分の会社が成功する確率を八一％と評価しているが、この数字は新たなビジネスの一年後の生存率よりも高い。また、典型的な起業家は自社の成功確率を、自社に似たビジネスの成功率よりも高いとも考えている[20]。

ごく少数の起業家が大成功を収める

平均的なスタートアップの残念きわまりない業績にもかかわらず、ビジネスを始める人がいつも楽観的な愚か者であるというわけでもない。起業はギャンブルにとてもよく似ている。その平均的な成果は、ネガティブだ。ラスベガスのように、お金は賭場に吸い込まれていく。しかし、一部の人間はそれに勝利する。しかも大勝ちするのだ。だからこそ、人は宝くじを買い、スロットにコインを入れ、ブラックジャックで賭け、そしてビジネスを始めるのだ。平均的な収入はネガティブだが、勝者は本当にうまくいくのである。

なぜそう言えるのか。データを見てみよう。この章の最初を思い出すと、たいていの新企業は端的に失敗する。スタートアップ企業の七〇%は十年もすれば撤退する。生き残った企業はほとんど成長していないように見える。事実、年を経るごとに新たなビジネスの六五%から七五%は、前年と従業員数が変化していない[21]。

長期間にわたって、この記録はほとんど改善していない。というのも、研究によるなら、三分の二の生き残り企業が、立ち上げ後、最初の九年間で雇用を増やした経験を持たないのだ[22]。低い生存率と低い雇用成長率を合わせれば、新企業のたった一〇%程度しか現役ではなく、一〇%しか創立後十年にわたって従業員数を増やしてはいない。つまり、成長するのはたった一〇%なのだ[23]。

ごくわずかな企業だけが大きく成長する。ある研究が示すところでは、百人以上の追加的雇用を行うビジネスは全体の三%以下である。[24] ただし、大きく成長しつづけるビジネスは稀だ。研究によると、一年で急速な成長を見せるビジネスは、次の年には同じような成長を見せない。[25] つまり、勝者となった少数のビジネスが、ほとんどすべての雇用成長を占めるのである。雇用に関しては、少なくとも勝者だけが大勝ちしている。

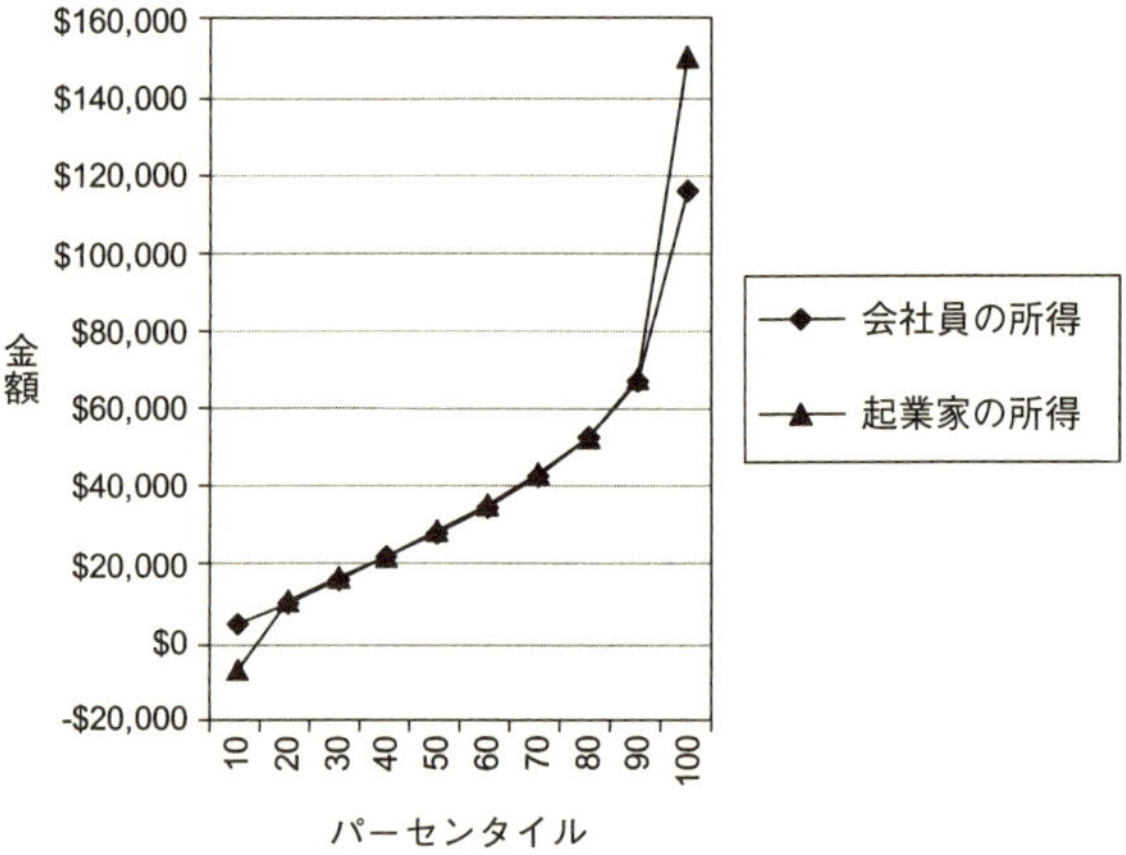

図 6-3　起業家と会社員の所得分布
Source: Adapted from V. Quadrini, "The Importance of Entrepreneurship for Wealth Concentration and Mobility," *Review of Income and Wealth* 45, no. 1 (1999): 1–19.

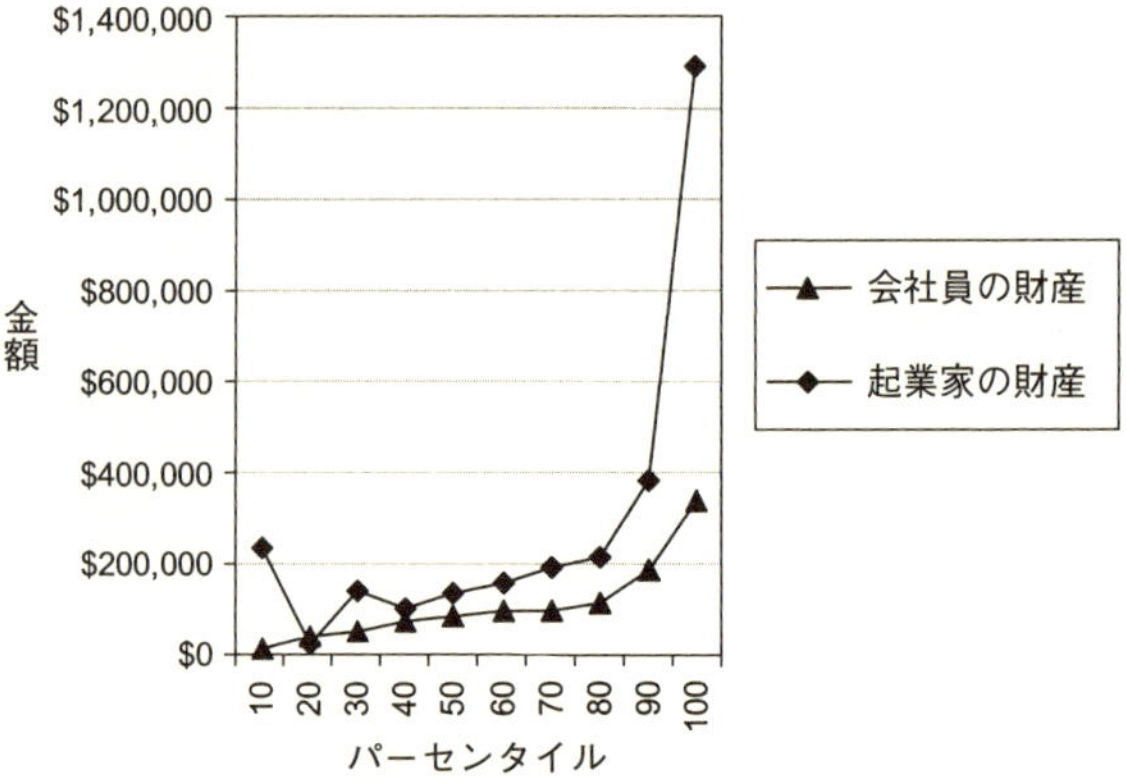

図 6-4　起業家と会社員の財産分布
Source: Adapted from V. Quadrini, "The Importance of Entrepreneurship for Wealth Concentration and Mobility," *Review of Income and Wealth* 45, no. 1 (1999): 1–19.

起業家の所得についても同様のパターンを見いだすことができる。事業経営者の家計は、非事業経営者の家計よりも平均で見て約三倍の規模だ（ある研究によると、一二万七七〇二ドルと四万五一七七ドルである）[26]。しかし、事業経営者と非事業経営者の所得差の大半は、成功した起業家の家計からもたらされる（図六－三を参照）。

同様のことは、起業家の資産についても当てはまる。ある研究によると、上位一〇％のビジネスオーナーは、全ビジネス資産のほぼ四分の三（七三％）を所有しており、彼らはすべての個人資産の三八％、個人の純資産の三九％を所有している[27]。別の研究によるなら、事業経営者の平均純資産は九八万四三〇七ドルだが、非事業経営者の平均は一九万二三ドルだ[28]。しかし、この違いの大半は、もっとも成功した事業経営者と、もっとも成功した勤め人の違いから来ている（図六－四を参照）。

最後に、ビジネスオーナーの巨大な富が、前の世代から受け継がれた遺産なのではないかと考える人は、以下の事実を考えてほしい。事業経営者の家計はビジネスをしていない家計に比べて、上位の財産カテゴリーに移動しやすい[29]。つまり、ビジネスを始めることは、階層の上方移動への近道なのだ。起業は非常にたくさんのお金や資産、高い経済的ステータスを産み出す機会を提供する。もっとも、それは成功した場合に限られるのだが。

創業者の満足

平均的なスタートアップ企業はそれほど儲からないのに、なぜビジネスを始める人がいるのかについては、もう一つの理由が存在する。起業は金銭面以外に、非常に重要な利益を提供してくれる。つまり、それは、人を幸福にするのだ。非常に多くの国を対象とした研究によるなら、自営で働く人は、そうでない人に比べて高い仕事上の満足を得ている。[30] これは特定の世代だけに当てはまるものではない。研究では、年長の世代でも若い世代でも、一貫した結果を示している。

満足の水準で見た時の違いは大きい。アメリカでは、自分のために働く人の六二・五%は、自分の仕事に満足している。他人のために働く人で仕事に満足しているのは四五・九%だ。[31]

こう聞くと、次のように言われるかもしれない。しかしこれは事実ではない。起業したから幸福なのではなく、幸福な人が起業しやすいのではないか、と。しかしこれは事実ではない。いくつかの研究は、起業しないがら、ほかのところにも勤めている人について調査している。これらの研究が発見したところによると、そうした人は、ほかのところで働いている時より、自分の会社で仕事をしている時のほうが満足が大きい。ある研究によると、自分のために働くのと同じくらいの満足を、他人のために働いて得るためには二・五倍のお金を稼ぐ必要がある![32]

起業家が、他人のために働くよりも自分ために働くことに満足を感じるのはなぜなのだろうか。多くの女性にとっては、働きながら小さな子どもの面倒を見ることができる柔軟性がその理由となる。[33] 男性と女性の双方に当てはまるのは、小さな組織で働けるという理由だ。データによると、会社が大きくなればなるほど、仕事上の満足感は低下する。人間は、どうやら誰とでも直接に交流できる環境で働くのを好むようだ。結局、起業家は、自立性や柔軟性、そして仕事のボスになることで自分の人生をいっそうコントロールできるがゆえに、自分たちの仕事に満足するのだ。[34] これこそ、人が自分自身のためにビジネスを始める理由であり、勤めていた会社を辞める理由でもある。

結論

典型的な起業家の財務実績はよくない。

- 彼が始めるビジネスは、五年以内に倒産するし、また会社を立ち上げるための努力は失敗だと考えている。
- 彼は、他人の下で働いた時にもらえるだろう金額よりも少ない金額しか稼がないし、少ない仕事上の利益しか得ていない。
- 彼の収入は、雇用されていたら得られていただろう収入に比べて変動が大きい。そのため、変動リスクを引き下げようとする。
- 彼は、他人のために働く人よりも労働時間が長く、そのことに満足していない。

では、なぜ彼はビジネスを始めるのか。典型的な起業家は、チャンスに対して過剰に楽観的であるために、成功のチャンスが現実にはいかに低いのかをよくよく考えることなしに起業するということに加え、そこには以下のような二つの理由がある。第一に、そのことに幸せを感じるということ。人は他人のために働くよりも自分のために働くほうが幸せである。なぜなら彼らは、柔軟性や自律性、そして、起業家だけが味わえる自分の人生を支配しているという感覚を好むからである。事実、自分自身のために働くほうが多くの満足を得られるのであり、その満足を金銭で補填するためには、同じ仕事を他人の下でする時の二・五倍の額が必要なのである。第二に、ひと握りの起業家は大成功する。もし、彼らのビジネスが生き延びて成長した場合には、起業家は大金を稼ぐチャンスがあり、純資産を増やし、経済的階梯を駆け上ることができるのだ。

第七章　成功する起業家とそうでない起業家の違いは何か?

「起業家の成功の秘訣は何か?」という問いに対する答えはいくらでもある。実際、その答えを探している起業家よりも、答えのほうが多いかもしれない。本や記事の中で専門知識を披露したり、インターネットで秘訣を投稿したりしている多くの専門家によれば、起業家としての成功の鍵は、次のようなものである。

● 決して一人で起業してはならない。
● 決して誰かと起業してはならない。
● 物事は単純化せよ。
● 誰にも真似できない複雑なアイデアを思いつけ。
● 何をすべきかを知っている、よい人たちと起業せよ。
● 仲間たちを鷹のように用心深く観察せよ。
● 顧客が求めるものを作れ。
● 顧客が必要だと思ってはいないようなものを思いつけ。

●カネはできるだけ使うな。
●払った分だけ得られるということを忘れるな。
●継続は力なり。
●失敗したら、もうカネをドブに捨てるな。
●自信を持て。
●謙虚であれ。
●しゃにむに働け。
●効率よく働け。
●リーダーたれ。
●他人の後に続け。
●トレンドをつかめ。
●人とは違う音を出すドラマーに注目せよ。

まだまだ続けられるのだが、成功する起業家の秘訣をあれこれ言う無数の専門家の矛盾した発言を繰り返しても、読者は飽きてしまうだろうから、わたしは、もっと単純に、データをお見せすることとしたい。

時間とともに容易になる

スタートアップ企業の業績に関する研究で、もっとも基本的な発見は「時間とともに容易になる」という一言に集約される。ビジネスは長く続けば続くほど、それだけ将来も長く続く傾向が高まることが一連の研究から判明している。[1] 別の見方をすれば、新たなビジネスが失敗する確率は、開業当初がもっとも高く、ビジネスの続く長さに比例して低下するのである。

そして、時間とともに増すのは生存率だけではない。データによれば、平均的なスタートアップ企業は、寿命が長ければ長いほど、利益率も上がっている。[2] 起業家の成功について最初に分かるのは、もし、最初の数年を生き残ることができたら、成功の確率はぐんと上がるだろうということだ。

どの産業で、ということが非常に重要

ウェブサイト、新聞、雑誌、書籍で見かける、起業家として成功するためのアドバイスの多くには、奇妙な点がある。そこには、成功率を向上させるためになすべきもっとも重要なことの一つが抜け落ちているのだ。それは、もっとも望ましい産業を選べというアドバイスだ。このアドバイスがそれほど多くなされないのは、第二章で見たように、多くの起業家は起業する際に、産業間の比較を行おうとはしないからかもしれない。起業家はこれまで働いてきた産業にとどまるか、自分のビジネススキルに見合った産業を選ぶ傾向にある。おそらく多くの専門

家は、起業家たちが望ましくない産業で起業するという大きな過ちをすでに犯してしまっていると指摘することで、読者の希望を潰してしまいたくはないのではないか、とわたしは勘ぐっている。

失望するかどうかは別にして、正しい産業を選択することが成功率を劇的に高めるということは知っておく必要がある。ある産業を選べば、長く生き残り、成長し、利益を得ることができるのである。(3) その確率の違いは小さなものではない。産業別の企業の四年間の生存率は、情報産業の三八%から教育産業や健康産業の五五%までと、一七%もの開きがあるのだ(図七‐一を参照)。

平均的なスタートアップ企業の業績は、産業部門内でも開きがある。(4) たとえば、製造業では、二年、四年、六年、八年、十年の生存率は業種ごとに異なっており、ある研究によれば、十年間の生存率は、最低(繊維・アパレル産業の二七・三%)と最高(紙業・印刷業の四五・二%)の間で一七%の開きがある。(5)

産業の選択が影響を与えるのは生存率だけではない。売り上げ、雇用の伸び、スタートアップ企業の利益率もまた、どの産業に属しているかによって異なる(表七‐一を参照)。

おそらく、産業の選択が起業の成功に及ぼす効果に関するもっとも衝撃的な情報は、それがビジネスを大成功に導く確率にどう影響しているかである。Ｉｎｃ・五〇〇は、アメリカの成長企業の上位五〇〇社のリストである。一九八二年から二〇〇二年の間のＩｎｃ・五〇〇の業種ごとの起業の割合は、表七－二に掲げた通りである。この表からも分かるように、新会社がもっとも成功したスタートアップ企業になる確率は、それが、どの産業に属するかに大きく依存している。たとえば、一九八二年から二〇〇二年の間で、ソフトウェア産業がアメリカの成長企業の上位五〇〇社に入る確率は、外食産業の六〇八倍である。六〇八倍！　六〇八倍も成

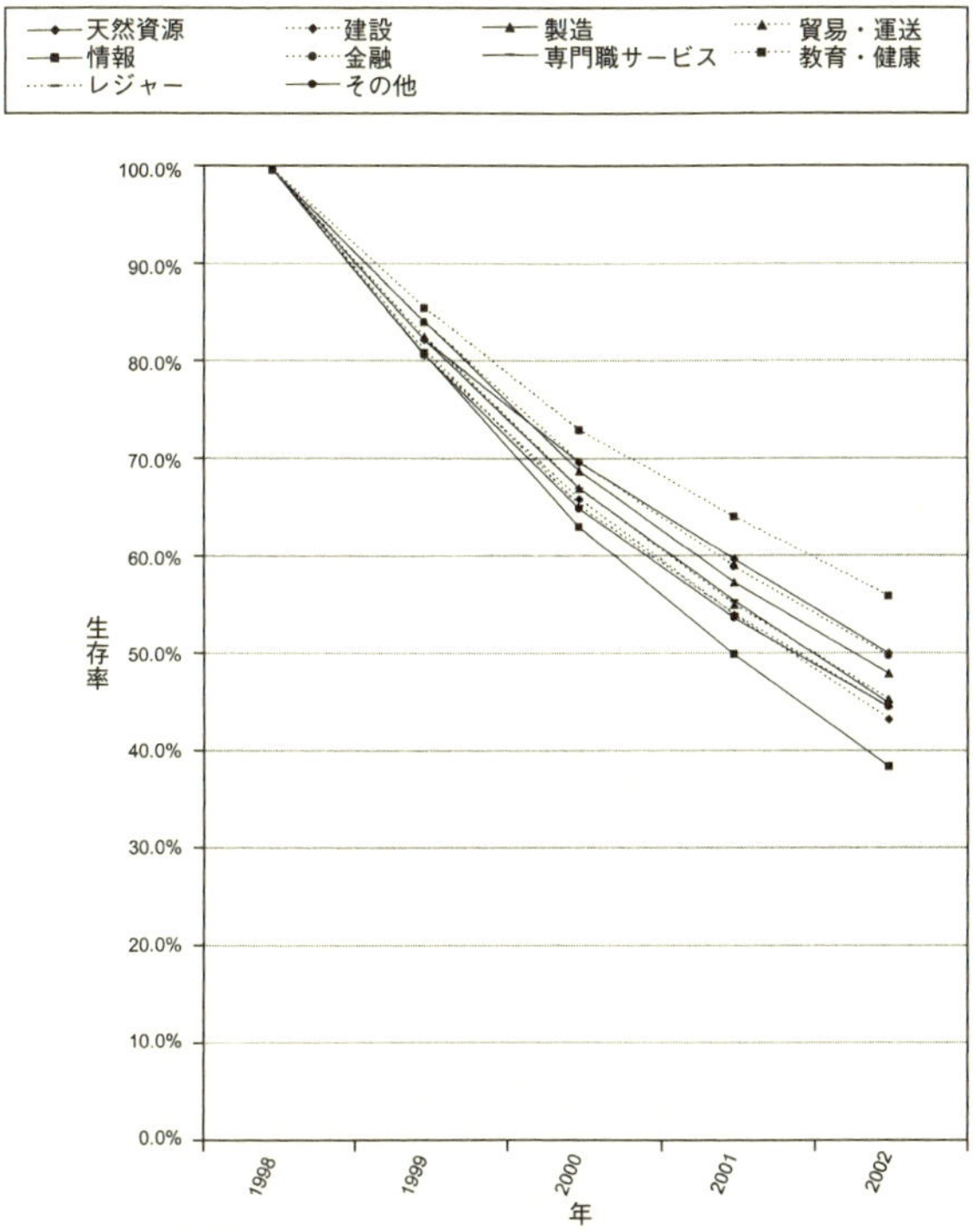

図 7-1　産業別の企業の生存率（1998～2002）

Source: Adapted from A. Knaup, "Survival and Longevity in Business Employment Dynamics Data," *Monthly Labor Review*, May 2005, 50–56.

表7-1　個人所有ビジネスの業績（産業別）

産業	平均売り上げ	平均雇用者数	利益1万ドル以上の割合
農村漁業	$ 106,859	0.9	31.0
建設業	$ 167,862	1.2	38.5
製造業	$ 872,526	7.1	41.2
運輸・通信	$ 186,053	1.7	44.8
卸売業	$ 1,190.794	3.2	54.0
小売業	$ 291,646	2.8	33.6
金融・保険・不動産	$ 166,021	0.9	42.1
サービス業	$ 84,954	1.2	27.1
企業向けサービス	$ 103,455	1.2	
個人向けサービス	$ 71,344	1.2	

Source: Adapted from R. Fairlie, and A. Robb. *Race, Families, and Business Success: A Comparison of African-American-, Asian- and White-Owned Businesses* (New York: Russell Sage Foundation, forthcoming).

功率を上げる要因がほかにあるというのだろうか。

もちろん、読者は産業が起業に与える影響の理由を知りたいであろう。残念ながら、決定的な説明をすることはできない。しかし、データから読み取れるいくつかのパターンを示すことはできる。産業の技術集約性は、スタートアップ企業がＩｎｃ・五〇〇にランクインする確率を増大させる一要因である。ハイテクを用いる職種の産業ほど、上位五〇〇の成長企業になる確率は上がる(6)。特に、たとえば特許や企業秘密によって新技術の模倣を防いでいる産業は、Ｉｎｃ・五〇〇に入る企業である。もちろん、賢明な資金提供者は、そのことを知っている。ベンチャー資本家たちがどこにお金を突っ込んでいるのかを見てみよう。彼らの産業ごとの投資配分は、Ｉｎｃ・五〇〇の企業同様、ハイテク分野に集中しているのである。

ある産業がスタートアップ企業に対して、有利に働く要因はいくつかある。新企業は、急速に成長する大きな市場を擁する産業でいい成績を上げる(7)。新企業は、製鉄や自動車のように、多くの高価な設備を必要とする資本集約的な産業や、企業規模の平均が大きい鉱業のような産業ではいい成績を出せない。[8]

ここでのメッセージは何だろうか。それは、いたって簡単なものである。スタートアップに適した産業で会社をおこせば、成功する確率は高まるのである。スタートアップには不向きな産業でビジネスを始めるつもりなら、うまくいくだろうと自分をだましてしまってはいけない。[9]代わりに何をすべきかを考えたほうがよい。ラスベガスでギャンブルをやる時は、まずいオッズで賭けるべきではないように、ほとんど確実に失敗するような産業で起業すべきではないの

表 7-2　Inc.500 に入った新企業の割合（産業別、1982〜2000）

SIC[a]	産業	INC.500 に入った新企業の数	設立企業数	新企業の比率
261	パルプ業	6	33	18.182
357	コンピュータ・オフィス機器	99	2,359	4.197
376	誘導ミサイル・宇宙船・部品	2	60	3.333
335	非鉄金属圧延	14	581	2.410
474	鉄道車両レンタル	3	136	2.206
382	計測機器	49	2,482	1.974
262	紙業	3	152	1.974
381	検索機器・ナビゲーション	6	310	1.936
366	通信機器	29	1,543	1.880
283	薬品	20	1,092	1.832
384	医療機器	55	3,025	1.818
316	旅行かばん	3	172	1.744
314	履き物（ゴム靴除く）	4	271	1.476
623	証券・商品取引	2	141	1.418
496	エアコン	1	83	1.205
356	一般機械	26	2,173	1.197
386	撮影機器	7	646	1.084
276	業務用複写用紙製造業	3	281	1.068
363	家庭用器具	4	390	1.026
362	電子部品	11	1,080	1.019
811	法律サービス	10	129,207	0.008
581	飲食店	34	494,731	0.007
175	工務店・床張工事業	4	66,383	0.006
651	不動産業	5	90,042	0.006
701	ホテル・旅館	2	39,177	0.005
172	塗装業	2	43,987	0.005
546	パン屋	1	22,165	0.005
541	雑貨屋	5	112,473	0.005
593	中古品専門店	1	24,442	0.004
753	自動車修理工	5	124,725	0.004
723	理容業	3	79,081	0.004
836	在宅介護	1	27,710	0.004
784	ビデオレンタル	1	27,793	0.004

Source: Adapted from data contained in J. Eckhardt, "When the Weak Acquire Wealth: An Examination of the Distribution of High Growth Start-Ups in the U.S. Economy," (Ph.D.Diss., University of Maryland, 2003).

[a]SIC＝標準産業分類番号

である。

ほとんどの起業家は愚か者なのか

起業家をめぐる神話のほとんどが、起業家の栄光を称えるものだ。それらは起業家を、賢明な意志決定によって、鉛を金に変えるに等しいビジネスを行う、素晴らしいビジネスマンとして描き出す。もし、この神話が本当なのだとしたら、平均的な起業家の意志決定はさぞかし賢明なものなのだろう。

しかし、実際はそうではない。データによれば、典型的な起業家による意志決定は、ビジネスの成功の機会を実際には減らしている。たとえば、ほとんどの起業家が、スタートアップには向いていない産業で会社をおこしている。その結果、もっと適切な産業で起業した場合よりも低い確率でしか成功していないのである。

これは、平均的な起業家の選択が賢明でなかったというだけではない。次にいくつかの例を挙げておこう。

- ほとんどの起業家が実に小規模のビジネスを、少ない資産や従業員だけで始めているのだが、多くの国や多くの産業での数多くの研究が、より大規模のスタートアップ企業のほうが資本を得やすく、利益率が高く、売り上げも雇用の成長も大きく、失敗しにくいことを示している。[10]

●多くの起業家がわずかな資本金で起業しているが、研究によれば、スタートアップの資本金の大きさは、新たなビジネスの生存率を高める。事実、十万ドル以上のスタートアップ・ファンドで開始した企業は、五〇〇〇ドル以下の資本金の企業よりも長く生き残る確率が二三％高い。[11]

●新たなビジネスは、株式会社としてよりも個人商店として立ち上げられる場合のほうがずっと多い。しかし、株式会社は、発展速度、外部資本へのアクセス、生存率、売り上げの伸び、雇用の伸び、利益率など、あらゆる角度から見て、個人商店よりも業績がいい。その上、数百ドルの手持ち金で、インターネット上で、数分間で立ち上げられるような会社でも、負債の個人保証から起業家を守ってくれるのである。[12]

●ほとんどの起業家は、ビジネスをパートタイムベースで始める。しかし、多くの研究によれば、外部資本の獲得機会――そして企業の生存率、利益率、成長も――は、フルタイムでベンチャー企業を始める場合のほうが高いのである。[13]

●九〇％以上の起業家がゼロから新たなビジネスを始めるが、スタートアップは、他人のビジネスを買うほうがずっと失敗しにくいのである。[14]

●ほとんどの起業家が自分一人の力でビジネスを始めるが、チームを組んでビジネスを立ち上げたほうがうまくいくのである。[15]

●多くの起業家がビジネスプランを策定しようとはしない。しかし、ビジネスプランの策定は、製品の開発を促し、組織を改善し、外部資金獲得の機会を増やし、売り上げを伸ばし、失敗の確率を減らす。特に、起業家が顧客にマーケティングを行う前にプランを展開する場合は、なおさらである[16]。

●多くの起業家が、以前の勤め先と同一の、あるいは似たような顧客を相手にし、同一もしくは類似の製品を販売するが、研究によれば、新企業の業績は、ほかの会社が見逃しているような顧客を探し出すことで向上するのである[17]。

●多くのスタートアップ企業が、個人のお客に対して製品やサービスを販売するが、アメリカでもっとも速く成長した企業の九〇%は、企業を顧客にしている[18]。

まだまだあるのだが、もう要点はお分かりだろう。典型的な起業家は、あらゆる決定――誰を顧客にするかから、どの産業で起業するか、どんな戦略をとるか、どんな法的形態をとるかまで――に関して、まさにスタートアップ企業にとってはよくない結果をもたらすような選択を、わざわざやっている場合が多いのである。

もちろん、こうしたパターンは、多くの起業家が起業する際に選ぶことのできる選択肢が限られているということを示しているのかもしれない。たとえば、多くの人が起業家になりたがっているわけだが、彼らは自分が経験のある産業で起業する傾向にあることから、結果として、望ましくない産業で起業することになりがちなのである。こうしたパターンは、典型的な起業家が、データによって示される成功の理由に注意を払わないということを示唆しているのかもしれない。残念ながら、起業家のみじめな意志決定の理由をどう説明するのが正しいのかは、はっきりとは分からない。

もし、あなたが新しい会社を始めようとしているか、あるいは、その会社に投資しようとしているなら、選択肢は二つである。選択の余地はないとばかりに、成功の確率を低めるような意志決定をする新会社を始めるか、その会社に投資するか、あるいはデータに着目するかである。ほとんどの起業家がやっていないことではあるが、スタートアップ企業の業績を向上させる方法は数多く存在する。あなたは、典型的ではない（そしてよりよい）アプローチをとることができるのである。もしそうすれば、成功が保証されるとまではゆかなくても、成功率を高めることはできるだろう。

ほかにやるべきことは何か

実在の起業家の多くは、多くの記事や書籍で描かれているような、不作為の罪と作為の罪を犯す〔起業に関する〕神話上のイキモノとは異なったものである。多くの起業家は、新たなビジネスを失敗させているだけでなく、研究が明らかにしている成功要因すら、実行していない。たとえば、こんな感じだ。

● 多くの起業家がマーケティングを軽視している。しかし、マーケティングを早期に開始し、マーケティングプランを重視する新会社の業績は、そうでない会社よりいい。[19]

● 多くの起業家が、資金のやり繰りを軽視し、起業の際に資金繰りを注意深くやっていない。しかし、資金繰りは、新たなビジネスが生存し、成長する可能性を高めるのである。[20]

● 多くの起業家が価格競争に走る。しかし、この戦略は、新ベンチャーの業績を阻害するものであり、サービスや品質など他の面で競争したほうがいいのである。[21]

● 多くの企業は、創業当初は単一の製品や市場に集中し損なうものである。しかし、活動を集中させたビジネスは、そうでない場合よりも業績がいい。[22]

● 多くの起業家は、ビジネスを組織する際、アイデアの特定から始め、ビジネスプランを策定し、アイデアを評価し、資源を獲得し、製品やサービスを開発し、最後にマーケティングを行うという適切な手順を踏んではいない。しかし、創業者がスタートアップ活動を始める手順は、新たなビジネスの業績に影響を与える。[23]

以上のメッセージは、きわめて率直なものだ。すなわち、下さなかった決断は、下した決断と同様に、新たなビジネスの業績に影響を与えるということである。多くの綿密な研究が、ビジネスの成功率を高めるためになされるべき一連の作業を特定している。これらを学んでから、創業するべきなのである。

よりよい起業家になるための準備は可能だ

起業家について耳にする話の多くからは、よりよい起業家になるためにできる準備など、ほとんど存在しないかのような印象を受ける。よりよい起業家とは何であるかについて書かれた新聞や雑誌の記事の多くが、生まれつきのものか、そうでなくても、おむつをとる前までにはほぼ決まってしまうような心理的な資質に集中している。そして、よりよい起業家になるためになすべきことに関しては、たとえば、投資家とのネットワークの作り方とか、顧客になりそうな人へのインタビューの方法だとか、非常に差し迫った話しかしない。キャリアを積む中でなされるべき事柄については、ほとんど語られないのである。現実はそうでない。よりよい起業家になるためのキャリアを積むことは可能である。

▽学校へ行け

冷凍フライドポテトの発明者であるJ・R・シンプロット氏のように、十四歳で学校を辞めて起業し、三〇億ドルのビジネスに成長させたというような話は山ほどある。こうした話から、教育は起業家として成功する上では役に立たず、その邪魔にすらなるかもしれないといった神話が生まれている。

この神話に惑わされてはいけない。無教育で起業家として成功した人物は、ごくわずかなのである。もし、起業家として成功したければ、高校を卒業し、大学に行ったほうが、成功の確率はずっと上がる。多くの研究によれば、よりよい教育を受けた起業家は、外部資本にアクセスしやすく、失敗の確率を下げることができ、売り上げや雇用を伸ばし、より利益率を高くすることができる。(24) 事実、データによれば、大卒者によって創業された平均的なスタートアップ企業は、高校中退者によるものよりも二五％売り上げが多く、大学院修了者が創業した平均的なスタートアップ企業は、大学の学部卒業者によるものよりも四〇％売り上げが多いのである。(25)

▽▽創業を急ぐな

マイケル・デルがテキサス大学の寮で数十億ドル規模の会社を創設したというような話は、多くの人に、若者のほうが起業家として成功しやすいような印象を与える。事実、この件に関する議論の多くは、創業前に誰かの下で働いていることは、よりよい起業家になることの妨げであるかのような印象を与えるものである。それらによれば、誰かの下で働くことは、人を起業家ではなく、企業の歯車にしてしまい、あとで後悔することになるだろうという話だ。しかし、データによれば、成功した起業家になる、このような若者の話は、極端な事例にすぎない。平均的には、四十五歳から五十四歳の間で始めたビジネスは、三十五歳以下よりも業績がいいのである。(26)

さらに、誰かの下で働くことは、成功する起業家になる努力を邪魔するよりはむしろ助けるものであろう。データによれば、創業前に誰かの下で働く期間が長かった起業家は、失敗する確率が低く、利益を上げることができ、成長する可能性が高い[27]。とりわけ、創業者が前職で専門職、経営や管理部門の経験を有している場合は、新ベンチャーの業績は特に高い[28]。

勤務経験だけでなく、新会社が属する産業での経験もまた、スタートアップ企業の成功の助けとなる。スタートアップが属する産業での経験を有する者が実際に創業した場合、そのスタートアップは、製品の開発を早め、資本へのアクセスの機会を広げ、生存率を高め、利益率を上げ、売り上げを伸ばし、雇用を増やすことができる[29]。

もちろん、創業者の起業の経験ほど、スタートアップ企業の業績向上に資するものはない。経験豊かな起業家によるビジネスは、素人が創業する場合よりも、さらに発展し、収入も多く、成長も速く、失敗する確率も低い[30]。しかし、利益を得るには、起業経験の量が必要であるとは限らない。研究によれば、問題は経験の質なのである。一社以上の会社を設立することが、会社を一社だけ設立するよりも多くの恩恵をもたらすというわけではないのである[31]。

正しい創業の動機を持て

人はさまざまな理由で創業する。仕事を見つけられなくて、ほかにもっといいことができなかったからという人もいれば、上司の下で働くのが嫌で、起業家の自由と自律に憧れたからという人もいる。単にお金を稼ぎたかったという人もいる。こうした動機の違いは、スタートアップ企業の業績に違いをもたらしているのであろうか。実際、もたらしているのである。

第三章で議論したように、誰かの下で働きたくないのでビジネスを始めたという人は多い。残念ながら、そういう理由でビジネスを始めた人は、起業家としてはあまりうまくいっていない。彼らのビジネスは、利益目的でビジネスを始めた人と比べて、それほど儲からず、成長も遅く、失敗する確率も高い(32)。

これは驚くべきことではない。新たなビジネスというものは、しばしば、その創業者の望みを反映するのである。誰かの下で働きたくないので創業した人たちは、お金よりも自律性を求めがちなので、結果として、資金面でのサポートもあまり受けようとはしない傾向にある。対照的に、儲けを求めてビジネスを始めた創業者は、その目標に合わせるために、経済的に成功するビジネスを作ろうとするので、それが投資家、従業員、顧客からの前向きな反応を呼び込むのである(33)。

失業するよりはましだから創業したという人たちについては、どうだろうか。そうした人たちのビジネスの業績はどうか。この答えは重要である。なぜなら、さまざまな市や州、国において、失業者を起業家にするために設計されたプログラムが多く存在するからだ。政策担当者に注意を促しておきたいのだが、失業者が創業したビジネスは、そうでないものよりも業績が悪い。事実、創業前の失業期間が長い人ほど、ビジネスでの稼ぎはよくない(34)。起業家に転身した失業者は、起業家として、失業者よりはましになっているかもしれないが、業績のいい起業家になる傾向は弱いのである。政策担当者は、この情報をよく頭に入れて、失業者を起業家にするプログラムの価値を考えるべきであろう。

結論

起業家の成功の秘訣については、多くの意見が存在するが、それらに惑わされてしまうことで、注意深く科学的な研究にもとづいた正しい情報を得ることが難しくなっている。しかし、これらの研究は現に存在し、より成功するスタートアップ企業の要因のいくつかを特定している。第一に、そのビジネスが属する産業が何であるかが重要であるという証拠が数多く示されている。平均的なスタートアップ企業の業績は、産業間で、かなりの開きがある。創業に向いている産業を選ぶことは、新たなビジネスを成功させるための重要な第一歩である。

第二に、企業戦略から、ターゲットとなる市場、組織の内部統制に至るまでの意志決定が、スタートアップ企業の業績に影響を与える。当たり前の話のようではあるが、何が役に立ち、何が役に立たないのかを知ることが、スタートアップ企業の成功の助けとなるのである。特に、起業家の大多数は、新たなビジネスの経営方法を間違えているのだということは、覚えておく必要がある。起業家の大半は失敗しているのである。資金繰りから法的形態に至るまで、大多数の起業家が犯す間違った選択に従ってはならない。

第三に、成功は時間の経過とともに容易になる。ビジネスが長く続くほどに、その業績は改善する傾向にある。立ち上げが非常に大変だからといって、くじけてはならない。

第四に、正しい動機にもとづいて創業すべきである。失業したからとか、独裁的な上司から逃げたいからといった理由でビジネスを始めたいと思うかもしれないが、それらはいい理由ではない。生き残り、成長し、高収入を生み出すビジネスを望むなら、そういう目標を掲げて創業すべきである。

最後に、いい起業家になるには、いくつかの単純なステップを踏む必要があることを忘れてはならない。まずは学校に行き、そして、創業する前にしばらく就業経験を積み、望むらくは参入しようと思う産業で働くのだ。もし、そうすれば、成功率は大きく高まるとデータは示している。

第八章　なぜ、女性は起業しないのか?

誰が起業家になり誰がそうならないのかを当てる心理テストのことなど忘れてしまうべきだ。そんな単純なテストで正確に分かることなど何もありはしない。それよりも、近くのショッピングモールに行って、化粧室の外に一時間立ってみよう。もし、いきなり逮捕されなかったら、男子用に行く人数と女子用に行く人数を数え続けてみよう。現在、起業家タイプを判定するのに使われているあらゆる心理テストより、どちらの化粧室に行くかという基準を使うほうが、誰が起業家になるかをより正確に判定することができるだろう。

こういう風に言うと誤解されやすいので、繰り返しのリスクを恐れずに、言い直しておく。わたしは、天地神明に誓って、女性が起業家になることができないとか、なるべきではないとか言おうとしているわけではない。そして、天地神明に誓って、女性は男性ほどいい起業家にはなれないとか、なるべきではないと言っているわけでもない。わたしが言いたいのは、女性は男性よりはるかに起業する傾向が低いというのが今日のアメリカの現実だということである。だから、性別さえ知ることができれば、どんな起業家診断心理テストよりはるかに正確に、誰が起業家なのかを当てることができるのだ。

この事実は、なぜ女性は男性より起業家になりにくいか、そして典型的な女性起業家がどの程度うまく自分のビジネスを切り回しているかを理解することがきわめて重要であるということを示すものである。

女性はあまり起業家にならない

この章は、性別が起業家になるか否かを予測する強力な指標であるというきわめて強い断言から始まったわけだが、そのような断言は事実によって裏付けなければならない。どの情報ソースに依拠したとしても、データによるなら、女性は男性よりはるかに起業家にならない傾向にあることが明らかになる。たとえば、次の通りである。

- 二〇〇四年、女性はアメリカの人口の五一％を占め、非軍属労働者数の約半分（四七％）を占めていたが、ビジネスオーナーの二七％を構成したにすぎなかった。(1)
- 女性がオーナーのビジネスは、アメリカの非農業法人の二五％である。(2)
- どの時点をとっても、新たにビジネスを始めた男性の数は女性の二倍程度である。(3)
- 二〇〇三年、アメリカの自営業者のうち、女性は三四・二％だけだった。(4)
- 二〇〇四年、アメリカの女性労働人口のうち自営業者の占める割合は七・一％であったのに対し、男性労働人口のうち自営業者の占める割合は一二・四％だった。(5)

このデータは一貫性を示している。今日のアメリカでは、女性は男性よりはるかに起業家にはならない傾向にあるのである。

なぜ女性起業家の割合は低いか

女性が起業する割合はざっと男性の半分であるという事実から、なぜそうなのだろうかという疑問が生じてくる。起業家に関するほかの数多くの悩ましい、そして潜在的には不快な現象と同様に、この現象に対しても答えが出ていないわけではない。それらのいくつかは信頼に足るものだが、いくつかは見当外れである。人それぞれに信念を持つ権利はあるが、事実をフィクションから引きはがすために、この現象に関するもっとも一般的な説明の数例を見て、それらがデータと整合しているかどうかを確かめてみよう。

女性が男性ほど起業しない理由としてもっとも一般的な説明は、女性が新たなビジネスのための資金を調達するのが難しいので、起業に挑戦するのが困難だというものである[6]。しかし、入手可能なデータから検証する限り、この説明は裏付けできない。読者諸賢は第五章の議論を覚えておいでだろうが、ほとんどの起業家は自己資金でビジネスを始めており、外部資金はあとで調達するのだ。だから、外部資本の調達の容易さでは、ほとんどの起業家が起業する際の意思決定を説明することはできない。

それに加えて、いくつかのマイノリティグループを除けば、男女ともに世帯単位で所有している富は平均して同じくらいである(7)。平均的な女性であれば、起業のための個人資金が足りないということはない。事実、女性による起業のための最初の資本金額は、男性よりもずっと低い。したがって、起業のために必要な資本へのアクセスが問題だというのならば、むしろ、女性のほうが男性よりも起業を始める傾向になければならない。平均的な男性と同じだけの世帯単位の富を所有しつつ、起業するのに資金が少なくて済むのならば(8)、平均的な男性よりも平均的な女性のほうが、起業のための資金調達が容易になるはずなのだ。

女性の起業割合の低さに関する、よくある説明の第二は、女性がビジネス機会に対してのアクセスを欠いているというものだ(9)。女性は、適切な社会的ネットワークやビジネスの経験がないので、新しいビジネスアイデアに出会いにくく、そのため、あまり起業しないという説である。しかし、この説もデータによって裏付けできない。真面目に注意深く研究すれば、女性が男性より新しいビジネスアイデアやビジネス機会に関する情報にアクセスできていないなどということは証明できない。それどころか、そもそも多くの起業家が、起業した時点ではビジネスのアイデアなど持ってはいないというのが事実なのだ（第四章を参照）。起業家全体の四二％程度を占める、とりたててビジネスアイデアもなくビジネスを始めた人について考えてみるなら、性別にかかわらず、ビジネスアイデアに関する情報にアクセスできなかったために起業が困難であったと言うことは難しい。

さらに、典型的な起業家が始めるビジネスの種類や、ビジネスアイデアのソースについては、第四章の証拠が示すように、男女間で違いはなく、それらと出会うことは誰にとっても、それほど難しいことではない。その起業家の以前の雇用主の属していた産業で起業し、そこでと同一の、もしくは同種の顧客に対して、同一、もしくは同種の製品を供給するというのが、典型的な起業家のビジネスアイデアなのだ。現時点での雇用主が相手にしているのと同一の顧客に対して同一の製品を売るのに必要な知識の入手に際して、性別が関係しているなどと信じる理由はまったくない。要するに、ビジネスアイデアやビジネス機会へのアクセスの欠如では、女性の起業割合の低さを説明できそうにないのである。

女性の起業割合の低さに対する第三の説明は、女性は男性より人的資本（マネジメントの経験や教育）がないというものである。この人的資本の乏しさのため、起業する能力のある女性の割合が男性より低くなり、女性の起業割合を低下させる結果となっているというのである。(10)

この説明もデータでは裏付けできない。第三章で見たように、教育水準は、起業する確率を高める人的資本の一側面である。しかし、教育水準の低さで女性起業割合の低さを説明することはできない。なぜなら、平均的には、女性のほうが男性よりも高い教育を受けているからだ。(11)少なくともアメリカでは、高校も大学も卒業している割合は、男性より女性のほうが高い。

起業割合を高める人的資本のもう一つの側面はマネジメントの経験である。しかし、ここでも、マネジメント経験の不足は女性の起業割合の低さを説明できない。なぜなら、平均的にみて、経営部門や専門職に就いている女性の割合は男性より高いからだ[12]。特に、女性は、専門職、営業、技術職、サポート部門に就いている傾向がある（この事実に戸惑う人は、ビジネスに関する神話がどれだけわれわれを惑わしているかを思い出してほしい。マネジメント経験のある典型的な人は、フォーチュン誌で上位五〇〇社のCEOやCFOのことではない、むしろ、もっと低い地位にあるマネージャーである。だから、女性が男性よりも経営部門や専門職に就いているというのは驚くべきことではない）。

女性の起業割合の低さに関する第四の説明は、女性は、起業家の多くを駆り立てる主たる動機である自律への欲求を男性ほどには持っていないというものである。しかし、男性のほうが女性より自律に関心が高いという考えは、データに由来するものではない[13]。たとえば、アメリカの生産年齢人口の代表標本を使った自律欲求を計測する質問票への回答を見てみるならば、実際には、男性のほうが女性より自律欲求に乏しいことが分かるだろう。

もし以上の四つの要因では女性の起業割合の低さを説明できないのだとしたら、何が説明できる要因なのだろうか。データは、女性は男性ほど起業家になることに関心を持っていないことを示している。その理由の一端は、結果として男性のほうが労働者になる傾向が強いという事実によって説明できる。データを収集したほとんどすべての諸国で、女性は男性ほど労働力に編入されていない。それはおそらく、女性が家事や育児の責任を負っているからだろう。労働力に編入されていない人（専業主婦、学生、定年退職者）は、労働力を担う人に比べて、起業しようとする傾向にはないので、男性の労働参加率の相対的な高さが男女の起業割合の相違をいくらか説明するのである。[14] しかし、労働力になっている女性の間でさえも、起業割合は男性の半分であり、労働参加だけではすべてを説明することはできない（データによれば、起業を始める女性は男性の半分であるが、彼女たちはいったん始めたら、男性に劣らず、ビジネスを立ち上げ、それを経営してゆくのである）。[15]

データによれば、女性が男性ほど新たなビジネスを始めるプロセスに参入しようとはしないのは、平均的にみて、女性は男性ほど自分自身のために働くことに関心を向けないからである。事実、経済協力開発機構（ＯＥＣＤ）に属する二三カ国の男女に、自分が所有するビジネスで働きたいか、それとも誰かのために働きたいかを質問したところ、女性は男性ほど自分の所有するビジネスで働きたいという傾向がなかった。[16] 高校生の間ですらも、女性は男性ほどビジネスを持ちたがらず、会社をおこしたいと言わない傾向にある。[17] したがって、女性の起業割合の低さを説明する要因は、女性が起業をしたがらない傾向にあるということなのである。

他人のために働くことを好む傾向にあるのならば、多くの女性にとって、起業する時というのは、働かなければならないが仕事が見つからない時ということになる。その結果、女性が職場を見つけやすい国では、雇用先を見つけるのが難しい国よりも、女性は起業しない傾向を有している。[18] さらに、多くの女性が仕事をしないでも暮らせるような国では、そのような女性がほとんどいない国よりも、その起業割合ははるかに低い。特に、データが示すところでは、豊かな国の女性の起業割合は、貧しい国の半分程度である。なぜなら、前者では仕事をしないという選択肢があり得るが、後者は家族を養うために働かなければならないからだ。[19]

女性のスタートアップの業績は

女性起業家が男性より少ないのは、おそらく、彼女たちが自分のビジネスを持つことにあまり関心を示さないからである。では、女性がおこしたビジネスの業績はどうだろうか。彼女たちはどれだけうまくやっているのだろうか。

多くの人が、女性によるベンチャー企業は平均的にうまくやっていると信じている。事実、女性起業家について論じる本や論文の多くは、女性による新たなビジネスの典型が、男性と同じくらい、うまくやっているかのような印象を与えている。しかし、不幸なことに、新たなビジネスの業績での性的平等は願望でしかなく現実ではない。あらゆる経済部門において、女性によるビジネスの業績は、ほとんどすべての指標——生存率、売り上げ、成長、雇用、そして収入——で男性より劣っている。たとえば、次の通りである。[20]

- 一人以上を雇用している、女性保有の企業は、二〇〇二年に平均八万七五八五ドルを稼いだが、男性による同種の企業では、一八六万二一五九ドルも稼ぎ出している。[21]
- 一人以上を雇用している、女性保有のビジネスは、二〇〇二年に平均七・七九人を雇用したが、男性のビジネスでは一二・〇四人を雇用している[22]。

● 一九九八年の女性自営業者のうち、四六％が一万五〇〇〇ドル以下の収入であったが、このレベルの収入しかない男性自営業者は二一％にすぎない。対照的に、一六％の男性自営業者の収入は九万五〇〇〇ドル以上であるが、そのレベルの女性自営業者は四％である[23]。

● 女性が保有するビジネスの平均は、男性のビジネスの平均の七八％程度しか、利益を生み出していない[24]。

● 女性が起業したスタートアップ企業は、男性が起業したスタートアップより成長する期間が短い傾向にある[25]。

● 一人以上を雇っている女性保有のビジネスが、四年間生存する確率は、男性保有のビジネスよりも八・六％低い[26]。

なぜ女性が創業したビジネスの業績は貧弱なのか

なぜ女性が創業したビジネスは男性が創業したビジネスよりも業績が悪いのかについての説明はいくつか存在する。ここでは、他人による説明のすべてを要約するよりも、もっとも一般的な説明を二つ取り上げ、それらをデータと見比べてみることにしたい。

女性が創業したスタートアップ企業の業績の劣後に関する一般的な理由の一つは、資本市場が女性を差別するため、資本にアクセスできないというものである。その結果、女性のビジネスは、資本に対して容易にアクセスできる男性よりも業績が劣るというのである[27]。

銀行や投資家による女性起業家への差別は、ありそうにみえる。しかし、いくつかの理由により、それは、女性のスタートアップの劣後の主たる要因ではないように思われる。第一に、女性によるスタートアップの劣後を注意深く調べた研究によれば、金融資本での違いでは業績の違いを説明できない[28]。第二に、貸し手が女性によるビジネスを差別しているか否かに関する注意深い研究によれば、そのような差別の証拠は存在しない。女性が経営するビジネスは、男性経営のビジネスよりも銀行その他の貸し手からの融資を受けにくいが、それは融資を受けるための借り手の基準を満たしにくいからである。すなわち、

- 女性が経営するビジネスは、資本化の程度が低い[29]。
- 女性が経営するビジネスは、専門サービス、鉱山、卸売業、金融、保険、不動産、建設業のような、魅力的な産業ではなく、小売業や対人サービスなど、利益に乏しいビジネス機会を追求し、魅力に乏しい産業で起業する傾向にある[30]。
- 女性が経営するビジネスは、男性経営のビジネスよりも地元にとどまる傾向にある[31]。

社齢やその規模、業種、法人形態、資金面の業績、企業保有者の信用格付けや信用情報、そして保有者の金融資産や金融履歴などのような、貸し手が融資を決定する要素の面から説明す

るなら、女性が創業したスタートアップ企業は、男性に劣らず、融資を求めたり、融資を受けたり、信用取引をしたり、未払いの負債を抱えたりしている。言い換えれば、男性創業スタートアップと女性の資金調達方法の違いは、社齢、法人形態、業種、創業者の金融履歴、起業家の就業経験といった性別以外の要素で説明されるのである[32]。

女性のビジネスの劣後に関するもう一つの一般的な説明は、女性は平均的に起業家としての経験に乏しいというものである。女性は男性に比べると就業経験や起業経験に乏しいので、女性起業家はマネジメントにあまり精通していない。だから、女性のビジネスは男性より業績がよくないというのである。

だが、データはこの説を却下する。起業家動態パネル調査からのデータにもとづき検証してみたところ、設立されたスタートアップ企業の数、起業家向けのクラスやワークショップの受講数、あるいは、自営なのか、雇われ経営者なのか、オーナーなのかの傾向性などについて、年齢、人種、教育、収入、地理的条件などさまざまな人口統計学的要素を制御しても、男女の起業家の間に統計的な差異は存在しない。さらに、創業時の指導者の不在が問題になる傾向は、男性起業家のほうが女性起業家より顕著である。もし女性起業家が男性起業家と同じ起業家経験を持っているのであれば、新たなビジネスの業績の男女差は、起業家経験の有無の結果ではありえない。起業家動態パネル調査にもとづくデータは、人口統計学的な要素を制御して検証すれば、男性と女性の起業家は、同業種内で同程度の経験を有していることも示している。だから、男性と女性それぞれのビジネスを注意深く比較研究した結果として、男女の起業家経験の差異が男女のスタートアップの業績の差異を説明するものではなかったとしても、驚くには値しないのだ[33]。

それでは、女性起業家によるスタートアップの業績の劣後に関するよりよい説明はどのようなものとなるのだろうか。それは、彼女たちの目標と意欲である。女性起業家が立てる金融面の目標は、男性起業家よりも劣っているのである[34]。たとえば、起業家動態パネル調査にもとづくデータによれば、女性起業家は男性起業家に比べ、お金を稼ぐためにビジネスを起業しようとはしない傾向にあり、ビジネスの金融面での意欲は、ほかのさまざまな説明要因を制御した後でも、低いことが明らかになっている。これらのデータは、女性起業家が男性起業家よりも就業時間が短いことも示している。それにより、女性起業家がより高い業績を上げるビジネスを創業しようという意欲に劣っていると推測されるのである。

女性起業家は、利益や売り上げの目標を低めに設定しているというだけではない。アメリカ中小企業庁助成政策審議局のブライアン・ヘッド博士の研究によれば、女性起業家は実際には失敗したスタートアップを「成功」とみなす傾向があるという[35]。平均的な女性起業家の売り上げ、利益、雇用などの目標は平均的な男性起業家よりも低いのだから、女性のビジネスの売り上げ、雇用、利益が少なくなるのは驚くに値しない。もし、女性起業家が男性起業家と同じくらい稼いだり、人を雇いたいと思ったりしていないのであれば、実際に多く稼いだり、多く人を雇ったりすることはないだろう[36]。

多くの女性は、たくさんのお金を稼ぐために起業するのではなく、家族、特に子どもの世話ができる柔軟なスケジュールを手に入れたくて、起業家になる[37]。さまざまな種類のデータが、この観察を裏付けている。アメリカの女性は、母親になると起業家になる。また、出生率は高いが妊娠休暇や育児のための政府支援が少ない国の女性は、起業家になる傾向がある[38]。

研究によれば、母親になると、女性が起業する傾向が高まるという。自宅をベースにした仕事であれば、女性は仕事と育児を同時に行うなど、外で働いていたらできないことができるからである[39]。外で働く仕事を見つけることが難しいので、自宅で働く女性の過半数が自分のビジネスを経営している（自宅をベースにする二十五歳から五十五歳の女性労働者の六二・九％が自営業を営んでいる）[40]。したがって、多くの女性が子どもを持つと起業家になりたがるようにみえるのは、起業が、仕事と子育てを同時に行う機会を与えてくれるからなのだ。労働時間の柔軟性が多くの女性起業家にとっての目的であるから、女性起業家の金融面での業績の平均は、男性起業家より低くなるというわけだ。

結論

女性は男性より起業する傾向がずっと低い。事実、性別は、誰が起業家になりそうかを予測するための最良の指標の一つであるほどだ。

女性の起業割合の低さについては多くの説明があるが――資金やビジネス機会へのアクセスの欠如という説から、人的資本の劣後説や自律欲求の欠落という説まで――、これらの説明はデータによっては裏付けできない。その代わりにデータが示すのは、女性の起業割合が男性より低いのは、女性が平均して、男性ほどビジネスを経営することに興味を示さないからだというものである。

男性によるスタートアップと比較すると、女性のスタートアップは、売り上げ、雇用者数、生産性、利益、生存率の点で劣っている。多くの研究者が、女性によるベンチャーの業績の劣後を、外的要因、特に資本へのアクセスの欠如のせいにしてきた。しかし、データは、それとは別の、より陰険ではない説明を支持している。平均的にみれば、女性起業家の金融面での目標は男性起業家より低い。なぜなら、多くの女性が起業するのは、育児の時間を確保できる柔軟なスケジュールを手に入れたいからである。そして、金融面での高い目標を達成するために起業する女性が男性より少ないことから、女性起業家のビジネスは、金融面での業績が低くなる傾向にある。

第九章　なぜ、黒人起業家は少ないのか？

起業をめぐる神話の中でも、黒人起業家の神話くらい広まっているものはない。根強い法螺話によるなら、黒人はアメリカの企業社会ではガラスの天井に阻まれているので、自分で起業するのが一般的なのだということになっている。[1] 黒人社会でのスタートアップ割合の高さをはっきりと示すのは、次のような証言である。

- 「われわれは、教育のあるアフリカ系アメリカ人がビジネスの世界に乗り出してゆく時代に生きているのだ[2]」
- 「黒人起業家の波が、急速にビジネスを作り出している[3]」
- 「アメリカでもっとも活動的な起業家は、黒人の男性と女性である[4]」

われわれの多くが、こうした主張が本当だったらいいなと思ってはいるのだが、残念ながら事実はそうではない。黒人社会では起業家はきわめて稀である。たとえば、次の統計データについて考えてみることにしよう。

- 自営業を営んでいない世帯のうち一二・七％の世帯主が黒人であるのに対し、自営業を営む世帯のうち黒人が世帯主であるのは五・一％にすぎない。[5]
- 自営業を営む白人の割合は、黒人の二倍以上である。白人男性の一三・一％と、白人女性の七・四％が自営業であるのに対し、黒人男性の五・一％、黒人女性の二・七％が自営業である。[6]

黒人起業家の神話というのは、まさに神話でしかないのだ。黒人が起業家になる機会は、白人よりずっと少ない。いま一度、ここで真に問われるべきなのは「なぜ、そうなのか」ということである。

なぜ黒人起業家の割合はかくも低いのか

黒人より白人のほうが起業家になりやすいのは、なぜなのだろうか。まず、データにもとづいて、黒人が白人ほど起業しない理由ではないものを考えることから始めよう。黒人のほうが白人よりも、起業に対する関心が薄いからではない。それどころか、データによるなら、その反対こそが真実なのである。たとえば、ギャロップ社による高校生の無作為抽出調査によるなら、白人の生徒より黒人の生徒のほうが起業に対してより高い関心を示しているのである。[7]

これは、子どもが大人になったら何をしたいかといった問題ではないのだ。アメリカの生産年齢人口の代表標本のデータによると、黒人は白人より七八％以上も高い割合で起業のプロセスへと飛び込んでゆこうとする傾向があり、また、この高い割合は、人口統計学的要因の多様性を考慮に入れても変わらないのである(8)。

もし、黒人が白人よりも高い関心を起業に対して持っているのなら、なぜ黒人は自分のビジネスを持つことがずっと少ないのだろうか。これについてのよくある説明の一つは、次世代の黒人起業家のための見本となるモデルがないというものだ。ある黒人起業家はこう言っている。「多くの黒人経営者は第一世代の起業家だ。……しかし、彼らは、子どもの頃から何の疑問もなく〝自分のビジネスを持つことができるようになるだろう〟などと思いながら成長してきたわけではない。そこには、起業家のセンスを持った一族に流れる血が存在しないのである(9)」

しかし、データによれば、見本となるモデルがないから黒人起業家が少ないという説明は成り立たない。この問題に関する最良の証拠としては、カリフォルニア大学サンタクルズ校のロブ・フェアリー教授が集めたものがある。彼は、一九六八年から一九八九年にかけての所得動態パネル調査のデータを検証している。彼は、自営業の父親を持つことが、自営業を営む傾向に与える効果について調査を行った。そして、自営業を営む父親を持つことは、起業する黒人と白人の間の傾向に、わずかな違いしかもたらさないことを発見したのである(10)。

黒人起業家の少なさについてのよくある説明のもう一つは、人的資本に関するものだ。それによると、黒人は白人ほど教育に恵まれておらず、それが新たなビジネスを始めようと努力する際のハンディキャップになっているというのである。ユナイテッド・バンク・オブ・フィラデルフィアの創設者エマ・チャペルが、ビジネスウィークコムのインタビューの中で、次のような見解を表明している。「彼らは素晴らしいビジネスアイデアと潤沢な資金を持っています。そう、クラスにやって来る人は典型的にビジネスをうまく経営するのです。しかし、彼らは、今日、ビジネスに必要とされるマネジメントのスキルを持っていないのです[11]」

再びフェアリー教授の慎重な研究をみてみると、そこには、教育の欠如が白人と黒人の起業割合の違いを説明する主要な原因ではないことを示す重要な情報が、二つ示されている。一つは、二十世紀初頭からの黒人と白人の自営割合に関して彼が行った研究からのものである。実際ほんとうに驚くべきことではあるが、フェアリー教授は、一九一〇年から一九九〇年までの間、白人の自営割合は、一貫して黒人の三倍であったことを明らかにしたのである[12]。

もし、教育が白人と黒人の自営割合の違いを説明するというのなら、一九一〇年以降、白人に対する黒人の自営割合に変化があるのをみてとれるはずである。黒人の教育水準は一九一〇年以降、劇的に変化したが、それは一九六〇年代の市民権運動によるところが大きかった。たとえば、一九四〇年に高校を卒業した白人は黒人の三倍以上であった(二六・一%対七・七%)。二〇〇〇年には、この格差はずっと小さくなっており、白人のうち高校を卒業したのが八三・六%であるのに対して、黒人は七二・三%だった。同様に、一九四〇年、白人のうち大学卒業者は五・四％であったのに対し、黒人は一・四％だった。二〇〇〇年には、白人の二八・五％、そして黒人の一四・二％が大学を卒業し[13]、白人対黒人の大卒割合は、三・九対一から二対一に変化しているのである。もし、教育の欠如が黒人起業家の少なさを説明するのであるなら、黒人と白人の教育水準の差が縮まっていることが、自営割合にも影響を与えているはずだが、そうなってはいないのである。

フェアリー教授は、一九六八年から一九八九年の期間、黒人と白人の男性世帯主の自営傾向に対して教育が与えた影響についても着目した。その結果、両人種間の自営割合の違いは、教育格差によっては、ほとんど説明できないことが明らかになった[14]。教育格差では、白人と黒人の起業家志向の違いを説明できなかったのだ。

黒人が起業しない傾向にあることに関して、よくある説明の三番目は、黒人が新たなビジネスを進めるために必要な社会的なネットワークを持っていないというものだ[15]。黒人は、起業するために相談すべき適切な相手がいないので、起業に必要な情報を白人のようには得られないという説明である。

しかし、アメリカ人の代表標本にもとづくデータによれば、ビジネス創業者は、そうでない人よりも、社会的ネットワークを持っていたり、それを利用したりしているわけではない。「よりよい」社会的ネットワークを持っていることが、ある母集団の企業設立の割合に影響を与えるのかどうかは、明らかではないのである[16]。仮に社会的ネットワークが重要なのだとしても、黒人と白人の間の起業割合の違いは説明できない。要するに、アメリカ黒人の社会的ネットワークが問題なのだとしても、それが彼らの起業を妨げているという考えは、データによって支持されはしないのである。

もし黒人の起業割合の低さが、起業への関心、教育程度、社会的ネットワークの有無、あるいは親によって提示されるモデルの欠如などによっては説明できないというのなら、本当の理由は何なのだろうか。答えは、お金であるように思われる。平均的な黒人は、単に起業に必要なお金を持っていないだけなのである。平凡なビジネスを始めるのに、たいした資本金はいらないのだとしても、それは黒人中流の世帯収入と比べれば、きわめて大きな額である。普通の起業に必要な資本金は、この国では二万八五二ドルにもなる（二〇〇〇年のドル換算。第五章を参照）。

二〇〇〇年の平均的な白人世帯の純資産の中央値（典型的な値）は七万九四〇〇ドルだから、この程度の資本金なら、平均的な白人の起業家志望者には何とかなるだろう。しかし、それは平均的な黒人の世帯がかき集める額としては大きい。二〇〇〇年、平均的な黒人世帯の純資産は、わずか七五〇〇ドルでしかない(17)。言い換えれば、起業するためには、平均的な黒人世帯の純資産の二・八倍が必要であるのに対し、白人であれば世帯純資産の二六%で済む。結果として、黒人の起業家志望者の多くは、単に起業する資金的余裕がないだけなのであり、それが黒人の起業割合を抑制しているのである。

ここで再び、フェアリー教授の体系的な分析を参照するなら、黒人世帯の純資産が限られたものであるために起業を阻害されている度合いは、白人の場合と変わらない。一九六八年から一九八九年にかけて自営業を始めた男性世帯主の傾向に関するデータから、フェアリー教授は、黒人と白人の間の起業割合格差の一四％から一五％が、世帯間の資産格差によって説明されることを発見している(18)。

黒人によるスタートアップの業績はどうだろうか

黒人は白人より起業しない傾向にあるだけではなく、黒人が保有するスタートアップ企業は、白人保有のスタートアップ企業よりも業績が悪いということは、あらゆるデータが示すところである。いくつかの指標によれば、黒人によるスタートアップ企業の業績は、白人のそれと比べて、四分の一程度である。たとえば、次の通りである。

- スタートアップのプロセスを開始するための七年の間に、実際に新たなビジネスを立ち上げ、それを経営するまでに至る黒人は、白人の半分にすぎない(19)。
- 黒人のスタートアップ企業の、開始後四年以内の生存率は三四・八％であるのに対し、白人の場合は四八・七％である(20)。
- 自営を途中で断念する黒人は、白人の二倍である(21)。

●黒人が保有するビジネスの平均的な売り上げが八万六四七八ドルであるのに対し、白人の場合は四四万八二九四ドルである。(22)

●白人が保有するビジネスの七五・一％が純利益を上げているのに対し、黒人のそれは六〇・七％にすぎない。(23)

●白人が保有する企業の有給従業員は平均三・一人であるのに対し、黒人保有企業は〇・九人である。(24)

さらに言うなら、黒人のビジネスは白人にキャッチアップしてはいない。黒人のビジネスの業績は、今日よりも一九八〇年代のほうが、白人の業績と近かった。たとえば、一九八二年、平均的な黒人保有企業の売り上げは、白人企業の三八％であったが、この割合は二〇〇二年には一七・五％に低下している。平均的な黒人保有企業の雇用は、一九八二年には平均的な白人企業の雇用の三五％であったが、二〇〇二年にはこの割合は二一・四％にまで低下しているのである。(25)

なぜ黒人が保有するスタートアップの業績はよくないのか

さまざまな情報ソースからもたらされる証拠のすべてが、黒人が保有するスタートアップ企業の業績の悪さを示しているので、ここでは、それはなぜなのかという疑問が頭をもたげてくる。この疑問に答えることは、単なる頭の体操ではないことに留意しておくべきである。もし、われわれが、多くの政策担当者、起業家、投資家、そしてこの問題に関心のある一般市民同様、以上のような白人と黒人の間の格差を解消したいのであれば、この格差に関する正しい説明をできなければならない。もし、黒人のスタートアップ企業の業績の悪さの原因を間違った形で理解してしまったら、それにもとづいた形でどんないい解決策を思いつこうとも、無駄骨になってしまう。黒人によるスタートアップ企業の平均が白人によるスタートアップ企業の平均よりも業績が悪い理由を探るにあたって、まずは、これまで提供されてきた根拠のいくつかを排除しておく必要がある。

排除できる説明の一つは、黒人起業家が見本となるモデルを持っていないので、新たなビジネス経営に関する知識を白人起業家ほどは持っていないというものである。もう一度、ロブ・フェアリーの研究に戻ってみよう。彼は、同僚のアリシア・ロッブとともに、国勢調査局のビジネスオーナーの特徴に関する調査データを分析している。それによると、たしかに黒人起業家は白人起業家よりも起業経験を持つ家族がいない傾向にあるし、家族経営の体験を持たない場合が多い。しかし、フェアリーとロッブの分析は、これらの違いは、黒人と白人のスタートアップ企業の業績の違いを説明するものではないことを明らかにしている。[26]

同様に、起業家動態パネル調査を行った研究者たちは、サポートしてくれるメンターがいないことが問題であるか否かを起業家に質問した。この調査からほかの要因を制御したデータをわたしが分析したところ、黒人起業家は、ほかの人種の起業家同様、メンターの不在が問題だとは思っていないことが示された。これらのデータは、次のようなことも示している。黒人起業家はほかの人種の起業家と同じように、メンターが新しいスタートアップ企業を育てる技術や能力を持っているとは思っていない。彼らは、起業したことのある友人や親戚もいないし、起業家養成コースも受講してはいない。販売やマーケティング、生産や工場のマネジメント、輸送や集配、金融のマネジメント、技術や開発のマネジメントといったものに関する教育や就業経験もあるわけではない。一方、経済学や会計学のコースは、黒人起業家のほうが多く受講している（そして、これら二つの分野での就業経験も持っている）。こうした側面で、黒人起業家と白人起業家の間に顕著な差異がないことから、単なる知識の欠如では、黒人起業家の業績の悪さは説明できないということになる。

われわれが拒むことができるもう一つの説明の仕方は、白人起業家に比べて、黒人起業家が低所得の顧客が多い町やビジネスコストの高い町といった、不利な場所で起業しているというものである。再び、フェアリーとロッブのビジネスオーナーの特徴に関する調査にもとづく分析によるなら、黒人起業家が都市部で起業する傾向が高いことからは、黒人起業家と白人起業家の業績の違いを説明できないのである(27)。

第三の説明は、黒人起業家の人的資本の乏しさ（教育やビジネス経験の少なさ）が、黒人のビジネスの業績の足を引っ張っているというものである。分析の結果、人的資本の黒人と白人との間の違いから、業績の違いを説明することはほとんどできなかった。黒人起業家が経営者の立場にいたり、似たような製品を販売する会社で仕事をしたりした経験に乏しいということでは、スタートアップ企業の業績に関する黒人と白人のいかなる違いも説明できなかった。また、白人と黒人の教育水準の違いでは、業績の違いの二・四％から六・五％程度しか説明できなかった[28]。

さらに、起業家動態パネル調査のデータにもとづくわたし自身の分析によるなら、ほかの要因を制御してやると、会社の立ち上げ数、新会社を始める産業での経験量、フルタイムでの就業経験年数、管理・監督部門での経験年数、監督したことのある雇用者数などの点で、黒人起業家は他人種の起業家と同じである。もし、黒人起業者が他人種の起業家と比べて、こうした点での水準が低くないのであるなら、人的資本の乏しさでは、黒人起業家の業績の悪さを説明できそうにはない。

最後に検討されるべき説明は、黒人起業家の業績の悪さは女性の割合が高いためであり、人種間の業績の格差はジェンダー間の業績格差の関数であるというものである（第八章で見たように、女性によるスタートアップ企業は男性のそれよりも業績がよくない）。フェアリーとロッブの分析によれば、黒人と白人の間の女性のビジネスの割合の違いでは、黒人と白人のスタートアップ企業の業績の違いをほとんど説明できない[29]。

もし、以上の四つの説明では、黒人起業家と白人起業家の業績の違いを説明できないのだとすれば、何がそれを説明するのだろうか。ここでは、次の二つが非常に重要であるように思われる。第一に、平均的な黒人起業家は、平均的な白人起業家に比べて、起業に適さない産業で起業している。どの産業で起業するかが、新会社の業績に対して、明らかに大きな影響を与えているのである（これについてはすでに論じたのを思い出そう）。黒人は、白人よりも対人サービス業で起業する傾向が高いが、これはスタートアップにとってはあまり望ましい業種ではない。他方、より望ましい業種である農業、鉱業、建設業、製造業、卸売・小売業、金融業で、黒人が起業する傾向は低い。フェアリーとロッブの分析によれば、対人サービス業への黒人スタートアップ企業の集中は、黒人と白人の業績の違いの二〇・五%を説明するという。[30]

第二に、黒人起業家がスタートアップ企業を資本化する割合は、白人起業家よりもずっと低い。事実、ビジネスオーナーの特徴に関する調査データによると、黒人のスタートアップ企業における平均的な資本金は、白人の場合の五七%にすぎない。高度の資本金からスタートするビジネスは、生存率が高く、利益率も高い（第七章を参照）。フェアリーとロッブの分析によると、新たなビジネスのスタートアップ時の資本化の違いは、企業の業績に大きな影響を与えるのであり、それが両人種間の業績の違いの四三・二%を説明するとしている。[31]

しかし、資本化の過少が業績に悪影響を与えるのであるなら、なぜ平均的な黒人起業家は十分な資本化をしないのであろうか。その理由は、黒人起業家にそのような選択肢がないということなのである。平均的な黒人世帯の純資産額は白人よりもずっと低いので、平均的な黒人のスタートアップ企業は、平均的な白人のスタートアップ企業よりも資本化の度合いが低い。起業家は自分の貯蓄から多くの初期資本を引き出すので、黒人起業家はビジネスを適切に資本化するのに十分な資金を持っていないということにすぎないのである。事実、黒人起業家は資金がないことから、少ない資本で済むビジネスを始め、慎重に小規模のビジネスを営むことがしばしばである。(32)

設立資金の不足が問題のすべてではないにせよ、黒人起業家は白人起業家に比べて、ビジネス資金の調達に際して直面する障害が多く、黒人のスタートアップ企業は資本が過少になる。連邦準備銀行と国勢調査局の調査によると、黒人は資金調達面での問題が多く、どうせ無理だろうと思い込んで融資を受けない傾向にあり、個人向けやビジネス向けの金融にアクセスせずビジネスを諦めざるを得ないなどといったことが報告されている。(33)

さらに、新たなビジネスが借りられる資金の額は、起業家の出資額の大きさに比例している。その結果として、白人と比べて黒人のスタートアップ企業が借りられる資金の額は少なくなる（なぜなら、起業家の自己資本の額に差があるから）。この点については、アメリカ中小企業庁のデータからも明らかである。黒人が合衆国のビジネスの四・二四％を保有し、7（a）ローン（中小企業庁のもっとも一般的な融資制度であり、起業家が銀行から受ける融資の一部に対して政府保証が付く）の四・一五％を受け取っているにもかかわらず、黒人はこの融資が生む価値の二・八％しか受け取っていない。(34)

最後に、金融制度が黒人を差別していることがデータから明らかになる。複数の研究によれば、黒人起業家が白人起業家と同じ産業で同じ規模のビジネスを始めた場合、白人起業家と同等の資産と融資実績を持っていても、銀行から融資を断られたり、高い金利を求められる傾向が強かったりすることが判明している。白人起業家は、そのビジネスでの出資額に占める融資の割合が、黒人起業家よりも一五％程度高いのである。(35)

黒人のスタートアップ企業の資本不足は、彼らの業績達成を直接的に妨げている。黒人のビジネスは資金が少ないので、低い売り上げや高コストが続く期間を白人のようには乗り切れず、ビジネスを成長させるための投資を十分に行うことができない。結果として、黒人のスタートアップ企業の生存、成長、利益は、資本不足によって阻害され、それが白人と比べた場合の低い業績へとつながっているのである。

結論

黒人は、白人に比べて、新たにビジネスを始めない傾向にある。さらに、黒人の起業割合の低さは、欲求の欠如、手本となるモデルの不十分さ、社会的ネットワークの不足、ビジネスの経験や教育の欠如などの関数ではなく、むしろ、資本不足の結果である。黒人世帯の純資産は、白人世帯の十分の一以下であり、それは、新たなビジネスを始めるための資金を調達できる黒人起業家が少ないということを意味している。

黒人のスタートアップ企業の業績は、生存率、売り上げ、利益、雇用など、あらゆる指標からみて、白人よりはるかに劣っている。黒人の起業が都市中心部でなされることとか、黒人起業家の人的資本の低さとか、あるいは黒人家族内の手本となるモデルの欠如とか、黒人の業績の悪さに関する曖昧な説明は数多く存在しているが、データが示すところでは、黒人のスタートアップ企業が白人よりうまくいかない主たる理由は、資本不足である。黒人は白人ほどお金を持っておらず、黒人起業家は白人起業家よりも外部資金の調達で苦労するので、黒人のビジネスは資本が不足しがちなのである。

さらに、この問題は、放っておけば自然に解決するようなものではない。白人と黒人の純資産額の格差は、一九八三年以降、一一・五対一から九・五対一へと縮小しただけだった[36]。黒人は白人よりも所得が低く、投資実績がなく、相続する遺産の額も少ないので、このような富の格差はしばらく続く。その結果、黒人には、二十年前と変わらず、新たにビジネスを設立したり、それをうまく経営したりするのに必要な資本がないのである。

第十章　平均的なスタートアップ企業には、どの程度の価値があるのか？

多くの人が、起業家を驚くべき資源であると信じている。起業家とは、国民を貧困から救い出し、技術革新を促進し、雇用を産み、失業を減らし、市場を競争的にし、経済を成長させるものだと考えられている。(1) Ｉｎｃ誌のコラムニストであるスティーブ・ケースが書いているように「スタートアップ企業は倒産した企業に取って代わるものである。ビジネス人口を補充し、成長の種をまく。仕事、収入、そして未来への希望を与えもする。しばしば、誰もその存在に気が付きさえしなかったニッチ市場に首を突っ込み、新しい市場を創造する。ある地域が繁栄する時、その理由の一端は、常に新会社の設立によるのである(2)」

起業は社会の害悪に対する万能薬であるかのように考えられているので、議員は起業支援を公共政策の基本的な目標とみなす。(3) たとえば、ユタ州知事で全米知事会会長であるマイケル・レヴィットは、次のように語っている。「各州は二十一世紀の行政サービスの方法を再考しなければならない。起業家支援政策の展開は、州経済の成功にとって重大である」と。(4) あるいは、ジョージ・Ｗ・ブッシュによる次のような発言もある。「新たな雇用の三分の二が起業家によって産み出されている、これこそが成長志向の経済政策の中核に中小企業を置く意味なのであ

る」(5)

アメリカのみならず世界中の地方自治体や中央政府が、このような見解に立って、起業家を増やすための広範な政策を講じてきたのだが、それは、具体的には次のようなものである。

- 新たにビジネスを始める人には、移転支出を与える。(6)
- 新たなビジネスに対しては、融資や補助金を与える。(7)
- 破産した場合の資産喪失から起業家を保護する。(8)
- 起業家に対して税を減免する。(9)
- 新たなビジネスに対する規制を緩和する。(10)

データは、これらの政策が当初の目的を達成していることを裏付けている。これらが採用された場所、そして時期には、より多くのビジネスが新たに産み出されている。(11)しかし、これらは本当にいい公共政策なのだろうか。

それはたぶん違う。政府の介入がなかった場合には、ビジネスが創出されることはほとんどないとか、政府によるアクションがなかった場合には、不適切な企業が設立されたり、融資を受けてしまうという証拠があるわけではない。その上、より多くの新会社が創業されることが即、いいことであるという証拠も存在しない。データによれば、より多くの典型的なスタートアップ企業の設立が、よりいっそうの経済成長をもたらしたり、技術革新を刺激したり、多くのいい仕事を産み出したりするということはない[12]。

対照的に、政府介入が新たなビジネスの創出を促す場合には、競争的な産業内部で不釣り合いに多くの新会社を作ってしまい、参入障壁を低めて失敗の確率を高めるという証拠は、たくさんある[13]。あるいは、政府介入に応じて創設されたビジネスが多くの雇用を産んだり、実質的に生産性を高めたりするということもない[14]。

このような立場に対しては、ぎょっとするかもしれない。というのも、それはたいていの一般受けする議論とは異なっているからだ。それは非論理的でさえあると思われるかもしれない。結局のところ、コンピュータのアップル、ソフトウェアのマイクロソフト、インターネット検索のグーグル、バイオテクノロジーのジェネンテックといった会社はすべて、とてつもなく成功したスタートアップ企業の事例なのである。それだけではない。フェデラル・エクスプレスやウォルマートがスタートアップ企業だったのは、それほど昔のことではないのだ。確かにこれらの会社は、経済成長や雇用創出に貢献してきた。

もちろん、その通りだ。しかし、これらは平均的なスタートアップ企業ではない。これらの会社が最初に設立された時ですら、新たなビジネスの典型例とは事情が違っていた。経済成長や雇用創出を促すスタートアップ企業も少しは存在しているが、典型的なスタートアップ企業はそうではない。結果として、より多くのスタートアップ企業の創出を促すのは、一般的には、優れた公共政策であるというわけではないのである。[15] その理由を明らかにするために、次の三つに焦点を当てることにしたい。新企業設立が経済成長に与える影響と雇用創出に与える影響、そしてスタートアップ企業によって創出された雇用の質である。

経済成長

一般的な見解によるなら、ある経済の中で創業された新会社の数こそが、経済成長の主たる原動力になる。公共政策担当者、専門家、学者が、マスメディアで表明した見解を例にとって見てみよう。

- 「起業家精神とは成長を意味するものである[16]」
- 「中小企業の状態、あるいはアメリカ経済の健全性にとって、起業家が新会社を創業する割合ほど重要なものはない[17]」
- 「起業家による会社は、それ以外の企業に比べ、経済成長と技術革新のエンジンとして、より大きな役割を果たすものであり、地域経済を拡大するより大きな潜在能力を有している……ある専門家は、経済成長の七〇%近くが起業家の活動によるものとし、〝国民経済成長の三分の一は、起業家の活動のインパクトによる〟と示唆している[18]」

これらは、かなり強力な主張である。基本的にそれは、経済成長が新企業設立に大きく依存するものであることを示唆するものである。

こうした見解は珍しいものではない。それは、一般的なメディアや政策担当者によって広く共有されているだけでなく、多くの学者もさまざまな研究がこのことを支持していると主張する[19]。しかし、この見解を支持する研究をより注意深く見てみるなら、ここでの証拠なるものは、薄っぺらなものでしかないことが分かるだろう。この見解を支持する研究はすべて、新企業設立と経済成長の相関性を検証している（相関性とは、二つの物事が同じ方向に向かう程度を意味している）。つまり、新企業設立の傾向が強い時期、強い場所では、GDP（あるいは州の総生産）の成長率が高いのである[20]。

たとえばグローバル・アントレプレナーシップ・モニターの著者たちは、四〇以上の国の新企業設立を検証し、設立割合と一人当たりの実質GDP成長率の間に正の相関関係を見いだしている。この相関関係から、著者たちは、ある国では、より多くのスタートアップの存在がGDPの成長をもたらしていると推論する[21]。しかし、この証拠が本当に意味しているところは、新企業設立が経済成長の原因となっているということなのだろうか。

答えは「ノー」である。しばしば言われることではあるが、「相関関係は必ずしも因果関係を意味しない」。開業率と経済成長のように、二つの物事が相関している時は、前者が後者の原因かもしれないし、後者が前者の原因かもしれない。あるいは、何か別の要因が双方の原因となっているかもしれないのである。多くのスタートアップ企業が存在することが経済成長を加速させているのではなく、反対に、急速に成長する経済が存在することが、より多くの人を起業させているのかもしれない。それが信じられないというのなら、波乱に富んだ一九九〇年代を少し振り返ってみよう。ニューエコノミーというは、インターネット会社の起業によって誰もが豊かになれることだと、誰もが信じていたのではないだろうか。

注意深い研究から導き出された証拠によるなら、好景気の時は不景気の時よりも起業が多い。なぜなら、経済が好調な時は、起業のための資源を手に入れることができ、起業から得られる利益が大きく、リスクは小さいと考えるようになるからだ。たとえば、ジョージメイソン大学のゾルタン・アクス教授と同僚のキャサリン・アーミングトンによる研究によると、アメリカの三九四の都市圏（metropolitan area）で、一九九三年から一九九八年にかけての開業率を調査してみるなら、一人当たりの所得の伸びが前年より高い都市圏では、翌年より多くの起業が行われている。(22)

さらに言うなら、仮にこれらの研究における相関関係が、より多くの起業がなされることが経済成長の原因であることを示すものだとしても、経済成長を促す最善の方策が、より多くの新会社の創出であるということにはならない。その理由は、この研究が測定しているものと測定しないものとに関係している。この研究が示唆するのは、より多く新たなビジネスが存在する時は、経済成長率はより高いものとなるということである。しかし、これは既存ビジネスの拡大と経済成長の関係については何も語ってはいない。新たなビジネスの経済成長への影響が、既存ビジネスの拡大による影響を下回るというのは十分にあり得る。この相関関係からは、既存ビジネス拡大のためより、新たなビジネス創出の資金と時間の投資のほうが、より高い経済成長をもたらすかどうかについては、何も語ってはいないのである。したがって、より多くの人が起業すれば、経済成長が加速するのか、それとも鈍化するのかということは、分からない。事実、もし、既存ビジネスの拡大に資金と時間を投入したほうが、より高い経済成長をもたらすことができるのだとしたら、スタートアップ企業を増やそうとすることは、経済成長の足を引っ張るものだったかもしれない。

もしスタートアップ企業の増加が実際に経済を成長させたかどうかを知りたければ、新会社と既存会社の相対的な生産性を比較してみるべきだろう。生産性とは、一ドルあるいは一時間の資源を何かに投入した場合の利益を測定する用語である。もし、ある活動への資源の投入により、一ドルあるいは一時間当たりの利益がより増大するなら、その活動はより生産的だということになる。

この疑問を検証するために必要なデータを積み上げるには大変な努力を要するので、研究は数多くは存在しない。メリーランド大学のジョン・ハイティワンジャー教授とその同僚たちによるきわめて注意深い研究は、アメリカの統計その他の資料からのデータを組み合わせて、企業の生産性（この場合は、雇用で割った売上高）と社齢の関係を検証している。その結果、企業の生産性は、企業の社齢とともに上昇することが分かった[23]。この意味するところは、平均的な新企業は平均的な既存企業よりも資源利用の仕方がよくないということであり、それは、経済成長が既存企業の拡大よりも新企業の設立によって促されるのであれば、あり得ない結果である。

新企業の設立と経済成長との相関関係から、前者が後者の原因であると推論することは、もう一つの問題がある。それは、新たなビジネスが多い諸国では、それらの国における何らかの要因が、より多くの新企業の設立とより高いGDPの成長率をもたらしているからである。この場合、より高い開業率は、新企業が経済成長を促すという証拠にはならない。

この点をよりはっきりさせるために、ユーモラスな例を挙げておきたい。国が異なれば、食事の仕方も異なる。アメリカ合衆国、オーストラリア、カナダのような国では、国民は食べることに手間をかけない。簡単な食事で済ませ、がつがつと手早く食べ、レンジでチンするだけでいい冷凍食品を大量に買い込む。これに対して、フランス、スペイン、ギリシアのような国では、国民はもっと手の込んだ食事を食べ、ゆっくりと味わい、じっくりとテーブルにつき、冷凍食品をあまり買わないのである。前者は後者よりも経済成長率は高めである。しかし、食事の仕方が経済成長の原因と関係しているとは、おそらく誰も思わないだろう。

国によって事情の異なる事柄はあまりにも多く、そしてこれらの違いはしばしば互いに相関しているので、経済学者は、母数回帰と呼ばれる統計手法を使って、開業率あるいは起業と相関する他の事象が、各国ごとの経済成長の違いを説明できるのかどうかを探り出そうと試みている。この統計手法は、開業率と経済成長の国ごとの平均値の通時的な変化を比較するものである。国ごとに異なるほかの要因――産業の分布、資本市場の構造、規制環境、法体系、食事、言語、夜の食卓でどれくらいの頻度で政治談議をしているかなど、国ごとに違うと思われる条件――を同じであると仮定するなら、それぞれの国ごとに異時点間の比較を行うことで、経済学者は開業率と経済成長との間の関係を観察することができるようになる。

わたしは母数回帰を使って、起業家の活動状況、すなわちグローバル・アントレプレナーシップ・モニターのデータに示された新企業設立数が、一人当たり実質ＧＤＰに与える効果を予測した。ここでは、ほかの研究者が企業設立と経済成長との相関関係を検証するのに使ったデータと同じものを使っている。その結果明らかになったのは、多くの研究で示されていた企業設立と経済成長の正の相関関係とは、まったく違った事実であった。国ごとの違いをもたらすほかのあらゆる要因を排除した結果、特定の年の開業率は、翌年の一人当たり実質ＧＤＰに負の影響をもたらしていたのである。

このことが意味するのは、典型的なスタートアップ企業の開業率は、経済成長をもたらす原因になりそうもない、ということである。むしろ、特定の国に関しては、より多くの開業とより高い経済成長の双方をもたらす、何か別の原因があるということなのである。

残念ながら、それが何であるのかは分からない。産業の分布、資本市場の構造、規制環境、法体系、食事、言語、夜の食卓でどのくらいの頻度で政治談議をしているかなどの要因によるのかもしれない。しかし、分かっているのは、何であれほかの条件を同じにして計測してみるなら、開業率の増加は経済成長の低下と相関しているということなのである。

この結果は理解できる。なぜなら、第一章で描き出しておいた証拠を前提とするなら、経済成長と開業率の長期にわたる正の相関関係はあり得ないからである。第一章の議論を思い起こせば、経済発展は実質賃金を上昇させ、生産過程に必要な資本を増やすので、豊かな国では、貧しい国よりも新企業の設立が少なくなる。これはつまり、企業の平均的な規模が大きくなり、開業率は下がるということである。

豊かな国は、より高度に成長するので、ますます富む。もし、国ごとの経済成長の違いを考慮するのに十分なほど長期にわたって、開業と経済成長の関係を測定することができれば、一貫してより速く経済が成長する国（つまり豊かな国）では、次第に開業率が低下してゆくはずである。

事実、中長期にわたって、開業率と経済成長の相関関係を観察するなら、開業率は経済の成長とともに低下してゆくのが分かる。たとえば、一九五三年から一九八九年のフランス、西ドイツ、イタリア、そして一九六二年から一九八七年のスウェーデンでは、実質GNP成長率と自営業の比率の間には、負の相関関係がみられる。[24] 一九七五年から一九九六年までの間で入手可能な一九のOECD加盟国における自営業と経済成長の関係も同様である。[25]

これらのデータが示すメッセージは何だろうか。きわめて単純なことだが、新企業の開業率を上昇させることで経済を成長させることができるのだという一般受けする信念は、おそらく正しくはないのである。「平均的」スタートアップ企業を増やすことは、経済成長にまつわる問題に対しての解答とはなりそうにない。もし、企業の設立が成長に関係するとしたら、それは多くが思っているよりもはるかに複雑な関係である。

雇用拡大

新企業の設立は経済成長を促進しないかもしれないが、誰もが知っているように、新企業は既存企業より多くの雇用を創出する。[26] Ｉｎｃ誌のコメンテーターであるジョン・ケースは次のように説明している。「過去十五年以内に創出された二千万人の新たな雇用のほとんどは、それ以前にアメリカ経済の成長を牽引してきた既存の巨大企業によるものではない。雇用はより小規模か、より新しい――あるいはその両方を併せ持った――会社から生まれている。それは〝独立起業家部門〟から生まれて来ているのである」[27]

このような見解はケース氏だけのものではない。政治家は数え切れないほどそう演説してきたし、新聞や雑誌も繰り返しそのように報道しているので、われわれは、スタートアップ企業が新たな雇用のほとんどを創造しているかのように刷り込みを受けている。だが、データは再び異なったストーリーを語っているのである。

▽新企業の設立では雇用拡大を説明できない

いくつかの基本的な事実から始めよう。新しい企業で働いている人は、ほんのわずかにすぎない。ゾルタン・アクス教授と同僚のキャサリン・アーミングトンの研究によれば、社齢二年以下で一人以上を雇っている会社は、アメリカの雇用の一％にすぎない。対照的に、十年以上の歴史を持つ会社で一人以上を雇っている会社は、アメリカの雇用の六〇％を占める[28]。

しかし、会社は毎年、雇用を増やしたり減らしたりしている。昨年は存在していなかった会社は〔今年新たに〕人を雇うことができるが、昨年からあった会社は、仕事を増やしたり減らしたりする。では、新たなビジネスはどれだけ多くの雇用を創出するのだろうか。新企業による総雇用創出数を計算するのは非常に簡単である。労働統計局からのデータによれば、二〇〇四年にアメリカで創出された雇用は三一四七万二〇〇〇人である[29]。その年、一人以上を雇った企業が五八万九〇〇社、新たに創業されたが、その平均雇用者数は三・八人だった。すなわち、二〇〇四年に新企業は二二〇万七四二〇人の雇用を創出したが、それは、この年の全雇用者数の七％にあたるのである。

純雇用創出数——新規雇用から失われた既存雇用を引いた数——を計測することは、総雇用創出数の計算よりもずっと手間がかかるので、それに関する推計は少ない。しかし、新企業による純雇用創出数の推計は、総雇用創出数の推計ときわめて似ている。シカゴ大学のスティーブン・デイビス教授とメリーランド大学のジョン・ハイティワンジャー教授によれば、産業間、地域間、企業規模、企業の保有形態を横断的に推計したところ、創業してから一年以内の製造業の企業は純新規雇用の六・四％にあたる(30)。要するに、スタートアップ企業で働いている人はわずかであり、スタートアップ企業が創出する総雇用あるいは純雇用は、ほとんどないに等しいのである。

それでは、起業家はアメリカの新たな雇用の半分を創出しているという、よく聞く話については、どう考えるべきなのであろうか。過度に哲学的になり過ぎずに考えるならば、答えは、人が何をもって起業家と考えるかに依存するのである。明らかなことは、もし起業家が社齢一年の企業を設立する人のことであるなら、この話は、まったくの間違いでしかないということになる。すでに見たように、社齢一年の企業が創出する新たな雇用は、全体の七％以下にすぎない。しかし、社齢二年の企業を設立した人についてはどうであろうか。社齢三年では？　四年では？　これらも含めて起業家とみなすならば、どれだけ多くの雇用が起業家によって創出されているのであろうか。

この問題に関する入手可能なデータは多くはないが、一九九一年から一九九六年の間の六年分のデータなら存在している。この期間、既存の企業の拡大によって創出された雇用数は、新たな創業によって創出された雇用の総数を上回っていた。事実、雇用の増大の四二・六％が社齢一年の新たなビジネスによるものであるが、残りの五七・四％は、社齢一年もしくは複数年の既存ビジネスの拡大か、社齢複数年のビジネスによる新企業の設立によるものであった[31]。このことが意味するのは、もし社齢六年以下のビジネスを新企業とみなすなら、起業家は四三％の雇用を産み出したということになる。五〇％の純新規雇用が新企業によるものだという話に合わせるためには、社齢九年以内の企業すべてを「新企業」とみなさなくてはならないだろう。

しかし、製造業では、社齢十年以下の企業は、大多数の雇用創出を説明することはできない。ある研究によるなら、社齢十年以上の製造業の企業は、すべての雇用創出の五九・六％を説明する。製造業で、「新しい」企業によって創出されるべき雇用の大多数を説明するためには、社齢十五年以下のすべての企業を算入しなければならないのである。もし、「新しい」という時に、これらの企業も含んだ形での再定義をするのなら、五二・三％の雇用創出を「新しい」企業に帰すこととなるのだ[32]。しかし、子どもがいて車を運転する人なら分かるだろうが、十五年というのはまったくもって「新しい」とは言い難い状態なのである。

▽▽雇用の拡大はすべて最初の年度に起きる

毎年、一群の新しい企業が設立されるが、これらは、その年の新たな雇用のおよそ七％を産み出すにすぎない。しかし、これら企業は、その翌年にはどれだけの雇用を産み出しているのだろうか。平均的な答えは、ゼロである。アメリカ、スウェーデン、ドイツでの研究では、それぞれの国の新企業は、初年度にもっとも多くの人を雇っている[33]。たとえば、一九九八年にアメリカで設立された新企業は、初年度には七九万八〇六六人を雇っているが、二〇〇二年には六七万一一一人を雇っているにすぎない（表一〇－一を参照）[34]。言い換えるなら、二年目、三年目、四年目あるいはその後に倒産した新企業によって失われた雇用者数は、生き残った新企業の拡大によって増えた雇用者数を上回るということである[35]。

表 10-1　アメリカでの 1998 年の新規雇用創出企業のコーホートの雇用推移（1998～2002）

部門	1998	1999	2000	2001	2002
全体	798,066	792,131	781,506	721,103	670,111
天然資源鉱業	21,809	19,781	19,945	17,636	16,789
建築業	98,750	94,468	84,550	75,256	69,426
製造業	45,670	51,271	52,055	50,073	45,732
貿易・輸送・公共施設	139,125	140,472	137,448	127,135	118,266
情報	17,794	22,064	25,085	22,131	18,241
金融	46,098	47,745	46,314	43,855	41,665
企業向けサービス	137,908	154,160	170,016	158,281	147,618
教育・健康サービス	57,068	64,594	67,017	65,534	64,881
レジャー関連産業	156,668	139,041	126,323	114,154	105,941
その他のサービス	69,736	55,664	49,639	45,027	39,932

Source: Adapted from A. Knaup, “Survival and Longevity in the Business Employment Dynamics Date,” *Monthly Labor Review*, May 2005, 50–56.

▽▽▽十年間雇用を守るためにはどれだけの数のスタートアップ企業が必要なのか

十年後にも誰かを雇っているような会社を一社創業するためには、どれだけ多くの人が起業に挑戦しなければならないのだろうか。答えは、四三人である。推計によれば、新企業を一社設立することができるのは、すべての起業努力のうち三分の一にすぎない[36]。もし三人がスタートアップに挑戦し始めても、実際に創業できるのは一社だけなのである。しかし、誰かを雇っている企業は全体の四分の一以下（二四％）なのだから、誰かを雇っている新企業を創出するには、一二・五人が創業への挑戦を始める必要があることになる。さらに言えば、新たな雇用を産んだ新企業の中で十年間生き残ることができるのは二九％にすぎないのだから、今から十年間誰かを雇い続ける新企業が一社存在するためには、今から四三・一人が創業に挑戦しなければならないことになる。

そして、スタートアップ企業は、創業してから十年の間で、平均してどれだけ多くの雇用を創出するのだろうか。答えは九人である。要するに、今から十年間、九人の雇用を産み出すためには、四三人が起業に挑戦しなければならない。スタートアップ企業の潜在能力に関する新聞記事を読んで期待したはずの雇用創出効果は、実際には、あまりぱっとしないものなのである。

雇用の質

われわれは、スタートアップ起業が産み出す雇用を、既存の会社の雇用と同じようなものとして語ってきた。しかし、実際はそうではない。スタートアップ企業の産み出す雇用は、劣ったものなのである。平均的な新しい企業は平均的な既存企業よりも規模が小さい。また、小規模企業の賃金は安く、フリンジ・ベネフィットも劣悪、雇用の保障も不十分で、大企業のような職業訓練の機会も提供することができないといった点が問題となる。(37)

データによれば、新企業の雇用は、既存企業の雇用よりもパートタイムに近い。(38)さらに、平均的な新企業の雇用は、平均的な既存企業の雇用ほど賃金を支払わない。ポール・レイノルズ教授と同僚のサミス・ホワイト博士の研究によるなら、平均的な新企業は、初年度は州の平均賃金の七二％しか支払っておらず、四年たっても、まだ州の平均賃金を下回っている。[39]

新企業における雇用は、既存企業の雇用よりもフリンジ・ベネフィットが少ない。研究によれば、より古いビジネスのほうが、年金プランや健康保険を従業員に提供する傾向があることが明らかになっている。[40]

新企業と既存企業が健康保険を提供する傾向の違いは大きい。ある研究が明らかにしたところでは、雇われて働いている者は、独立して仕事をしている者よりも、男性なら三倍、女性なら五倍ほど、健康保険に入っている傾向にある。[41] さらに、カウフマン企業調査の予備データによれば、二〇〇四年には新企業の二三・二％だけしか、フルタイムの雇用者に健康保険を提供していなかった。対照的に、同じ年、平均的なスタートアップ企業と同じ規模（三人から九人を雇用）のアメリカ企業全体のうち、約四七％が健康保険を提供していた。[42]

新しい企業の雇用は、既存企業の雇用のようには将来が安定しない。なぜなら、新しい企業の生存率は非常に低いからだ。ある研究によれば、サービス業において新しい企業が創出する雇用が四年後も存在する確率は、サービス業のすべての企業（新規も既存も含めた）よりも一〇％から一三％ほど下回っている。製造業ならば、それはもっと低くなる。新しい企業で創出された雇用が四年後もなお存在する確率は、すべての企業で創出された雇用のそれと比べて、二〇％ほど下回っているのである。[43]

起業家が貧困から人を救い、技術革新を促し、雇用を創出し、失業を減らし、市場を競争的にし、経済成長を促すのだと多くの国民は信じている。その結果、多くの国や、州など地方自治体の公共政策が、新たな企業の創出を促進するために設計されている。政府は起業家に対し、移転支出を講じ、新たなビジネスに融資や補助金を与え、倒産による資産喪失から起業家を保護し、税を減免し、規制を緩和するなどしているが、これらはすべてスタートアップ企業の数を増やすためのものである。

これらの政策はすべて機能している。これらの政策が採用されたところでは、新たなビジネスが増加している。

しかし、スタートアップ企業を促進しようとする公共政策はくだらない。なぜなら、政府介入がなければ国民が間違った判断をしてしまい、より少ない、あるいは劣ったビジネスしか産み出せないことになるという証拠は存在しないのである。対照的に、これらの政策のせいで、失敗しそうで、経済効果に乏しく、ほとんど雇用を産まないようなビジネスが誕生していることを示す証拠は数多く存在する。

事実、新たなビジネスが経済成長を促し、良質の新しい雇用を創出するという、もっともよく言われる主張を裏付けるデータは存在しない。創業と経済成長の間の相関関係を示すデータは山ほどあるにもかかわらず、創業が経済成長の原因であるという証拠は存在しない。むしろ、経済成長がおそらく創業の原因になっているのであろうと思われるのである。

さらに、企業は社齢を重ねるほどに生産的になっていくのだから、平均的な新しいビジネスの創出に資源を投入するよりは、平均的な既存ビジネスの拡大のために資源を投入するほうがよい。実際、創業数の多さは、経済成長を鈍化させるかもしれないのである。それは、開業率と経済成長との関係の国ごとの違いを説明するほかの要因をコントロールすることで確認することができる。

新しい企業が既存企業ほど雇用を創出しないというのは、誤解ではない。新しい会社――社齢一年か二年の会社――は、この国の雇用の一％を産むにすぎないのに対し、社齢十年以上の会社はこの国の雇用の六〇％を産み出す。新たな企業の雇用は、毎年、わずか六％から七％の総新規雇用または純新規雇用を占めるにすぎない。事実、社齢六年以下の会社は、アメリカで創出される純新規雇用の四三％以下しか産み出さない。「新しい」企業が純新規雇用の五〇％を創出するためには、「新しい」の定義を拡張して、社齢九年以下の企業すべてを含めなければならないだろう。

創業によって産み出される新たな雇用は、数少ない企業に集中しており、しかもそれは主として設立初年度のものである。新企業が産み出す雇用の拡大は、すべて初年度のものだということである。初年度以降は、毎年、事業の拡大により増える雇用よりも、事業の失敗によって失われる雇用のほうが多い。

最後に、スタートアップ企業の雇用は、既存企業の雇用ほど質がよくない。そこでは、給料も低く、フリンジ・ベネフィットも小さい。特に、スタートアップ企業は、既存企業ほど年金や健康保険を提供していない傾向にあり、将来的に職が失われる可能性も高い。

要するに、典型的なスタートアップ企業は、ほとんどの人、そしてほとんどの政策担当者が考えているほど価値あるものではないのである。そこで、次のような疑問が生じて来る。「なぜわれわれは、これほど多くの政策を用いて、新しい会社の創業を促そうとしているのだろうか」と。

われわれは、起業についての考え方を変える必要がある。典型的な起業家はヒーローであり、技術革新を推進し、雇用を産み、市場を競争的にし、経済を成長させるような特別な力を持っているのだという集合的な信念は、神話にすぎない。また、新たなビジネスの典型は、創業者、雇用者そして社会に大きな恩恵を与えるのだというのもまた間違った信念である。起業に関する神話、そして、その神話に対応した形で展開される政策は、あまりに多くの人を起業家にしてしまい、多くの資金的困難を引き起こし、経済的な福利を損なっているのである。

起業の現実

起業の現実は、われわれが抱いている神話とは、まったく対照的なものである。起業というのは、多くの人が人生の中で経験する、ごく平凡な活動にすぎない。典型的な起業家は、偉大な会社や巨大な富を築く心理的な力を秘めた特殊な人間などではない。それは、生計を立てたいのだが、誰かの下で働くのが嫌な中年の白人男性のことである。典型的な起業家は、あなたのお隣さんであり、しかも、それはもっとも成功したお隣さんとは限らない。失業したり、仕事がころころ変わったり、稼ぎが以前雇われていた時よりも減ったりしたら、人は起業しようとするのである。

典型的なスタートアップ企業は、典型的な起業家と同じくらい、ぱっとしない。それは、一人の人間（つまり創業者）を雇用するだけの、自宅をオフィスにした個人事業であり、革新的ではなく、成長しようとする意志も見込みもない。典型的な新たなビジネスに必要なスタートアップ資金は二万五〇〇〇ドル程度で十分であり、その資金は、創業者の貯金に、創業者が保証した銀行からの融資を加えて調達される。

平均的な新しいビジネスは、ありきたりの産業で開始される。そこでは、多くの会社が倒産し、限界利益はわずかである。典型的なスタートアップ企業の創業者は、新しいビジネスのアイデアを思いつく時間などほとんどなく、彼の前の雇用主が顧客に提供していたのと同じ製品やサービスを提供する傾向にある。

新たなビジネスの業績はあまりよくない。何年も生き残ることのできる特殊なスタートアップ企業ですら、創業者は、誰かの下で働いていた時よりも長時間働き、さまざまな犠牲を払っているのに、少ない稼ぎと便益しか得られないのである。

女性や黒人によって始められたビジネスの業績は、さらによくない。何十年もの間、女性と黒人は、白人男性のようには起業できなかった。彼らが起業する時は、白人男性より高い失敗の可能性に直面し、低い売り上げ、少ない利益しか得られない。

全体的に見れば、典型的な起業家の物語は、無益なものである。ある国や地域で、より多くのスタートアップ企業が産み出されることは、高い経済成長をもたらすことには繋がらない。さらに、スタートアップ企業は、ほとんどの人が思っているほどには、雇用を創出しないし、スタートアップ企業が創出した雇用の質は、既存企業の雇用の質ほどはよくはない。

いいニュースとしては、今が特に起業家精神に溢れた時代というわけではなく、また、アメリカが特に起業家精神に溢れた地というわけでもないことである。起業家精神に溢れた地である栄誉は、ペルーやウガンダなど、貧しい農業中心の発展途上国に与えられるべきものである。

こうした話の多くが気を滅入らせるものであることは、分かっている。これは、個人、町、州、国の失敗の物語である。人は気が滅入る物語は好まない。おそらく、それこそが、多くの人がデータを無視し、起業神話を信じ続けてきた理由である。しかし、誰かがデータが示す事実を明らかにしなければならないのだ。

われわれは何をなすべきか

ここまで、起業神話に現実という冷水を浴びせ続けてきたので、次に、われわれが何をすべきで、何をすべきではないかを示すべきであろう。

まず、何をすべきでないかから始めよう。われわれはスタートアップ企業を排除すべきではない。この本が描いてきた典型的なスタートアップ企業にまつわる陰鬱な話にもかかわらず、スタートアップ企業を排除しさえすればよいというのでは、答えにはならない。起業家精神は、資本主義経済の成功の中心に位置づけられるものだ。しかし、典型的なスタートアップ企業の創業はそうではない。多くの人が見逃していると思われる留意点は、新しい会社の設立それ自体が問題だというわけではないということである。むしろ、きわめて高い潜在可能性を有するわずかな会社の設立が、起業家精神に富んだ経済から得られる成長、雇用、富の創造のほとんどを産み出しているのである。

毎年設立される、ベンチャー資本に支援された会社の一群を例にとってみよう。一九七〇年以降、ベンチャー資本家は、毎年、平均八二〇件の新会社に投資を行ってきた。アメリカで毎年、二〇〇万件以上ある起業努力のうち、これら八二〇のスタートアップ企業は、巨大な経済的なインパクトを及ぼしてきた。二〇〇三年、ベンチャー資本家に支援された会社は、一〇〇〇万人の雇用（アメリカの民間部門の労働力の九・四％）を創出し、一・八兆ドルの売り上げ（アメリカの企業売り上げの九・六％）を叩き出している。[1] 二〇〇〇年には、一九七二年から二〇〇〇年の間にベンチャー資本の支援を受けた二一八〇社の上場企業が、全米の上場企業の二〇％、売り上げの一一％、利益の一三％、雇用の六％、市場価値の三分の一（二・七兆ドル以上）を占めている。[2] 二〇〇三年から二〇〇五年の間に、ベンチャー資本に支援されたスタートアップ企業は、上場企業の二三％に達している。[3] 要するに、ベンチャー・スタートアップ企業が産み出している破格の価値というのは、これら一握りの企業によって産み出されたものなのである。

より多くの人が起業家になれば個人も社会もよくなると信じ込むのではなく、基本的な仮定を見直す必要があるのだ。毎年創出される新たなビジネスの件数の増大を目指す戦略には欠陥がある。建設会社、美容院、タクシー会社といった革新的ではない企業の数を増やすことはあまり有益ではない。事実、平均的な新しいビジネスは既存ビジネスよりも生産的ではないので、それによって成長は阻害されるかもしれないのだ。

あらゆる起業はいいものだと無邪気に信じ込む代わりに、ごく一部の起業家だけが、人を貧困から救い、技術革新を促進し、雇用を創出し、失業を減らし、市場を競争的にし、経済を成長させるようなビジネスを創出するのだということを確認しておく必要がある。従って、不公正に聞こえるかもしれないが、「ピーナッツ・バターをそんなに薄く塗るのをやめる」必要があるのだ。われわれは、すべての起業家が同じように成果を出すわけではないと認識する必要がある。われわれは、ベンチャー資本家と同じように考え、時間と資金を突出した起業家に集中し、典型的な起業家に対しては、あまり関心を持たないようにする必要がある。それは、毎年創出される多くのスタートアップ企業の中から、既存企業よりも生産的な、わずかしかない新たなビジネスを特定するということであり、起業家として、投資家として、そして社会として、それらに投資するということである。

新しい会社に時間と資金を投じる際には、そうするに値することを示す証拠を持つべきである。つまり、成功するための教育と職業経験を持つ起業家に資源を投入するということだ。そして、よく考え抜かれたアイデアを持つ会社に資源を投入するということである。すなわち、経済的価値を産み出す潜在能力を持って技術革新を行い、顧客のニーズを追求し、挑戦に値する機会を追求する会社である。

われわれは、起業に関する公共政策を変える必要がある。起業家を増やすための移転支出、融資、補助金、規制緩和、税法上の恩典を減らし、ぎりぎりの起業家が増えるようなインセンティブを減らす必要がある。平均的な既存の企業は、平均的な新しい企業よりも生産的なのだから、誰かの下で働くのをやめてビジネスを始めるのを促すような政策をやめれば、われわれは経済的には改善するであろう。

あるコメンテーターは、どのスタートアップ企業が成長するのかを知ることはできないのだから、成功する数少ないスタートアップ企業だけに集中すべきではないと主張する。彼らは、泥を壁に投げつけて、張り付いた泥の形を見れば答えが分かると信じているのだ。このような見解は、政治的にはアピールするかもしれないが、ナイーブなものである。この見解は、生き残りそうで、利益を出しそうで、売り上げを伸ばしそうで、人を雇いそうなビジネスを産み出すものが何なのかを特定できないと仮定している。もしベンチャー資本家や洗練されたビジネスエンジェルたちの信念が完全に間違ってはいないのであれば、そして本書で論じてきた研究が完全に間違ってはいないのであれば、われわれはフォーカスをあてるべき基準が何であるのかを知っている。なかでも、創業者の人的資本、その動機、会社が設立される業種、ビジネスアイデア、企業戦略、そして法的形態と資本構造から、われわれは勝者を選別するのに有益な多くの情報を手に入れることができる。

事実、すでに持ち金を賭けるべき会社を選別する方法は分かっているのだ。たとえば、次の二つのビジネスを例にとって考えてみよう。

- 失業した高校中退者が始めた個人のクリーニング屋で、ほかの個人営業のクリーニング屋の顧客を狙っており、貯金から出した一万ドルを資本金にして、個人営業として設立されたもの。
- 経営学修士号とコンピュータ・サイエンスの修士号を有し、ソフトウェア産業で十五年間働いたマイクロソフトの元社員が始めたインターネット会社で、次世代のインターネット検索エンジンを目指しており、手元の資金とサンフランシスコのバンド・オブ・エンジェルズからの資金を合わせた二五万ドルを資本金とし、株式会社として設立されたもの。

あなたたなら、どちらに資源を投入するだろうか？　明らかに、二番目のビジネスのほうが最初のものよりもずっと成功のチャンスがありそうだし、平均的には、二番目のようなビジネスに資源を投じれば利益を得られそうであろう。では、なぜ、一番目のような会社の設立を支援し、補助をしようとするのだろうか。

スタートアップ企業を成功に導くような起業家の育成も必要である。無知な起業家には、ぶざまな決定しかできないということを知る必要がある。起業家になろうと考える人は、新たなビジネスの成功に必要なファクターを知っている必要がある。たとえば、より資本金が豊富で、株式会社として組織され、明確なビジネスプランを持つ起業家たちのチームがフルタイム・ベースで創業し、他人が見逃している顧客に製品を売ろうとしている比較的大きなビジネスは、そうでないビジネスよりも成功するだろうということを認識する必要がある。さらに起業家は、マーケティングと資金のやり繰りを重視し、一つの市場に集中し、価格引き下げ競争に走らないといったことが業績を向上させるということを知っている必要がある。さらに言うなら、教育を受けていて、これからビジネスを始めようとする産業で働いた経験を持ち、利益を上げることを目標にビジネスを始めようとする人が創業したスタートアップ企業のほうが、平均的にみて、より高い業績を上げることを知っておく必要がある。

どんな活動であっても、業績を改善するために必要な第一歩は、改善する必要があるという事実を認識することから始まる。われわれはいまや、よりよい起業家の創出に向けたファーストステップの終着点に到達した。われわれはこの国の起業家を改善するのに必要なことを認識するのを妨げる誤解のもとになっている数々の神話を破壊してきた。より正しい理解を得た今、われわれは、よりよい会社を設立し、アメリカの起業家向けの公共政策を改善するためのプロセスを開始することができる。

訳者あとがき

「独裁者が恐れるのは、経済生活に疎いインテリなどでは毛頭なく、自分の足でしっかと立つ独立自営業者である」

この言葉は、わたしがまだ学部生だった頃、のちに大学院での指導教官となる井上達夫教授（東京大学・法哲学）の講義で、アレクシス・ド・トクヴィルの言葉として紹介されたと記憶していたものだ――このあとすぐに判明するようにわたしが勝手にそう思い込んでいただけなのだが……。今回このあとがきを書くにあたって、トクヴィルの著作の頁をめくってみたのだが、いくら探してみても右の言葉の典拠を見つけ出すことができずに困じ果てたあげく、厚かましくも井上先生にメールでお訊ねしたところ、二十年近く前の授業中に何を言ったのかについて、わざわざ以下のような丁寧な御返事を頂いた。

そういうことを言ったのかどうか、私も記憶がはっきりしませんが、トクヴィルの言葉の文字通りの引用ではなく、彼の思想の私なりのパラフレーズだと思います。フランス人は天下国家の大問題を論じるのは好きだが、自分のコミュニティの小さな公共的問題を自分たちで処理することができない。それに引き換え、アメリカ人は身の回りの「小さな公共の事柄」を自分たちで日常的に処理する経験を積むことによって、大きな公共問題についてもお偉方任せにしない民主的自治能力、公民的徳性を陶冶している、という趣旨のトクヴィルの指摘を要約したのだと思います。その指摘の内容は『アメリカのデモクラシー』だけではなく、『旧体制と大革命』の中のフランス人像を合わせたものかと思います。「小さい事柄を自主的に処理する能力の陶冶」が「大きい政治の力量」につながるという趣旨のことは、助手時代に出た福田歓一先生の演習で『旧体制と大革命』を仏語版と英語版を使って読んだ時に頭に入ったような記憶があります。記憶が不確かで、あまりお役に立てませんが、ご参考まで。

今回、本書を翻訳するにあたって、訳者であるわたしの念頭にあったのは、このような意味でのアメリカの地の塩たる「自営業者（self-employed）」たちだった。右のメールの文面にある言葉を借りるなら、現代における「小さい事柄を自主的に処理する能力の陶冶」は、どのように行われているのだろうか。このような疑問に対し、客観的なデータを淡々と積み上げることで、この自営業者たちの等身大の姿を描き出そうとしているのが、本書『〈起業〉という幻想』である。本文を読んで頂けば分かる通り、冷静に考えてみれば「起業家」とは「自営業者」となることにほかならず、本書はアメリカの独立自営業者論でもあるのだ。

内容について、少しだけ敷衍しておくと、本書はそのタイトルが示す通り、アメリカのみならずわが国でも根強い「起業家（entrepreneur）」にまつわるさまざまな《神話》を検討している。たとえば、われわれは、「アメリカこそが起業の本場だ」と信じて疑わないが、そのような思い込みが単なる《神話》でしかないことが、本書では、ごく客観的な統計データだけをもとに論証されてゆくのである。目次を見れば明らかなように、本書の中で、このような《神話》がいくつかの要素に分解され、その一つひとつが丁寧に反駁されてゆく様は、文字通り〝目から鱗の落ちる〟ものとなっている。そこでは、われわれが起業、もしくは起業家に対して抱くイメージ（＝神話）と現実とのギャップが綿密かつ執拗に検討され、アメリカでの起業＝自営業の実態が、これでもかというほどの偶像破壊的な筆致で描き出されてゆくのである。

本書は、ビジネスの領域で喧伝される「起業家」像を冷静に見つめ直す視点を提供するのみならず、アメリカの原イメージの一つでもある、「身ひとつで叩き上げた起業家」という《神話》に再考を迫る点で、いわゆる「アメリカン・ドリーム」を相対化するものともなっている。冒頭のトクヴィルの話に引き寄せるなら、本書は、「起業」というパースペクティブからのきわめて興味深い「アメリカ社会論」となっていると言うこともできるだろう。

＊　＊　＊

本書の著者であるスコット・A・シェーン教授の経歴について簡単に触れておくと、教授は、現在、ケース・ウェスタン・リザーブ大学ウェザーヘッド経営大学院で教鞭をとっている。専門は経済学。ペンシルベニア大学ウォートンスクールにて経営学博士号を取得後、マサチューセッツ工科大学スローンスクール、ジョージア工科大学などを経て現職に至っている。ハイテク産業を中心に、ビジネス機会の発見や経営資源の統合、大学発ベンチャー、技術移転などを研究しており、自身もビジネスエンジェルとしてノースコースト・エンジェル・ネットワークにメンバーとして参加している。これまで十冊の本を執筆・編集してきたが、日本国内で翻訳されているものとしては、以下が挙げられる。

●スコット・A・シェーン著、スカイライト コンサルティング訳『プロフェッショナル・アントレプレナー――成長するビジネスチャンスの探求と事業の創造（ウォートン経営戦略シリーズ）』英治出版、二〇〇五年刊（Scott A. Shane, 2004, *Finding Fertile Ground: Identifying Extraordinary Opportunities for New Ventures*, Wharton School Pub.）

●スコット・A・シェーン著、金井一頼他訳『大学発ベンチャー――新事業創出と発展のプロセス』中央経済社、二〇〇五年刊（Scott A. Shane, 2004, *Academic Entrepreneurship: University Spinoffs And Wealth Creation*, Edward Elgar Pub.）

なお、本書『〈起業〉という幻想』に関する書評論文として、安達貴教氏（名古屋大学・応用ミクロ経済学）によるものがあり、翻訳に際して一部参考にさせて頂いた。この安達氏による書評論文は、以前は氏のサイト内でPDF形式のファイルで公開されていたが、次のような形で改めて公刊されるようなので、その書誌情報を代わりに掲載しておく。「書評 Scott A. Shane（2008）, The Illusions of Entrepreneurship: The Costly Myths That Entrepreneurs, Investors, and Policy Makers Live By」『経済科学』第五九巻第二号、二〇一一年（予定）。

＊　　＊　　＊

本書の翻訳を行うに至ったきっかけについて少しだけ記しておくと、わたし自身が、この本の存在を知ったのは、二〇〇九年に経済産業省で行われた「オルタナティヴ・ヴィジョン研究会」で、本書を共訳者の柴山氏から紹介されたからである。この研究会では、日本経済が今後、低成長（もしくはゼロ成長）となることを見込んだ上で、どのようなオルタナティヴな経済政策のヴィジョンを採るべきかが議論されたのだが、その中で柴山氏が紹介した本書の内容があまりにも面白そうだったので、早速自分でも購入して読んでみたところ、実際、大変興味深い内容であり、それじゃ翻訳してみるか、ということになったわけである。本書の訳者三人は、もともと、この研究会のメンバーであり、この会の成果は、ナカニシヤ出版から二〇一〇年に刊行された共訳者である中野剛志編の『成長なき時代の「国家」を構想する――経済政策のオルタナティヴ・ヴィジョン』にまとめられている。

なお、本書の翻訳作業に関しては、右の三人で、谷口（イントロ、第一章、第二章、第三章）、柴山（第四章、第五章、第六章）、中野（第七章、第八章、第九章、第十章、結論）という分担を決め、まず各自の分担章を訳出し、その後、谷口が全章に関して訳語・文体などに関するチェックを通しで行い、さらに白水社編集部の竹園さんに綿密な校閲を行って頂くという手順を取った。また、本文中の統計学関係の用語等の訳出に関しては、谷口の同僚の前田健太郎氏（首都大学東京・政治学）にご助言を頂いた点、ここに改めて謝意を記させておいて頂きたい。

最後になるが、本書の翻訳にあたって、白水社の竹園公一朗さんには、誠にお世話になった。特に二〇一一年三月十一日以降、震災等の影響のため、当初の刊行スケジュールが大幅に狂うなどして、大変なご迷惑をおかけしてしまったが、本書が無事刊行され、ほっとしている次第である。本書は、図表なども数多く含むものであるため、細かい作業も多かったところ、根気強く骨の折れる作業にお付き合い頂いた点、ここに改めて深くお礼を申し述べておきたい。改めて、ありがとうございました。

二〇一一年八月

訳者を代表して——谷口功一

解題　〈複業〉というリアル――これからの働き方

西村創一朗

「起業」。それは我々のような二十代にとって、あるいは日々の「終わりなき日常」を生きるサラリーマンにとって、どこか誘惑的で甘美な香りのする言葉だ。「一括千金を手にする」ために、はたまた「社会を変える」ために、など目的は人それぞれであるが、人とは違った素晴らしい人生を送るためのチャレンジの象徴として「起業」を捉えている方も少なくないだろう。

他ならぬ筆者も「起業」という生き方に魅了されて、会社員時代の二年前に複業で会社を設立した後、二〇一六年末をもって会社員を辞めて、二〇一七年一月に独立を果たした。辞書的な意味で言えば、「独立起業」を果たした筆者はまさしく「起業家」であるはずだ。

ところが、自分自身のことを「起業家」と自称することには激しい抵抗感を感じていた。「起業家」という言葉を聞いて想起する人物――例えば、孫正義氏や江副浩正氏、三木谷浩史氏と自分との間には到底埋めがたい隔たりがあったからだ。

そう、まさにこれこそが「起業という幻想」そのものである。もちろん、先にあげた三氏はあまりにも偉大な人物であるがゆえに、ということもあるが、仮に同じ二十〜三十代で「起業家」と聞いて思い浮かべるのは、やはりこれまでにない新規性の高い事業をゼロから立ち上げ、IPOやM&Aを果たしたり、そうしたイグジットを視野に入れてベンチャーキャピタル（VC）から資金調達に成功しているようなベンチャー企業を興した人物のことである。

我々が「起業」に抱いているそうしたイメージは全くの「幻想」であると、豊富なデータやエビデンスから完全否定しているのが本書『〈起業〉という幻想』である。日本人の多くが憧れているシリコンバレーに象徴されるアメリカすらも、その起業実態を見ると、我々のイメージからはずいぶんかけ離れていることが分かる。

「結論」では、一切反論の余地のない完璧なデータによって「起業の現実は、われわれが抱いている神話とは、まったく対照的なものである。起業というのは、多くの人が人生の中で経験する、ごく平凡な活動にすぎない。典型的な起業家は、偉大な会社や巨大な富を築く心理的な力を秘めた特殊な人間などではない。それは、生計を立てたいのだが、誰かの下で働くのが嫌な中年男性のことである」というあまりにもショッキングな「現実」を我々に突きつけている。

「幻想」とは、非常に厄介なシロモノである。「起業」をすれば、会社員のようなしがらみから解放され、一切の自由を享受して、自分らしく生き生きと働くことができる。また、うまくいけば一攫千金が狙えるかもしれない。こんな幻想を抱いたまま、後先を考えずに起業した結果、見事事業に失敗して借金を背負い、路頭に迷ってしまうのは本人にとっても、社会にとっても損失でしかない。

さらに言えば、十把一絡げに「起業」を良しとして、政府が起業支援策に乗り出すことは、本来会社員として働いていた方が、本人や家族にとっても、社会にとっても幸せだったような人が起業してしまい、不幸な人を量産してしまう結果を招く可能性もゼロではない。

「日本の開業率を十パーセントへ」と、開業率を上げること自体を目的とした政策や金融機関による創業支援の取り組みが広がっているが、「生計を立てたいが、会社員生活がままならず独立起業した人」が典型的な起業家だとするならば、日本の開業率の低さは世界に誇れる失業率の低さゆえかもしれない。そう考えると、安易な起業支援が本当に適切か？　については改めて再考せねばなるまい。その点については、アメリカのみならず日本においても大いに検討の余地がある。

他方で、日本はアメリカと異なるまた別の課題を抱えている。それは「「熱意ある社員」六％のみ　日本一三二位、米ギャラップ調査」（日本経済新聞二〇一七年五月二十六日付）のニュースで話題になった通り、会社にぶら下がり、しがみついている、エンゲージメントが低い従業員が、世界ワーストクラスで多いことである。

本書を読んだ後でなお、そうした「従業員エンゲージメント」の低迷から日本を救う可能性があるのが「起業」であると、筆者は確信している。これまでの日本では、清水の舞台から飛び降りるような覚悟でしか「起業」する方法がなかった。ところが、ちょうど二〇一六年頃から、政府が働き方改革や新事業創出の一環として「兼業・副業の解禁・促進」を本格的かつ前向きに検討し始めている。

自らの意思で社会課題やマーケットニーズを捉え、まずは小規模でも良いのでアイデアを形にするところまで自らやりきってみる。これまでなら会社を辞めないとチャレンジできなかった起業に、複業でチャレンジができる。そんな時代が到来しつつあるのだ。

もちろん、起業と同様、複業なるものに過度な幻想を抱くのは禁物である。本業の傍ら、時間的・場所的な制約がある中で、自分のやりたいことに取り組み、収益を生む仕組みを作ることは至難のワザだ。

一度複業として取り組んでみることで、やはり会社員として働く方が心地よい、ということに気づく人もいれば、もっと時間的なコミット量を増やしたい、起業に人生を賭けたいという方も現れるはず。

そういう意味で、複業は「起業へ向いているかどうか」を見極めるリトマス試験紙のような役割を果たすのかもしれない。かつての自分は、まず複業で自らのビジネスをスモールスタートさせ、厳しい競争環境の中で、自らのオリジナリティを磨き上げ、収益的に見込みが立った段階で独立起業を決断できた。同じように、漠然とした「幻想としての起業」ではなく「起業のリアル」を複業・兼業を通じて広め伝え、会社員・起業家という役割を問わず、本気でビジネスや社会課題の解決に取り組む人を増やすことこそが、今の日本で最も求められていることかもしれない。

（起業家）

解題　「ではの守」が跋扈する国で

中野剛志

本書には、日本で読まれるべき特別な理由がある。著者のスコット・シェーンは、もちろんアメリカ人に向けて本書を書いたのであろうが、アメリカ人よりも日本人の方がより豊かな教訓を本書から引き出すことができるであろう。

邦訳タイトルから容易に想像できるように、本書は、アメリカ経済の強さの源泉とされ、日本人が長く羨望してきた「起業家」の通俗イメージが幻想に過ぎないことを、社会科学的な分析によって明らかにする。

世にビジネス関連の書籍は山ほどあるが、その多くは通俗イメージを強化するようなものであり、そういう本の方がむしろ人気がある。だが、読書の本当の醍醐味は、自分がこれまで抱いていた通俗イメージが崩れ去る時の音を聞くときの快感にあるはずだ。そして、そういう読書経験こそが学ぶということであり、成長するということである。

本書は、通俗イメージを破壊する快感を味わいたい読者の期待には、十分に応えてくれるであろう。

先に述べたように、ビジネス関連書籍の多くは、通俗イメージを塗り固めるようなものである。しかし、経営学や組織論といった学術的な分野では、我が国にも相当の蓄積があり、経営の現場の事実を重視した研究によって通俗イメージを覆すような優れた研究者は少なくない。

そして、そうした優れた研究者たちの中には、ビジネス関連書籍やその著者であるアナリストやら経営コンサルタントやらが振りまく通俗イメージの誤謬を憂い、一般向けの啓蒙書を世に出してくれる人もいる。

そのような研究者の一人に、東京理科大学教授の伊丹敬之氏がいる。

伊丹教授は、ビジネスの分野で誤った通俗イメージが流布しやすい理由の一つとして、「途上国メンタリティ」を挙げている（伊丹敬之・東京理科大学ＭＯＴ研究会編著『技術経営の常識のウソ』日本経済新聞出版社）。

伊丹氏の言う「途上国メンタリティ」とは、海外先進国、とりわけアメリカで起きていることを羨ましがり、それを導入しようとする、いわゆる「キャッチアップ型」の精神構造のことである。そういうメンタリティにとらわれ、すぐに「アメリカでは〜」と海外の事例を紹介したがる人を揶揄した言葉が、「ではの守」である。「では」を、「出羽守」の「出羽」とかけているわけだ。

実のところ、起業家を巡る議論ほど、途上国メンタリティが染みついているところもない。

ベンチャー企業やベンチャー・キャピタルの話になると、皆、にわかに「ではの守」となって、「アメリカでは～」「シリコンバレーでは～」といった調子でやりだす。

「ではの守」のベンチャー企業論は巷に十分に流布されているので、いまさらここで述べる必要はないだろうが、典型的なのは、「アメリカでは、若者のベンチャー企業がイノベーションを支えている。ベンチャー企業の開業率が低い日本経済は、だからダメなんだ」といったものであろう。

かつてのキャッチアップ型の企業の在り方を抜本的に改革し、アメリカのような若者のベンチャー企業がイノベーションを担うような経済社会に変えていかなければ、日本は滅びる！こんな話は、かれこれ二十年以上、耳にタコができるほど、聞かされてきたことであろう。

しかし、一方で「キャッチアップ型」は終わったと言いながら、他方で「アメリカでは」と、アメリカにキャッチアップしようとするのは、矛盾というものであろう。「ではの守」こそ途上国メンタリティ、すなわち典型的な「キャッチアップ型」である。「キャッチアップ型」から脱却したいなら、「アメリカでは～」とやるのは、もうやめることだ。

それから、イノベーションを起こしたいのであるならば、既存の観念を疑ってかかるような挑戦的なメンタリティがなければならないはずである。アメリカという先行モデルを追随したり、通俗的なベンチャー企業論やイノベーション論を鵜呑みにしたりしているような精神には、世間の常識を覆すようなイノベーションは無理というものだ。

要するに、「キャッチアップ型」の精神構造から脱却し、日本をイノベーションが起きやすい国にしたいのであるならば、まずは、「ではの守」が振りまく通俗ベンチャー企業論を破壊することから始めるべきなのだ。

そして、そのための武器として、本書ほど強力なものはない。

なぜなら、本書が明らかにするのは、第一に、アメリカの開業率は低下傾向にあり、そして途上国よりもずっと低いということである。つまり、ベンチャー企業が開業しやすい経済こそが「キャッチアップ型」なのである。

そして第二に、アメリカのほとんどの起業家は、イノベーティブでもなければ、若くもないということである。アメリカでも、ベンチャー企業はイノベーションの主たる担い手ではないのだ。

この他にも、本書を読んでいくと、起業家に関する通俗イメージがこれでもかとばかりに徹底的に打ち砕かれていくのが分かる。日本人に染みついた途上国メンタリティが解毒されていく爽快感を味わえること請け合いである。

解題　非英雄的起業家論

柴山桂太

本書を読むと、起業家についての世間一般のイメージががらりと変わるはずである。ビル・ゲイツやスティーブ・ジョブズなど、起業家の典型とされている現代の「英雄」は、統計的に見るとまったく典型ではない。平均的な起業家は、どこにでもいる身近な人たちだ。会社勤めを辞めて、家族を養うために細々と個人事業を営んでいる。一攫千金より、地元密着で地道に商売を続けることの方が重要である。

アメリカの事例に基づいた本書の分析は、ほとんど日本でも当てはまるはずである。一例として、私の身の回りを見てみよう。私が学生の頃、アルバイトしていたジャズバーのマスターは、子供の頃から音楽が好きで趣味を仕事にした。知り合いの女性はスナックで働いてお金を貯め、今は自分の店を切り盛りしている。学生時代の友人は十五年勤めた新聞社を辞めて小さな編集事務所を開いた。私の父は、勤務先の会社が倒産したのをきっかけに独立して、今は洋服関係の個人事務所を営んでいる……。他にもたくさんの顔が思い浮かぶが、読者の身の回りの事例を挙げても、おそらく似たようなものになるはずである。

経営学や経済学の分野で、このような地味な起業家が取り上げられることはほとんどない。注目されるのは、時代の風雲児だ。新しいアイデアを事業化して業界のあり方を一変させるような、派手な業績を残した人たちである。しかし、彼らは統計上の「外れ値」であって「平均値」ではない。これは当たり前のことかもしれないが重要なことだ。起業を語る者は、しばしば例外的なケースを一般化する誤りに陥るからである。ごく稀にしか見られない特徴を起業家全体に見られる一般的な傾向であるかのように見なしたり、起業で経済が活性化するかのような錯覚を広めたりしてしまうのだ。

特に、起業と経済成長の関係は重要である。よく、起業は不況脱出の特効薬だと語られるが、本当にそうなのかは慎重に検証してみる必要がある。著者も述べているように、因果関係が逆である可能性が高いからだ。起業が増えるから経済が成長するのではなく、経済が成長しているから起業が増えるのではないか。新興国の起業率が高く、先進国で起業率が低下する現象が見られるのは、おそらくそのためである。

実際、起業の大部分は、生産性の高いハイテク分野ではなく、建設業やサービス業などのローテク分野に集中している。スタートアップ企業の大部分は、他社に比べて競争優位性を持っていないし、製品やサービスの差別化もしていない。起業して人と違うことをやるのではなく、起業して人と同じことをやっているのである。これが平均的な起業のあり方だとすると、いくら政府が起業支援を行ったところで経済の成長にはつながらない。著者は、無理に起業率を上げようとする政策は、かえって生産性の低い起業を乱立させる結果になると警告している。日本でも、政府や地方自治体が起業家支援に熱心だが、それらの政策が本当に十分な効果を上げているのか、一度立ち止まって検証してみるべきだろう。

起業家の役割が過大評価されるのは、経済学の理論がそうなっているからである。J・A・シュンペーターの『経済発展の理論』は、この分野で必ず参照される古典であるが、この本で描かれる起業家は、新しいアイデアを持ち込んで利潤機会を生む「英雄」的な人間類型である。起業家がいなければ経済は静態的なままで、発展の機会は訪れない。起業家のお陰でイノベーションが起き、資本主義は前に前にと前進していく。今日につながる起業家イメージの原型は、ここにあると言ってよい。

だが、理論の世界と現実は違う。現実の起業は、大半がイノベーティブなものではない。シュンペーターは「起業家精神 entrepreneurship」を「私的な帝国」や「自らの王朝」を建設しようとする意思と定義したが、そんな大それた野望を抱くのは少数である。私の回りにいる起業家を見ても、彼／彼女らが求めているのはごく普通の生活である。大金を稼ぐより、自分の居場所を維持することの方に重きを置いている。人はほとんど雇っていないが、アルバイトに来る若者にはきちんと給料を払い、たまに飲みの席で人生相談に乗ったりしている。事業は自分の代で終わるかもしれないが、経験はかたちをかえて下の世代に受け継がれるはずだし、その思いが仕事を続けるモチベーションになっている。日本でもアメリカでも、それが典型的な起業家の精神というものだろう。

なるほど資本主義の発展には「英雄」的な起業家が必要である。しかし、地域社会の安定にとってはどうか。イノベーティブでない起業家は経済全体の生産性向上には貢献していないかもしれないが、地域社会のもっと別な役割を担っているとは言えないだろうか。

本書を最初に読んだとき、そんな「非英雄」的な普通の起業家が、数々の統計的事実から浮かび上がってくるように感じられた。アメリカを事例にした研究ではあるが、登場する典型的な起業家像は、私のよく知っている人たちの似姿でもある。こういう形で起業の現実に光を当てた本は珍しい。読者も本書から、よくある起業家礼讃論とは違った結論を引き出すことができるはずである。原著刊行から十年近くが経つが、本書の意義はまだ薄れていないと思う。

白水社の本

グローバリゼーション・パラドクス

世界経済の未来を決める三つの道　ダニ・ロドリック

柴山桂太／大川良文 訳

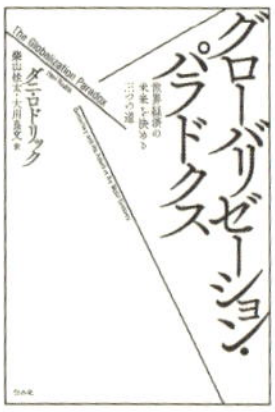

ハイパーグローバリゼーション、民主主義、そして国民的自己決定の三つを、同時に満たすことはできない！　この世界経済のトリレンマをいかに乗り越えるか？　世界的権威が診断する資本主義の過去・現在・未来。

日本の夜の公共圏

スナック研究序説　谷口功一、スナック研究会 編著

人はなぜ歌うのか？　そしてスナックに通うのか？　日本の夜に社会科学のメスが入る。「スナック」についての本邦初の学術的研究。都築響一、苅部直、谷口功一各氏による座談会も収録。

ショッピングモールの法哲学

市場、共同体、そして徳　谷口功一

ニュータウンの風景を初めて目にした時の違和感は何だったのか？　文化表象としてのゾンビや多摩ニュータウンという場を問題にしつつ、荻生徂徠からサンデルまで規範理論を用いて〈郊外〉の実像に迫る！

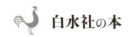

訳者略歴

谷口功一（たにぐち・こういち）
一九七三年生。東京大学法学部卒業、同大学院法学政治学研究科博士課程単位取得退学。現在、首都大学東京法学系教授。主な著作に『ショッピングモールの法哲学』（白水社）、『日本の夜の公共圏』（編著、白水社）、訳書に『ゾンビ襲来』（共訳、白水社）他。

中野剛志（なかの・たけし）
一九七一年生。東京大学教養学部卒業。通商産業省（現経済産業省）、京都大学大学院工学研究科准教授を経て、評論家。エディンバラ大学で博士号（社会科学）取得。主な著作に『TPP亡国論』（集英社新書）、『真説・企業論』（講談社現代新書）、『グローバリズム　その先の悲劇に備えよ』（柴山桂太との共著、集英社新書）他。

柴山桂太（しばやま・けいた）
一九七四年生。京都大学経済学部卒業、同大学院人間・環境学研究科博士課程単位取得退学。現在、同研究科准教授。主な著作に『静かなる大恐慌』（集英社新書）、『グローバリズム　その先の悲劇に備えよ』（中野剛志との共著、集英社新書）、主な訳書に『グローバリゼーション・パラドクス』（共訳、白水社）他。

〔新版〕〈起業〉という幻想
アメリカン・ドリームの現実

二〇一七年　九月　五日　印刷
二〇一七年　九月二五日　発行

著者　スコット・A・シェーン
訳者 ©　谷口功一
　中野剛志
　柴山桂太
発行者　及川直志
印刷所　株式会社理想社
発行所　株式会社白水社

東京都千代田区神田小川町三の二四
電話　営業部〇三（三二九一）七八一一
　編集部〇三（三二九一）七八二一
振替　〇〇一九〇‐五‐三三二二八
郵便番号　一〇一‐〇〇五二
http://www.hakusuisha.co.jp

乱丁・落丁本は、送料小社負担にてお取り替えいたします。

株式会社松岳社

ISBN978-4-560-09571-3

Printed in Japan

▷本書のスキャン、デジタル化等の無断複製は著作権法上での例外を除き禁じられています。本書を代行業者等の第三者に依頼してスキャンやデジタル化することはたとえ個人や家庭内での利用であっても著作権法上認められていません。

神話と現実

第1章

1. 以前に比べて，アメリカが，より起業家的な場所になっているなどといった事実はない．なぜなら，この国でスタートアップ企業が開始される割合は，実のところ，長期的には緩やかな低落傾向にあるからだ．
2. 合衆国は，世界的に見た場合には，もっとも起業家的な国というわけでもない．
3. 豊かで工業に依存している国よりも，貧しく農業に依存している国のほうが，国民は会社を始める傾向にある．
4. 失業率の低い場所より高い場所のほうが，ビジネスを始める傾向にある．
5. ある地域での産業構造，たとえばサービス業と製造業のバランスや，代表的な産業の種類が，新企業設立数に影響を与える．
6. 特定の地域でのスタートアップ企業の件数は，資本調達の容易さによっては増加しない．むしろ，より多くのスタートアップが行われることが資本を惹きつける．

第2章

7. 新たなビジネスのほとんどは，ピカピカのハイテク産業ではなく，非常にありきたりな産業のサブセクターで始められる．
8. ほとんどの起業家は，もっとも利益の上がる産業を選択せず，代わりにもっとも失敗する割合の高い産業を選択している．
9. 起業家は，スタートアップ企業に向いているからではなく，自分がその産業をよく知っているからとか，あるいは，その産業でビジネスを始めやすいからといった理由で，産業を選択している．

第3章

10. 典型的な起業家は，シリコンバレーの大立て者などではなく，白人で既婚の40代男性で，誰かの下で働きたくないから自分でビジネスを始めたような人であり，単に日々の生活のやりくりを

するためにそうしている.
11. 心理学的要素は，起業家とそうでない人の違いについて何らの説明も与えない．年齢，人種，性別などの人口統計学的要素のほうが圧倒的な影響力を持っている.
12. 典型的な起業家は，次のような動機でビジネスを始めることはない．すなわち，金儲け，新たにビジネスを始めるスリル，家族を養うため，有名になるため，といった動機である．もっとも典型的な動機は，誰か他人の下で働きたくないから，というものである.
13. 実際にビジネスを始める可能性が高くなるような性格は，そのすべてが起業家になるには望ましくない．人は，失業中であったり，パートタイムで働いていたり，あるいは，頻繁に転職したり，少ない収入しかない時にこそ，自分でビジネスを始める可能性が高まるのである.
14. 起業は若者の専売特許ではない．中年こそ，もっとも起業家になる可能性が高い.
15. 教育を受けることは起業を妨げない．教育程度が高くなればなるほど，起業する可能性が高くなる.
16. ビジネスについて学ぶことは，起業家になるためには，それほど重要ではない．通常，自分のビジネスを営む職種に対応することを学ぶことが，ビジネスを始めるチャンスを高める.
17. 誰かの下で働くことは，自分でビジネスを始めるチャンスを高める.
18. 移民は，生まれも育ちもその国である人と比べると，ビジネスを始める可能性は変わらない.
19. ネットワーキングが上手であることは，ビジネスを始める可能性を高めはしない.

第4章

20. イメージとは反対に，典型的なスタートアップ企業は，非常にありふれたもので，イノベーティブ（革新的）でもなく，在宅ビジネスが中心であり，開始の時点でも，それ以降でも，その規模はごく小さい.
21. たいていの起業家は，ビジネスアイデアを計画的に探求していないし，そのアイデアの評価もしてない．それよりも，前の職場

と同一か似たような顧客に，やはり，同一か似たような製品を提供している．

22. ビジネスチャンスを考えることは，多くの起業家がやっていることではない．ほとんどは，逆に，ビジネスアイデアがはっきりする前に会社を立ち上げている．
23. 新たなビジネスの立ち上げは，機敏でも容易でもなく，一直線でもなく，集団的でもなく，包括的なプロセスでもない．
24. ビジネスの立ち上げに王道はない．起業家は，さまざまなことをやりながらビジネスをスタートさせている．
25. チームによる起業は非常に珍しい．典型的な起業は，たった1人で始まる．そして誰かがそこに加わる時，それは，たいていは配偶者である．

第5章

26. ビジネスを始めるのに多額の資金はいらない．アメリカで設立される新たなビジネスの典型の初期資本は25000ドル以下である．
27. たいていの創業者は，他人からお金をもらわない．新たなビジネスにもっとも共通した資金源は創業者の貯金である．
28. 多くの起業家は，自分の新しいビジネスのために個人的にお金を借りている．個人的な銀行ローンが個人的負債のもっとも重要なソースである．
29. 棚からボタ餅式に大金が転がり込むことは開業率を高めるが，上位10%の富裕層で，専門性の高いサービス業を始めようとしている層でない限り，開業しやすいという事実はない．
30. ある種の起業家は，なぜ外部資金を得ようとしないのか．もっとも見過ごされている理由は，彼らがそれを求めていないということだ．
31. お金を探している起業家のうち，ある種の起業家はそれを得ることができるのに，別の起業家が獲得できない理由の一つは，前者が後者に比べてベンチャーの業歴が長く，発展を経験しているという点に求められる．
32. 新たなビジネスは負債による資金調達が可能だ．平均的には，半分は負債，残り半分は株式による．
33. 銀行は，新たなビジネスにお金を貸している．負債のもっともありふれたソースは，商業銀行である．

34. しばしば言及される家族や友人は，外部資本のいいソースだとは言えない．
35. ベンチャー資本家は，全スタートアップ企業の1% のさらに10分の1以下に対してしかお金を提供していない．そして，それは中小企業金融総額の2% しか占めていない．
36. ビジネスエンジェルはベンチャー資本よりも重要な資金源である．
37. ビジネスエンジェルのうち，適格投資家はわずか13.4% にすぎない．典型的なビジネスエンジェルはそれほど裕福ではなく，経験も乏しく，少額の投資で，よく聞く（適格投資家である）エンジェルよりもはるかに少ないリターンしか期待していない．

第6章

38. たいていのスタートアップ企業は成功しない．典型的な起業家は5年以内で倒産するし，会社を始めるための努力は失敗に終わったと考えている．
39. 典型的な起業家は，他人のために働く時に得られる金額よりも稼げないし，仕事上の利益も低い．
40. 起業家として稼ぐのは，非常に不確定だ．典型的な起業家の収入は，雇用時に得られる収入に比べて変動的である．そのため彼は変動のリスクをなるべく下げようとする．
41. 典型的な起業家は，他人の下で働く人より労働時間が長く，そのことにあまり幸せを感じていない．
42. ほとんど儲からないにもかかわらず，多くの起業家が会社を始めるのは，成功のチャンスを過剰に楽観視しているからである．
43. 典型的な起業家が，ビジネスを始めることで，他人の下で働いた時に得られたであろうよりも，低い収入で我慢しているのは，自分のために働くことがいっそう幸せだからである．
44. 典型的な起業家はほとんど儲からないにもかかわらず，一握りの起業家は大成功し，莫大な金額を稼ぎ，純資産を増やして，経済的な階段を駆け上がっていく．

第7章

45. すべての産業での機会は，均等ではない．スタートアップ企業

がどの産業に属するかが，その業績に大きな影響を与える．
46. 起業家としての成功は，個人の資質がすべてではない．自分自身のスタートアップに対して好影響を与えるためになしうる意志決定はいくつかある．それは，企業戦略からターゲットとなる市場，組織の内部統制に至るまでの意志決定である．
47. ほとんどの起業家がやっていることは，間違っている．大半は，新たなビジネスの経営のやり方を間違えている．
48. 新たなビジネスは，既存ビジネスよりも業績がよくない．ビジネスは長くやるほどに，業績が改善する．
49. なぜ創業したのかが重要である．もし，ビジネスを生き残らせ，成長させ，高収入を産み出したいのなら，そういう目標を掲げて創業すべきであって，失業したからとか悪い上司から逃げたいからという理由では駄目だ．
50. 教育は，起業家としての業績の妨げではなく，助けになる．
51. 自分が属する産業を知ることが大事だ．創業する前に，その産業で働いていたという経験は，成功の確率を高める．

第8章

52. 女性は男性よりずっと起業しない傾向にあるので，性別は，誰が起業家であるかを予測するための最良の指標の一つである．
53. 資金やビジネス機会へのアクセスの欠如，人的資本の劣後，自律欲求の欠如では，女性が男性より起業しない理由を説明できない．しかし，自分のビジネスを経営することへの関心の低さでは，説明できる．
54. 男性による創業と比較すると，女性によるビジネスは，売り上げ，雇用，生産性，利益，生存率の点で劣後している．
55. 女性のベンチャー企業の業績の劣後は，女性起業家が掲げる金融面での目標の低さによるところが大きい．

第9章

56. 黒人の起業割合は，白人の３分の１にすぎず，このパターンは数十年続いている．
57. 黒人の起業割合の低さは，欲求の欠如，手本となるモデルの不十分，社会的ネットワークの不足，ビジネスの経験や教育の欠如

などの関数ではなく，資本の欠如の結果である．
58. 黒人のスタートアップ企業の業績は，あらゆる側面からみて，白人よりもずっと悪い．
59. 黒人のスタートアップ企業の業績の低さは，町の中心部でビジネスを始める傾向の強さ，黒人の家族内の手本となるモデルの欠如の結果ではなく，ビジネスが資本不足であり，起業には望ましくない産業で始められていることが原因となっている．
60. 黒人のスタートアップ企業の設立と業績を阻害している資本の問題は，放っておけば解決するようなものではない．

第10章

61. わが国での起業家のための公共政策——移転支出，融資，補助金，減税，規制緩和，倒産法制——は機能している．それらはアメリカのスタートアップ企業の数を増やしている．
62. スタートアップを促進しようとする公共政策はくだらない．なぜなら，政府介入なくしては，少なすぎる数の，あるいは劣った企業しかできないという証拠は存在せず，これらの政策が，失敗しそうで，経済効果に乏しく，ほとんど雇用を生まないようなビジネスへと国民を誘導している証拠は数多く存在する．
63. 創業が経済成長を促進するという証拠は存在しない．むしろ，経済成長が創業を促進していると思われる．
64. 平均的な新企業1社を創業するために資金と時間を投入するよりも，平均的な既存企業の拡大のために同じ資源を投入したほうがよい．
65. 新企業は，既存企業ほど多くの雇用を産み出しはしない．新企業による純雇用創出数が全体の50%に達するためには，社齢九年の企業すべてを「新企業」とみなさなければならない．
66. 新企業群が創出した雇用のすべてが，その設立初年度に増えている．その後は毎年，事業の失敗による雇用の喪失が，事業拡大による雇用の追加を上回る．
67. スタートアップ企業の雇用は，既存企業に比べて賃金が低く，フリンジ・ベネフィットも小さく，また，それが将来失われる可能性も高い．

註

イントロダクション

(1) 本書で取り扱うデータの主要なソースは以下の通りである．①内国歳入庁統計や縦断的な事業所・企業マイクロファイル（1988年から2001年までのアメリカの事業所に関する年ごとの情報を含むデータベース）などの政府機関データベース．②ビジネスオーナー調査（1000ドル以上の売り上げを納税の際に申告しているアメリカ国内の非農業ビジネスすべてに関する調査）やビジネスオーナー像に関する調査（個人事業主，共同経営，もしくは税法上のサブチャプターＳコーポレーションとして500ドル以上の売り上げを納税申告しているすべてのビジネスに関する調査），10年ごとの国勢調査（10年ごとに収集される長大な合衆国国勢調査の質問票），所得及びプログラム参加調査（2年半から4年にわたって，14000から36700世帯を対象として行われる一連の全国パネル調査）などの合衆国国勢調査局調査．③最新人口調査（労働力に関する情報を収集するための合衆国の人口の代表標本に関する調査），若年層に関する全国縦断調査（1979年の時点での14歳から22歳までの12686人の男女の全国的な代表標本に関する調査であり，この調査は，1979年から1994年まで毎年行われ，その後も隔年で実施されている）などの合衆国労働統計局調査．④消費実態調査（3年ごとに実施される4500世帯の全国の代表標本を対象とした家計金融に関する調査），小規模ビジネス金融に関する調査（5年ごとに実施される，従業員500人以下の3500の営利非農業ビジネスの全国的な代表標本の金融に関する調査）などの連邦準備制度理事会調査．⑤起業家動態パネル調査（1998年の調査の時点で，ビジネスを開始するプロセスに入っていた830人の代表標本に関して，1998年から2003年まで毎年実施されたパネル調査），アメリカ起業アセスメント（2000年から2004年までに実施された，アメリカの34181人の労働年齢に達した人の全国的な代表標本に関する調査），カウフマン企業調査（2004年にアメリカで設立された新たなビジネスに関する全国的な確率調査），全米自営業連盟調査（アメリカ最大のビジネス事業者団体の新規加入者に関する調査で，1985年に実施され，その後も1986年と1987年にフォローアップの調査が行われている），所得動態パネル調査（1968年以来実施されているアメリカの7000世帯の代表標本に関する縦断調査）などの学術機関によって行われる代表的な調査．⑥グローバル・アントレプレナーシップ・モニター（ビジネス創業プロセスを開始して完成に至った層を同定するために，39カ国の労働年齢を対象として毎年実施される調査），イギリス家計パネル調査（1991年から1997年までの間に実施された，イギリスの5500の世帯を対象として行わ

れた全英を代表する調査），スウェーデン起業研究コンソーシアムによる調査（1998年に開始され，その後，2年半にわたって継続された，スウェーデンで新たにビジネスを開始するプロセスに入った405人の代表標本），オランダ商工会議所による調査（1994年の第1四半期にオランダで新たに登記されたすべての会社に関して，1995年から1997年までに毎年実施された調査），全英児童発達調査（1958年3月の第1週に出生した，イギリス在住のコーホートに関する縦断調査で，調査対象者の出生時，7歳，11歳，16歳，23歳の時点で調査を実施している）などのアメリカ以外の諸国の起業に関する代表的調査.

(2) http://www.m-w.com/dictionary/entrepreneur.

(3) *Wikipedia*, http://en.wikipedia.org/wiki/Entrepreneurship.

(4) http://www.bbc.co.uk/radio4/news/inbusiness/inbusiness_20020620.shtml (accessed October 2, 2006).

(5) Ann Winblad at Hummer Winblad Venture Partners quoted in "Can Entrepreneurship Be Taught," http://money.cnn.com/magazines/fsb/fsb_archive/2006/03/01/8370301/index.htm.

(6) P. Reynolds and S. White, *The Entrepreneurial Process: Economic Growth, Men, Women, and Minorities* (Westport, Conn.: Greenwood, 1997).

(7) W. Gentry and R. Hubbard, "Entrepreneurship and Household Saving" (working paper, Columbia University, New York, 2005); G. Haynes and C. Ou, "A Profile of Owners and Investors of Privately Held Businesses in the United States, 1989–1998" (paper presented at the annual conference of Academy of Entrepreneurial and Financial Research, New York, April 25–26, 2002).

(8) Gentry and Hubbard, "Entrepreneurship and Household Saving"; Haynes and Ou, "A profile of Owners and Investors."

(9) P. Reynolds, *Entrepreneurship in the United States* (Miami: Florida International University, 2005).

(10) P. Reynolds, *Entrepreneurship in the United States: The Future is Now* (New York: Springer, forthcoming).

(11) Reynolds, *Entrepreneurship in the United States.*

(12) Reynolds and White, *Entrepreneurial Process.*

第1章

(1) http://forum.belmont.edu/cornwall/archives/003928.html (accessed October 2, 2006).

(2) P. Hise, "Everyone Wants To Start a Business," http://money.cnn.com/2007/01/22/magazines/fsb/entrepreneurship.boom.fsb/ (accessed February 1, 2007).

(3) W. Poole, "Staying Out of the Way of Entrepreneurs" (speech to the Conference on Striking the Right Notes on Entrepreneurship, Memphis, Tenn., April 19, 2005), www.stlouisfed.org/news/speeches/2005/4_19_05.html (accessed October 2, 2006).

(4) B. Bucks, A. Kennickell, and K. Moore, "Recent Changes in U.S. Family Finances: Evidence from the 2001 and 2004 Survey of Consumer Finances," *Federal Reserve Bulletin*, 2006, A1–A35; A. Kennickell and J. Shack-Marquez, "Changes in U.S. Family Finances from 1983 to 1989: Evidence from the Survey of Consumer Finances," *Federal Reserve Bulletin*, 1992, 1–18.

(5) P. Reynolds, *Entrepreneurship in the United States: The Future is Now* (New York: Springer, forthcoming).

(6) M. Manser and G. Picot, "The Role of Self-Employment in U.S. and Canadian Job Growth," *Monthly Labor Review*, April 1999, 10–21.

(7) J. Bregger, "Measuring Self-Employment in the United States," *Monthly Labor Review*, January–February 1996, 3–9.

(8) www.bls.gov/opub/ted/2004/aug/wk4/art02.txt (accessed August 30, 2006).

(9) R. Fairlie and B. Meyer, "Trends in Self-Employment among White and Black Men during the Twentieth Century," *Journal of Human Resources* 35, no. 4 (2000): 643–69.

(10) D. Blanchflower, "Self-Employment in OECD Countries," *Labour Economics* 7 (2000): 471–505.

(11) R. Finnie and C. Laporte, "Setting Up Shop: Self Employment among Canadian College and University Graduates," *Industrial Relations* 58, no. 1 (2003): 3–32.

(12) Reynolds, *Entrepreneurship in the United States.*

(13) P. Reynolds, "Understanding Business Creation: Serendipity and Scope in Two Decades of Business Creation Studies," *Small Business Economics* 24 (2005): 359–64.

(14) Ibid.; H. Schuetze, "Taxes, Economic Conditions and Recent Trends in Male Self-Employment: A Canada–U.S. Comparison," *Labour Economics* 7 (2000): 507–44.

(15) T Garrett, "Entrepreneurs Thrive in America," *Bridges*, spring 2005, www.stlouisfed.org/publications/br/2005/a/pages/2-article.html (accessed October 2, 2006).

(16) S. Folster, "Do Lower Taxes Stimulate Self Employment?" *Small Business Economics* 19 (2002): 135–45.

(17) Reynolds, *Entrepreneurship in the United States: The Future is Now.*

(18) N. Noorderhaven, R. Thurik, S. Wennekers, and A. Van Stel, "The Role of Dissatisfaction and Per Capita Income in Explaining Self-Employment across Fifteen European Countries," *Entrepreneurship Theory and Practice*, fall 2004,447–66; Fairlie and Meyer, "Trends in Self-Employment."

(19) M. Carree, A. Van Stel, R. Thurik, and S. Wennekers, "Economic Development and Business Ownership: An Analysis Using Data of Twenty-three OECD Countries in the Period 1976–1996," *Small Business Economics* 19 (2002): 271–90.

(20) D. Blau, "A Time Series Analysis of Self-Employment in the United States," *Journal of Political Economy* 95, no. 3 (1987): 445–65.

(21) D. Blanchflower, "Self-Employment: More May Not Be Better," *Swedish Economic Policy Review* 11, no. 2 (2004): 15–74; Y. Georgellis and H. Wall, "What Makes a Region Entrepreneurial? Evidence from Britain," *Annals of Regional Science* 34 (2000): 385–403.

(22) S. Hippel, "Self-Employment in the United States: An Update," *Monthly Labor Review*, July 2004, 13–23.

(23) この相関性は，GDP の 30％以上が農業によって占められるウガンダの影響によるものではない．分析からウガンダを除外した場合でも，相関性は同じである（r＝0.60）．

(24) Z. Acs and C. Armington, "Using Census BITS to Explore Entrepreneurship, Geography and Economic Growth" (report for the U.S. Small Business Administration, contract no. SBAHQ-03-M0534, 2005).

(25) Georgellis and Wall, "What Makes a Region Entrepreneurial?"

(26) Finnie and Laporte, "Setting Up Shop."

(27) R. Fairlie, *Kauffman Index of Entrepreneurial Activity National Report, 1996–2005* (Kansas City, Mo.: Ewing Marion Kauffman Foundation, 2006).

(28) Reynolds, *Entrepreneurship in the United States.*

(29) Fairlie, *Kauffman Index.*

(30) Z. Acs, and C. Armington, *Entrepreneurship, Geography, and American Economic Growth* (Cambridge: Cambridge University Press, 2006).

(31) Ibid. Technically the authors measured labor market areas.

(32) Ibid.

(33) Ibid.

(34) P. Reynolds, N. Carter, W. Gartner, and P. Greene, "The Prevalence of Nascent Entrepreneurs in the United States: Evidence from the Panel Study of Entrepreneurial Dynamics," *Small Business Economics* 23 (2004): 263–84; P. Davidsson, L. Lindmark, and C. Olofsson, "New Firm Formation and Regional Development in Sweden," *Regional Studies* 28, no. 4 (1994): 395–410; B. Guensnier, "Regional Variations in New Firm Formation in France," *Regional Studies* 28, no. 4 (1994): 347–58; D. Audretsch and M. Fritsch, "The Industry Component of Regional New Firm Formation Processes," *Review of Industrial Organization* 15 (1999): 239–52; P. Reynolds, "Autonomous

Firm Dynamics and Economic Growth in the United States, 1986–1990," *Regional Studies* 28, no. 4 (1994): 429–42; H. Pennings, "Organizational Birth Frequencies: An Empirical Investigation," *Administrative Science Quarterly* 27 (1982): 120–44; Pennings, "The Urban Quality of Life and Entrepreneurship," *Academy of Management Journal* 25, no. 1 (1992): 63–79; O. Sorenson and P. Audia, "The Social Structure of Entrepreneurial Activity: Geographic Concentration of Footwear Production in the United States, 1940–1989," *American Journal of Sociology* 106, no. 2 (2000): 424–62; D. Keeble and S. Walker, "New Firms, Small Firms, and Dead Firms: Spatial Patterns and Determinants in the United Kingdom," *Regional Studies* 28, no. 4 (1994): 411–27; D. Schell and W. David, "The Community Infrastructure of Entrepreneurship: A Sociopolitical Analysis," in *Frontiers of Entrepreneurship Research*, ed. K. Vesper (Babson Park, Mass.: Babson College, 1981), 563–90; W. Dennis, "Explained and Unexplained Differences in Comparative State Business Starts and Start Rates," in *Frontiers of Entrepreneurship Research*, ed. R. Rondstadt, J. Hornaday, R. Peterson, and K. Vesper (Babson Park, Mass.: Babson College, 1986), 313–27; B. Schiller and P. Crewson, "Entrepreneurial Origins: A Longitudinal Inquiry," *Economic Inquiry* 35 (1997): 523–31; P. Reynolds, D. Storey, and P. Westhead, "Cross National Variations in New Firm Formation Rates," *Regional Studies* 28 (1994): 443–56.

(35) Acs and Armington, "Using Census BITS"; Schell and David, "Community Infrastructure"; Guensnier, "Regional Variations"; D. Grant, "The Political Economy of New Business Formation across the American States, 1970–1985," *Social Science Quarterly* 77, no. 1 (1996): 28–42; S. Black and P. Strahan, "Entrepreneurship and Bank Credit Availability," *Journal of Finance* 42, no. 6 (2002): 2807–33.

(36) M. Taylor, "Self-Employment and Windfall Gains in Britain: Evidence from Panel Data," *Economica* 68 (2001): 539–65; J. Ritsila and H. Tervo, "Effects of Unemployment on New Firm Formation: Micro-Level Panel Data Evidence from Finland," *Small Business Economics* 10 (2002): 103–15; P. Johnson, *New Firms: An Economic Perspective* (London: Allen and Unwin, 1986); D. Storey, *Entrepreneurship and the New Firm* (London: Croom Helm, 1982); Guensnier, "Regional Variations"; Audretsch and Fritsch, "Industry Component"; A. Kangasharju, "Regional Variations in Firm Formation: Panel and Cross-Section Data Evidence from Finland," *Papers in Regional Science* 79 (2000): 355–73; Reynolds, "Autonomous Firm Dynamics"; D. Storey and A. Jones, "New Firm Formation—A Labour Market Approach to Industrial Entry," *Scottish Journal of Political Economy* 34, no. 1 (1987): 37–51; Davidsson, Lindmark, and Olofsson, "New Firm Formation"; D. Bogenhold and U. Staber, "The Decline and Rise of Self-Employment," *Work, Employment and Society* 5, no. 2 (1991): 223–39; Grant, "Political Econo-

my"; D. Audretsch and Z. Acs, "New Firm Start-Ups, Technology, and Macroeconomic Fluctuations," *Small Business Economics* 6（1994）: 439–49.

自営や新規の企業設立と失業率との間に負の相関を発見した研究も存在する．しかしながら，これらの研究は，GDP 成長率と新規の企業設立との間に強い正の相関性を提示している点で，その方法論的な根拠に疑問が付される．経済成長が落ち込むと失業は増大する傾向にあるので，（標準的な景気後退のシナリオである）失業率と経済成長率との間には，強い負の相関性が存在するのである（1950 年代初頭以来，失業と経済成長率との間には，0.66 から 0.72 の負の相関性が存在している）．このような高度の相関性は，効果の測定に際して計量経済学者が多重共線性と呼ぶ技術的な問題を発生させることになる．

二つの変数（たとえば，経済成長と失業）が完全に相関性を有しているならば，その双方を用いて新規の企業設立を予測することはできない．なぜなら，一旦，失業の効果が測定されたなら，経済成長が新規の企業設立を予測するために用いることができるような起業件数の分散は存在していいないからである．失業と経済成長のように，測定結果が完全ではないにしろ高度に相関しているならば，いったん第一の変数の影響（経済成長）が測定されたら，第二の変数（失業）は，新規の企業設立を説明するのに用いることができる分散をほとんど有していないのである．結果として，これらの研究が提示しているのは，経済成長は，失業率も経済成長率も共に低いという，極めて限られた時と場所でしか，新規の企業設立との間に正の相関性を有さないということなのである．

(37) Georgellis and Wall, "What Makes a Region Entrepreneurial?"; Blau, "Time Series Analysis."

(38) Pennings, "Organizational Birth Frequencies."

(39) S. Kreft and R. Sobel, "Public Policy, Entrepreneurship, and Economic Freedom," *Cato Journal* 25, no. 3（2005）: 595–616.

第 2 章

(1) B. Kirchhoff, *Entrepreneurship and Dynamic Capitalism*（Westport, Conn.: Praeger, 1994）.

(2) P. Reynolds, *Entrepreneurship in the United States*（Miami: Florida International University, 2005）.

(3) P. Kim, H. Aldrich, and L. Keister, "Access（Not）Denied: The Impact of Financial, Human, and Cultural Capital on Entrepreneurial Entry in the United States," *Small Business Economics* 27（2006）: 5–22; P. Reynolds, "Who Starts New Firms?—Preliminary Explorations of Firms-in-Gestation," *Small Business Economics* 9（1997）: 449–62.

(4) W. Gentry and R. Hubbard, "Entrepreneurship and Household Saving"（working

paper, Columbia University, New York, 2005); Reynolds, *Entrepreneurship in the United States*; P. Reynolds, "Nature of Business Start-Ups," in *Handbook of Entrepreneurial Dynamics*, ed. W. Gartner, K. Shaver, N. Carter, and P. Reynolds (Thousand Oaks, Calif.: Sage, 2004), 244–58.

(5) S. Hipple, "Self-Employment in the United States: An Update," *Monthly Labor Review*, July 2004, 13–23.

(6) D. Blanchflower, "Self-Employment: More May Not Be Better," *Swedish Economic Policy Review* 11, no. 2 (2004): 15–74; Z. Acs, P. Arenius, M. Hay, and M. Minniti, *Global Entrepreneurship Monitor 2004 Executive Report* (Babson Park, Mass.: Babson College, 2004).

(7) P. Reynolds and S. White, *The Entrepreneurial Process: Economic Growth, Men, Women, and Minorities* (Westport, Conn.: Greenwood, 1997).

(8) P. Johnson, "Differences in Regional Firm Formation Rates: A Decomposition Analysis," *Entrepreneurship Theory and Practice* (fall 2004): 431–45.

(9) M. Van Praag and H. Van Ophem, "Determinants of Willingness and Opportunity to Start as an Entrepreneur," *Kyklos* 48, no. 4 (1995): 513–40.

(10) M. Cincera and O. Galgau, "Impact of Market Entry and Exit on EU Productivity and Growth Performance" (European Economy Discussion Papers, no. 222, 2005); J. Mata, "Firm Growth during Infancy," *Small Business Economics* 6 (1994): 27–39; T. Dean and G. Meyer, "New Venture Formation in Manufacturing Industries: A Conceptual and Empirical Analysis," in *Frontiers of Entrepreneurship Research*, ed. N. Churchill, S. Birley, W. Bygrave, D. Muzyka, C. Wahlbin, and W. Wetzel (Babson Park, Mass.: Babson College, 1992), 173–87; Z. Acs and C. Armington, "Using Census BITS to Explore Entrepreneurship, Geography and Economic Growth" (report for the U.S. Small Business Administration, contract no. SBA-HQ-03-M0534, 2005).

(11) P. Reynolds, *New Firm Creation in the U.S.: A PSED I Overview* (Hanover, Mass.: Now Publishers, 2007).

第3章

(1) "Everyday Economics," http://www.dallasfed.org/educate/everyday/ev3.html.

(2) National Federation of Independent Businesses, *Small Business Policy Guide* (Washington, D.C.: National Federation of Independent Businesses, 2000); D. Blanchflower and A. Oswald, "What Makes an Entrepreneur?" *Journal of Labor Economics* 16, no. 1 (1998): 26–60; I. Bernhardt, "Comparative Advantage in Self-Employment and Paid Work," *Canadian Journal of Economics* 27 (1994): 273–89; P. Robinson and E. Sexton, "The Effect of Education and Experience on Self-Employment Success," *Jour-*

nal of Business Venturing 9, no. 2 (1994): 141–56; Z. Lin, G. Picot, and J. Compton, "The Entry and Exit Dynamics of Self-Employment in Canada," *Small Business Economics* 15 (2000): 105–25; M. Taylor, "Earnings, Independence or Unemployment: Why Become Self-Employed?" *Oxford Bulletin of Economics and Statistics* 58, no. 2 (1996): 253–66; B. Schiller and P. Crewson, "Entrepreneurial Origins: A Longitudinal Study," *Economic Inquiry* 35, no. 3 (1997): 523–31; D. Evans and L. Leighton, "Some Empirical Aspects of Entrepreneurship," *American Economic Review* 79, no. 3 (1989): 519–35; G. Borjas, "The Self-Employment Experience of Immigrants," *Journal of Human Resources* 11 (1986): 485–506; E. Johansson, "Self-Employment and Liquidity Constraints: Evidence from Finland," *Scandinavian Journal of Economics* 102, no. 1 (2000): 123–34; T. Lindh and H. Ohlsson, "Self-Employment and Windfall Gains: Evidence from the Swedish Lottery," *Economic Journal* 106 (1996): 1515–26; D. MacPherson, "Self-Employment and Married Women," *Economic Letters* 28 (1988): 281–84; J. Butler and C. Herring, "Ethnicity and Entrepreneurship in America: Toward an Explanation of Racial and Ethnic Group Variations in Self-Employment," *Sociological Perspectives* 34, no. 1, (1991): 79–95.

(3) See, for example, a speech by Nigel Griffiths, a minister of Parliament in the United Kingdom, which can be downloaded from www.dti.gov.uk/ministers/archived/griffiths150302.html, or an article by Jim Hopkins in the *USA Today*, which can be found at http://www.usatoday.com/money/smallbusiness/2006-07-30-starting-your-business_x.htm.

(4) Take a look at http://www.sba.gov/young/columbiacollege/k_12.nsf/vwHTMLPages/worksht.html.

(5) 心理学的な性格が自営になる傾向に影響を与えるかどうかについて慎重に行われた研究からのデータが存在する．たとえば，ある研究によるなら，1952年と1993年の二度にわたって1763人のオランダの小学生を調査した結果，12歳の時点でのリスクに対する寛容度は，41年後に，その人が自営になるかどうかを予測するものだった（C. Van Praag and J. Cramer, "The Roots of Entrepreneurship and Labour Demand: Individual Ability and Low Risk Aversion," *Economica* 68, no. 269 [2001]: 45–62）．別の研究によるなら，子どもの頃に不安を喚起するような状況に対して寛容だった人は，その後の人生で自営になる割合が高いということが示されている（A. Burke, F. Fitzroy, and M. Nolan, "When Less is More: Distinguishing between Entrepreneurial Choice and Performance," *Oxford Bulletin of Economics and Statistics* 62, no. 5 [2000]: 565–86）．同様に，1982年にフィンランド軍に徴兵された3万7000人についての研究によるなら，用心深さという心理学的な特徴が，12年後にその特徴を持つ人が自営になる割合を低めていることが示されている（R. Uusitalo, "Homo entrepreneurs?" *Applied*

Economics 33 [2001]: 1631-38).

さらに，1998年のアメリカ合衆国の生産年齢人口の代表標本を研究した起業家動態パネル調査は，ビジネスを始めるプロセスに入っている人々と，そうでない人々とを比較している．そこでは，この二つのグループの間で，心理学的な性格の点で二，三の違いがあることが発見されている。たとえば，承認欲求を達成したり，役割期待に合致したりしつつ，かつ社会的にも自分自身に大きな自信を持ち，また，アプローチの目新しさではなく適切さに焦点をあてた認知様式や，個人による仕事への選好などを持つような人々は，そうでない人々に比べてビジネスを始めるプロセスに入っている割合が高い．しかしながら，心理学的な観点からする測定のほとんどに関して，起業家とそうでない人々との間には，何らの違いもなかったのである（P. Reynolds, New Firm Creation in the U.S.: A PSED I Overview, Hanover, Mass.: Now Publishers, 2007を参照）.

(6) P. Reynolds, *New Firm Creation in the U.S.: A PSED I Overview* (Hanover, Mass.: Now Publishers, 2007).

(7) L. Ross, "The Intuitive Psychologist and His Shortcomings: Distortions in the Attribution Process," in *Advances in Social Psychology*, vol. 10, ed. L. Berkowitz (New York: Academic Press, 1977).

(8) Downloaded from www.dallasfed.org/educate/everyday/ev3.html.

(9) M. Van Gelderen, R. Thurik, and N. Bosma, "Success and Risk Factors in the Pre-Start-Up Phase," *Small Business Economics* 26 (2006): 319–35; P. Reynolds and S. White, *The Entrepreneurial Process: Economic Growth, Men, Women, and Minorities* (Westport, Conn.: Greenwood, 1997); A. Burke, F. Fitzroy, and M. Nolan, "Self-Employment Wealth and Job Creation: The Roles of Gender, Non-pecuniary Motivation and Entrepreneurial Ability," *Small Business Economics* 9 (2002): 255–70; R. Uusitalo, "*Homo entreprenaurus?*" People also start businesses because they want jobs that allow them to "take initiative" and "to do important work" and because they have a low desire for job security (see M. Cowling, M. Taylor, and P. Mitchell, "Job Creators," *Manchester School* 72, no. 5 (2004): 601–17; Burke, Fitzroy, and Nolan, "Self-Employment Wealth").

(10) Evans and Leighton, "Empirical Aspects"; J. Ritsila and H. Tervo, "Effects of Unemployment on New Firm Formation: Micro-Level Panel Data Evidence from Finland," *Small Business Economics* 19 (2002): 31–40; P. Dolton and G. Makepeace, "Self-Employment Among Graduates," *Bulletin of Economic Research* 42, no. 1 (1990): 35–53; Blanchflower and Oswald, "What Makes an Entrepreneur?"

(11) Cowling, Taylor, and Mitchell, "Job Creators"; P. Reynolds, "Labor Force Participation and Residential Tenure," in *Handbook of Entrepreneurial Dynamics*, ed. W. Gartner, K. Shaver, N. Carter, and P. Reynolds (Thousand Oaks, Calif.: Sage, 2004),

62–77; R. Fairlie, "Self-Employment, Entrepreneurship, and the NLSY79," *Monthly Labor Review*, February 2005, 40–47. Ritsila and Tervo, "Effects of Unemployment"; Reynolds and White, *Entrepreneurial Process*; M. Taylor, "Self-Employment and Windfall Gains in Britain: Evidence from Panel Data," *Economica* 68 (2001): 539–65.

(12) Dolton and Makepeace, "Self-Employment among Graduates"; Evans and Leighton, "Empirical Aspects"; A. Alba-Ramirez, "Self-Employment in the Midst of Unemployment: The Case of Spain and the United States," *Applied Economics* 26 (1994): 189–204.

(13) Evans and Leighton, "Empirical Aspects"; Johansson, "Self-Employment and Liquidity Constraints"; Dolton and Makepeace, "Self-Employment among Graduates"; R. Amit, E. Muller, and I. Cockburn, "Opportunity Costs and Entrepreneurial Activity," *Journal of Business Venturing* 10, no. 2 (1995): 95–106; Taylor, "Earnings, Independence or Unemployment"; Bernhardt, "Comparative Advantage."

(14) Fairlie, "Self-Employment."

(15) "College Offers Fertile Ground for Starting a Business," http://www.quintcareers.com/college_entrepreneurs.html.

(16) M. Levesque and M. Minniti, "The Effect of Aging on Entrepreneurial Behavior," *Journal of Business Venturing* 21 (2006): 177–94.

(17) カウフマン企業調査は，そこからのデータが無回答を調整したサンプリング・ウェイトによって重み付けされたものである場合，「全国確率」標本である．このサンプル（標本）は，2004年に開始され，2004年にビジネスを開始するアクティビティ（たとえば，法的ステータスや従業員のIDナンバーを創設したり，あるいは失業保険や社会保障税を支払ったりする）を行う企業をダン・アンド・ブラッドストリートがリスト化したものもとづいたものである．

(18) Reynolds, *New Firm Creation*; Alba-Ramirez, "Self-Employment"; Taylor, "Earnings, Independence or Unemployment"; T Bates, "Self-Employment Entry across Industry Groups," *Journal of Business Venturing* 10, no. 2 (1995): 143–56.

(19) Bates, "Self-Employment Entry."

(20) A. Henley, "Job Creation by the Self-Employed: The Role of Entrepreneurial and Financial Capital," *Small Business Economics* 25 (2005): 175–96; Fairlie, "Self-Employment"; P. Davidsson and B. Honig, "The Role of Social and Human Capital among Nascent Entrepreneurs," *Journal of Business Venturing* 18 (2003): 301–31; F. Delmar and P. Davidsson, "Where Do They Come From? Prevalence and Characteristics of Nascent Entrepreneurs," *Entrepreneurship and Regional Development* 12 (2000): 1–23; P Kim, H. Aldrich, and L. Keister, "Access (Not) Denied: The Impact of Financial, Human, and Cultural Capital on Entrepreneurial Entry in the United States," *Small Busi-*

ness Economics 27 (2006): 5–22; Ritsila and Tervo, "Effects of Unemployment."

(21) "Hitting the Books," http://www.businessweek.com/magazine/content/06_38/b4001848.htm?chan=smallbiz_smallbiz+index+page_today's+top+stories.

(22) R. Finnie and C. Laporte, "Setting Up Shop: Self Employment among Canadian College and University Graduates," *Industrial Relations* 58, no. 1 (2003): 3–32; Dolton and Makepeace, "Self-Employment among Graduates"; Reynolds, *New Firm Creation.*

(23) Bates, "Self-Employment Entry"; Evans and Leighton, "Empirical Aspects"; Schiller and Crewson, "Entrepreneurial Origins"; Lin, Picot, and Compton, "Entry and Exit Dynamics."

(24) Experience starting a business also increases the odds that a person will start a business again. (See Evans and Leighton, "Empirical Aspects"; G. Carroll and E. Mosakowski, "The Career Dynamics of Self-Employment," *Administrative Science Quarterly* 32 [1987]: 570–89; Lin, Picot, and Compton, "Entry and Exit Dynamics"; P. Reynolds, "Who Starts New Firms?—Preliminary Explorations of Firms-in-Gestation," *Small Business Economics* 9 [1997]: 449–62; C. Praag and H. Pohem, "Determinants of Willingness and Opportunity to Start as an Entrepreneur," *Kyklos* 48, no. 4 [1995]: 513–40.) One study indicated that having prior start-up experience more than doubles (increases by 217 percent) the likelihood that a randomly sampled person will be in the process of starting a business at a given point in time. (See Davidsson and Honig, "Social and Human Capital"; and Delmar and Davidsson, "Where Do They Come From?") Many start-up efforts are undertaken by people with previous start-up experience. (See G. Haynes and C. Ou, "A Profile of Owners and Investors of Privately Held Businesses in the United States, 1989–1998" [paper presented at the Annual Conference of Academy of Entrepreneurial and Financial Research, New York, April 25–26, 2002]; P. Reynolds, N. Carter, W. Gartner, and P. Greene, "The Prevalence of Nascent Entrepreneurs in the United States: Evidence from the Panel Study of Entrepreneurial Dynamics," *Small Business Economics* 23 [2004]: 263–84; Van Gelderen, Thurik, and Bosma, "Success and Risk Factors"; J. Pratt, "Homebased Business: The Hidden Economy" [paper prepared for the Office of Advocacy, U.S. Small Business Administration, contract no. SBAHQ-97-M-0862, 1999]; Van Gelderen, Thurik, and Bosma, "Success and Risk Factors.")

(25) R. Boyd, "Black and Asian Self-Employment in Large Metropolitan Areas: A Comparative Analysis," *Social Problems* 37, no. 2 (1990): 258–74; Taylor, "Earnings, Independence or Unemployment"; Henley, "Job Creation"; Reynolds and White, *Entrepreneurial Process.*

(26) Reynolds, *New Firm Creation.*

(27) Delmar and Davidsson, "Where Do They Come From?"; Kim, Aldrich, and Keister, "Access (Not) Denied"; Honig and Davidsson, "Social and Human Capital."
(28) P. Reynolds, "Labor Force Participation and Residential Tenure," in *Handbook of Entrepreneurial Dynamics*, ed. Gartner et al., 62–77; J. Sanders and V. Nee, "Immigrant Self Employment: The Family as Social Capital and the Value of Human Capital," *American Sociological Review* 61 (1996): 231–49; S. Hipple, "Self-Employment in the United States: An Update," *Monthly Labor Review*, July 2004, 13–23.
(29) R. Fairlie and B. Meyer, "Ethnic and Racial Self-Employment Differences and Possible Explanations," *Journal of Human Resources* 31, no. 4 (1996): 757–93.
(30) Ibid.
(31) http://www.michigan.gov/documents/071604StartingaBusinessFactSheet_101302_7.pdf.
(32) H. Aldrich and N. Carter, "Teams," in *Handbook of Entrepreneurial Dynamics*, ed. Gartner et al., 324–35.

第4章

(1) J. Norberg, "Humanity's Greatest Achievement," *Wall Street Journal*, October 2, 2006, A11.
(2) P. Reynolds, "Understanding Business Creation: Serendipity and Scope in Two Decades of Business Creation Studies," *Small Business Economics* 24 (2005): 359–64.
(3) A. Bhide, *The Origin and Evolution of New Businesses* (Oxford: Oxford University Press, 2000).
(4) P. Reynolds *Entrepreneurship in the United States: The Future is Now* (New York, Springer, Forthcoming).
(5) J. Bregger, "Measuring Self-Employment in the United States," *Monthly Labor Review*, January–February 1996, 3–9; S. Hipple, "Self-Employment in the United States: An Update," *Monthly Labor Review*, July 2004, 13–23; A. Henley, "Job Creation by the Self-Employed: The Role of Entrepreneurial and Financial Capital," *Small Business Economics* 25 (2005): 175–96.
(6) B. Kirchhoff, *Entrepreneurship and Dynamic Capitalism* (Westport, Conn.: Praeger, 2004).
(7) A. Knaup, "Survival and Longevity in the Business Employment Dynamics Data," *Monthly Labor Review*, May 2005, 50–56; B. Headd, *Business Estimates from the Office of Advocacy: A Discussion of Methodology* (working paper, Office of Advocacy, U.S. Small Business Administration, June 2005), table 1; P. Reynolds, *New Firm Creation in the U.S.: A PSED I Overview* (Hanover, Mass.: Now Publishers); Bregger, "Measur-

ing Self-Employment."
(8) M. Bitler, T Moskowitz, and A. Vissing-Jorgensen, "Testing Agency Theory with Entrepreneur Effort and Wealth," *Journal of Finance* 60, no. 2 (2005): 539–76.
(9) J. Pratt, "Homebased Business: The Hidden Economy" (paper prepared for the Office of Advocacy, U.S. Small Business Administration, contract no. SBAHQ-97-M-0862, 1999).
(10) M. Van Gelderen, R. Thurik, and N. Bosma, "Success and Risk Factors in the Pre-Start-Up Phase," *Small Business Economics* 24 (2005): 365–380.
(11) P. Reynolds and S. White, *The Entrepreneurial Process: Economic Growth, Men, Women, and Minorities* (Westport, Conn.: Greenwood, 2007).
(12) Z. Acs, P. Arenius, M. Hay, and M. Minniti, *Global Entrepreneurship Monitor 2004 Executive Report* (Babson Park, Mass.: Babson College, 2004).
(13) G. Haynes, "Wealth and Income: How Did Small Businesses Fare from 1989 to 1998?" (report for the U.S. Small Business Administration, contract no. SBAHQ-00-M-0502, 2001).
(14) National Federation of Independent Businesses, *Small Business Policy Guide* (Washington, D.C.: National Federation of Independent Businesses, 2000).
(15) Pratt, "Homebased Business."
(16) Ibid.
(17) http://coachville.com/tl/thomasleonard//karla/formsCD/334businessideas.pdf; http://www10.americanexpress.com/sif/cda/page/0,1641,15677,00.asp.
(18) G. Hills and R. Singh, "Opportunity Recognition," in *Handbook of Entrepreneurial Dynamics*, ed. W. Gartner, K. Shaver, N. Carter, and P. Reynolds (Thousand Oaks, Calif.: Sage, 2004), 259–72.
(19) A. Cooper, T. Folta, and C. Woo, "Initial Human and Financial Capital as Predictors of New Venture Performance," *Journal of Business Venturing* 9, no. 5 (1995): 371–95.
(20) Hills and Singh "Opportunity Recognition."
(21) Ibid.
(22) R. Young and J. Francis, "Entrepreneurship and Innovation in Small Manufacturing Firms," *Social Science Quarterly* 72, no. 1 (1991): 149–62.
(23) Hills and Singh, "Opportunity Recognition."
(24) Ibid.
(25) A. Cooper and W. Dunkelberg, "Entrepreneurship Research: Old Questions, New Answers and Methodological Issues," *American Journal of Small Business* 11, no. 3 (1987): 11–23.

(26) Cooper and Dunkelberg, "Entrepreneurship Research."
(27) "Evaluating New Business Ideas," http://smallbusiness.yahoo.com/r-article-a-1258-m-1-sc-12-evaluating_new_business_ideas-i.
(28) Hills and Singh, "Opportunity Recognition."
(29) Ibid.
(30) W. Gartner, N. Carter, and P. Reynolds, "Business Start-Up Activities," in *Handbook of Entrepreneurial Dynamics*, ed. Gartner et al., 259–72.
(31) J. Eckhardt, S. Shane, and F Delmar, "Multistage Selection and the Financing of New Ventures," *Management Science* 52, no. 2 (2006): 220–32.
(32) Reynolds and White, *Entrepreneurial Process.*
(33) S. Parker and Y. Belghitar, "What Happens to Nascent Entrepreneurs? An Econometric Analysis of the PSED," *Small Business Economics* 27 (2006): 81–101; Van Gelderen, Thurik, and Bosma, "Success and Risk Factors."
(34) Reynolds, *New Firm Creation.*
(35) Reynolds and White, *Entrepreneurial Process.*
(36) S. Shane and F. Delmar, "Planning for the Market: Business Planning before Marketing and the Continuation of Organizing Efforts," *Journal of Business Venturing* 19 (2004): 767–85.
(37) Reynolds and White, *Entrepreneurial Process.*
(38) F. Delmar and S. Shane, "Does Business Planning Facilitate the Development of New Ventures?" *Strategic Management Journal* 24, no. 12 (2003): 1165–85.
(39) F Delmar and S. Shane, "Legitimating First: Organizing Activities and the Survival of New Ventures," *Journal of Business Venturing* 19 (2004): 385–410.
(40) J. Katz and W. Gartner, "Properties of Emerging Organizations," *Academy of Management Review* 13 (1988): 429–41.
(41) Parker and Belghitar, "What Happens."
(42) P. Reynolds, N. Carter, W. Gartner, and P. Greene, "The Prevalence of Nascent Entrepreneurs in the United States: Evidence from the Panel Study of Entrepreneurial Dynamics," *Small Business Economics* 23 (2004): 263–84.
(43) Hills and Singh, "Opportunity Recognition."
(44) Reynolds and White, *Entrepreneurial Process.*
(45) Ibid.
(46) ベンチャーチームは非常に小さい．起業家動態パネル調査のデータによると，2人以上のベンチャーチームはわずか26%しか存在しない．1人で始められた会社も考慮に入れると，2人以上のベンチャーチームによって設立される企業は，ベンチャー全体のわずか13%でしかない（以下を参照せよ．H. Aldrich, N. Carter, and M. Ruef,

"Teams", in Handbook of Entrepreneurial dynamics, ed. Gartner et al., 259–72.).
(47) Van Gelderen, Thurik, and Bosma, "Success and Risk Factors"; M. Ruef, H. Aldrich, and N. Carter, "The Structure of Founding Teams: Homophily, Strong Ties, and Isolation among U.S. Entrepreneurs," *American Sociological Review* 68 (2003): 195–222.
(48) Aldrich, Carter, and Ruef, "Teams."
(49) Ruef, Aldrich, and Carter, "Structure of Founding Teams"; Reynolds and White, *Entrepreneurial Process.*
(50) Reynolds and White, *Entrepreneurial Process.*

第5章

(1) M. Stouder and B. Kirchoff, "Funding the First Year of Business," in *Handbook of Entrepreneurial Dynamics*, ed. W. Gartner, K. Shaver, N. Carter, and P. Reynolds (Thousand Oaks, Calif.: Sage, 2004), 352–71; P. Reynolds, *Entrepreneurship in the United States* (Miami: Florida International University, 2005).
(2) E. Hurst and A. Lusardi, "Liquidity Constraints, Household Wealth, and Entrepreneurship," *Journal of Political Economy* 112, no. 2 (2004): 319–47.
(3) D. Blanchflower and A. Oswald, "What Makes an Entrepreneur?" *Journal of Labor Economics* 16, no. 1 (1998): 26–60
(4) P. Reynolds and S. White, *The Entrepreneurial Process: Economic Growth, Men, Women, and Minorities* (Westport, Conn.: Greenwood, 1997).
(5) Reynolds and White, *Entrepreneurial Process.*
(6) P. Kim, H. Aldrich, and L. Keister, "Access (Not) Denied: The Impact of Financial, Human, and Cultural Capital on Entrepreneurial Entry in the United States," *Small Business Economics* 27 (2006): 5–22.
(7) Reynolds and White, *Entrepreneurial Process*; Stouder and Kirchoff, "Funding the First Year."
(8) Hurst and Lusardi, "Liquidity Constraints."
(9) T. Bates, "Self-Employment Entry across Industry Groups," *Journal of Business Venturing* 10 (1995): 143–56; R. Fairlie, "Self-Employment, Entrepreneurship, and the NLSY79," *Monthly Labor Review*, February 2005, 40–47; A. Henley, "Job Creation by the Self-Employed: The Role of Entrepreneurial and Financial Capital," *Small Business Economics* 25 (2005): 175–96; J. Butler and C. Herring, "Ethnicity and Entrepreneurship in America: Toward an Explanation of Racial and Ethnic Group Variations in Self-Employment," *Sociological Perspectives* 34, no. 1 (1991): 79–95; M. Taylor, "Earnings, Independence or Unemployment: Why Become Self-Employed?" *Oxford Bulletin of*

Economics and Statistics 58, no. 2 (1996): 253–266.

(10) A. Burke, F. Fitzroy, and M. Nolan, "When Less Is More: Distinguishing between Entrepreneurial Choice and Performance," *Oxford Bulletin of Economics and Statistics* 62, no. 5 (2000): 565–86; D. Evans and B. Jovanovic, "An Estimated Model of Entrepreneurial Choice under Liquidity Constraints," *Journal of Political Economy* 97 (1989): 808–27; D. Evans and L. Leighton, "Some Empirical Aspects of Entrepreneurship," *American Economic Review* 79, no. 3 (1989): 519–35; D. Holtz-Eakin, D. Joulfaian, and H. Rosen, "Sticking It Out: Entrepreneurial Survival and Liquidity Constraints," *Journal of Political Economy* 102 (1994): 53–75; D. Holtz-Eakin, D. Joulfaian, and H. Rosen, "Entrepreneurial Decisions and Liquidity Constraints," *RAND Journal of Economics* 25, no. 2 (1994): 334–47.

(11) Hurst and Lusardi, "Liquidity Constraints."

(12) N. Nicolaou, S. Shane, L. Cherkas, J. Hunkin, and T. Spector, "Is the Tendency to Engage in Self-Employment Genetic?" (working paper, Imperial College, 2006).

(13) T Lindh and H. Ohlsson, "Self-Employment and Windfall Gains: Evidence from the Swedish Lottery," *Economic Journal* 106 (1996): 1515–26.

(14) Hurst and Lusardi, "Liquidity Constraints."

(15) Stouder and Kirchoff, "Funding the First Year."

(16) Ibid.

(17) A. Berger and G. Udell, "The Economics of Small Business Finance: The Roles of Private Equity and Debt Markets in the Financial Growth Cycle," *Journal of Banking and Finance* 22 (1998): 613–73; R. Avery, R. Bostic, and K. Samolyk, "The Role of Personal Wealth in Small Business Finance," *Journal of Banking and Finance* 22 (1998): 1019–61; A. Hanley and S. Girma, "New Ventures and Their Credit Terms," *Small Business Economics* 26 (2006): 351–64.

(18) Avery, Bostic, and Samolyk, "Role of Personal Wealth."

(19) J. Eckhardt, S. Shane, and F. Delmar, "Multistage Selection and the Financing of New Ventures," *Management Science* 52, no. 2 (2006): 220–32.

(20) Kim, Aldrich, and Keister, "Access (Not) Denied."

(21) Eckhardt, Shane, and Delmar, "Multistage Selection."

(22) Z. Fluck, D. Holtz-Eakin, and H. Rosen, "Where Does the Money Come From? The Financing of Small Entrepreneurial Enterprises" (Center for Policy Research Metropolitan Studies Program Discussion Papers, Syracuse University, no. 191, 1998); Eckhardt, Shane, and Delmar, "Multistage Selection"; R. Cole, "The Importance of Relationships to the Availability of Credit," *Journal of Banking and Finance* 22 (1998): 959–77.

(23) Eckhardt, Shane, and Delmar, "Multistage Selection"; G. Cassar, "The Financing of Business Start-Ups," *Journal of Business Venturing* 19 (2004): 261–83.

(24) National Federation of Independent Businesses, *Small Business Policy Guide* (Washington, D.C.: National Federation of Independent Businesses, 2000).

(25) H. Van Auken and R. Carter, "Capital Acquisition in Small Firms," *Journal of Small Business Management* 27 (1989): 1–9.

(26) Berger and Udell, "Economics of Small Business Finance."

(27) Reynolds, *Entrepreneurship in the United States.*

(28) Reynolds and White, *Entrepreneurial Process.*

(29) Berger and Udell, "Economics of Small Business Finance."

(30) M. Dollinger, *Entrepreneurship: Strategy and Resources* (Upper Saddle River, N.J.: Prentice Hall, 1999).

(31) T. Bates, "Entrepreneur Human Capital Inputs and Small Business Longevity," *Review of Economics and Statistics* 72, no. 4 (1990): 551–59; Cassar, "Financing of Business Start-Ups."

(32) Berger and Udell, "Economics of Small Business Finance."

(33) Ibid.

(34) Stouder and Kirchoff, "Funding the First Year."

(35) Berger and Udell, "Economics of Small Business Finance."

(36) "Creative Business Financing Options: Friends and Family," http://www.startup-nation.com/pages/articles/AT_Creative-Business-Financing-Options-Friends-Family.asp.

(37) "The Myth of Free Government Money: A Perennial and Pernicious Scam," http://www.businessweek.com/smallbiz/0001/sa000111.htm.

(38) "Deciding Who to Ask for Money," http://smallbusiness.aol.com/start/startup/article/_a/deciding-who-to-ask-for-money/20060319225809990001.

(39) Stouder and Kirchoff, "Funding the First Year."

(40) "The Myth of Free Government Money: A Perennial and Pernicious Scam," http://www.businessweek.com/smallbiz/0001/sa000111.htm.

(41) "The Odds: Ever Wondered ...," http://www.funny2.com/odds.htm.

(42) P. Auerswald and L. Branscomb, "Start-Ups and Spin-Offs: Collective Entrepreneurship between Invention and Innovation," in *The Emergence of Entrepreneurship Policy*, ed. D. Hart (Cambridge: Cambridge University Press, 2004).

(43) G. Kawasaki, *The Art of the Start* (New York: Penguin Group, 2004).

(44) "The Odds: Ever Wondered ...," http://www.funny2.com/odds.htm.

(45) Berger and Udell, "Economics of Small Business Finance."

(46) J. Lerner, "When Bureaucrats Meet Entrepreneurs: The Design of Effective Pub-

lic Venture Capital Programs," in *Public Policy and the Economics of Entrepreneurship*, ed. D. Holtz-Eakin and H. Rosen (Cambridge: MIT Press, 2004).
(47) Reynolds, *Entrepreneurship in the United States.*
(48) Berger and Udell, "Economics of Small Business Finance."
(49) Calculated from data contained in Reynolds, *Entrepreneurship in the United States.*
(50) W. Bygrave, M. Hay, E. Ng, and P. Reynolds, "A Study of Informal Investing in Twenty-nine Nations Composing the Global Entrepreneurship Monitor," in *Frontiers of Entrepreneurship Research*, ed. W. Bygrave, C. Brush, P. Davidson, J. Fiet, P. Greene, R. Harrison, M. Lerner, G. Meyer, J. Sohl, and A. Zacharakis (Babson Park, Mass.: Babson College, 2002), 366–81; M. Maula, E. Autio, and P. Arenius, "What Drives Micro-Angel Investments?" *Small Business Economics* 25 (2005): 459–75.
(51) G. Haynes and C. Ou, "A Profile of Owners and Investors of Privately Held Businesses in the United States, 1989–1998" (paper presented at the annual conference of Academy of Entrepreneurial and Financial Research, New York, April 25–26, 2002).
(52) "Angel Investor Market Grows in the First Half of 2006," http://www.newswise.com/articles/view/523634/.
(53) Reynolds, *Entrepreneurship in the United States.*
(54) Bygrave et al., "Study of Informal Investing."
(55) D. Amis and H. Stevenson, *Winning Angels: The Seven Fundamentals of Early Stage Investing* (London: Financial Times Prentice Hall, 2001).
(56) Reynolds, *Entrepreneurship in the United States.*
(57) Ibid.
(58) Ibid.

第6章

(1) T Stanley and W. Danko, *The Millionaire Next Door* (Atlanta: Longstreet, 1996).
(2) D. Evans and L. Leighton, "Some Empirical Aspects of Entrepreneurship," *American Economic Review* 79, no. 3 (1989): 519–35; M. Taylor, "Survival of the Fittest? An Analysis of Self-Employment Duration in Britain," *Economic Journal* 109 (1999): C140–C155; M. Van Praag, "Business Survival and Success of Young Small Business Owners," *Small Business Economics* 21 (2003): 1–17.
(3) B. Kirchhoff, *Entrepreneurship and Dynamic Capitalism: The Economics of Business Formation and Growth* (Westport, Conn.: Praeger, 1994); C. Brown, J. Hamilton, and J. Medoff, *Employers Large and Small* (Cambridge: Harvard University Press, 1990); R. McGuckin, and A. Nucci, "Survival Patterns for Small Businesses: Who Sur-

vives?" (*1991 Research Conference Report*, Document 7302 [Rev. 3-92], U.S. Department of the Treasury, Internal Revenue Service, Washington, D.C., 1992); B. Headd, "Business Success: Factors Leading to Surviving and Closing Successfully" (U.S. Census Center for Economic Studies Discussion Paper, 2000); R. Boden, "Analyses of Business Dissolution by Demographic Category of Ownership" (report for the U.S. Small Business Administration, contract no. SBA-HQ-00-M-0497, 2001); A. Nucci, "The Demography of Business Closings," *Small Business Economics* 12 (1999): 25-39.

(4) "The Wonderland Economy," http://www.inc.com/magazine/19950515/2686.html (emphasis added).

(5) B. Headd, "Redefining Business Success: Distinguishing between Closure and Failure," *Small Business Economics* 21 (2003): 51-61.

(6) Office of Advocacy, *The Small Business Economy* (Washington, D.C.: U.S. Government Printing Office, 2005).

(7) R. Fairlie and A. Robb, *Race, Families, and Business Success: A Comparison of African-American-, Asian-and White-Owned Businesses* (New York: Russell Sage Foundation, forthcoming).

(8) M. Bitler, T. Moskowitz, and A. Vissing-Jorgensen, "Testing Agency Theory with Entrepreneur Effort and Wealth," *Journal of Finance* 60, no. 2 (2005): 539-76.

(9) R. Uusitalo, *"Homo entreprenaurus?" Applied Economics* 33 (2001): 1631-38; D. Kawaguchi, "Compensating Wage Differentials among Self-Employed Workers: Evidence from Job Satisfaction Scores" (Discussion Paper no. 568, Institute of Social and Economic Research, Osaka University, 2002); B. Hamilton, "Does Entrepreneurship Pay? An Empirical Analysis of the Returns to Self-Employment," *Journal of Political Economy* 108, no. 3 (2000): 604-31; R. Fairlie, "Does Business Ownership Provide a Source of Upward Mobility for Blacks and Hispanics," in *Public Policy and the Economics of Entrepreneurship*, ed. D. Holtz-Eakin and H. Rosen (Cambridge: MIT Press, 2004); R. Fairlie, "Self-Employment, Entrepreneurship, and the NLSY79," *Monthly Labor Review*, February 2005,40-47.

(10) Hamilton, "Does Entrepreneurship Pay?"

(11) Kawaguchi, "Compensating Wage Differentials."

(12) Hamilton, "Does Entrepreneurship Pay?"

(13) W. Carrington, K. McCue, and B. Pierce, "The Role of Employer/Employee Interactions in Labor Market Cycles: Evidence from the Self-Employed," *Journal of Labor Economics* 14, no. 4 (1996): 571-602; I. Bernhardt, "Comparative Advantage in Self-Employment and Wage Work," *Canadian Journal of Economics* 27, no. 2 (1994): 273-89; P. Dolton and G. Makepeace, "Self-Employment among Graduates," *Bulletin of Eco-*

nomic Research 42, no. 1 (1990): 35–53; Uusitalo, *"Homo entreprenaurus?"*; Hamilton, "Does Entrepreneurship Pay?"; Fairlie, "Self-Employment"; Z. Lin, G. Picot, and J. Compton, "The Entry and Exit Dynamics of Self-Employment in Canada," *Small Business Economics* 15 (2000): 105–25.

(14) D. Holtz-Eakin, H. Rosen, and R. Weathers, "Horatio Alger Meets the Mobility Tables," *Small Business Economics* 14 (2000): 243–74.

(15) Bitler, Moskowitz, and Vissing-Jorgensen, "Testing Agency Theory."

(16) Ibid.

(17) Lin, Picot, and Compton, "Entry and Exit Dynamics"; Uusitalo, *"Homo entreprenaurus?"*; D. Blanchflower, "Self-Employment: More May Not Be Better," *Swedish Economic Policy Review* 11, no. 2 (2004): 15–74; M. Puri and D. Robinson, "Who Are Entrepreneurs and Why Do They Behave That Way?" (working paper, Duke University, 2006).

(18) Blanchflower, "Self-Employment: More May Not Be Better."

(19) G. Arabsheibani, D. De Meza, J. Maloney, and B. Pearson, "And a Vision Appeared unto Them of Great Profit: Evidence of Self-Deception among the Self-Employed," *Economic Letters* 67 (2000): 35–41.

(20) A. Cooper, C. Woo, and W. Dunkelberg, "Entrepreneurs' Perceived Chances for Success," *Journal of Business Venturing* 3 (1988): 97–108.

(21) A. Henley, "Job Creation by the Self-Employed: The Role of Entrepreneurial and Financial Capital," *Small Business Economics* 25 (2005): 175–96.

(22) B. Kirchhoff, *Entrepreneurship and Dynamic Capitalism* (Westport, Conn.: Praeger, 1994); H. Aldrich, *Organizations Evolving* (London: Sage, 1999); J. Duncan and D. Handler, "The Misunderstood Role of Small Business," *Business Economics* 29, no. 3 (1994): 7–12.

(23) P. Reynolds and S. White, *The Entrepreneurial Process: Economic Growth, Men, Women, and Minorities* (Westport, Conn.: Greenwood, 1997).

(24) Duncan and Handler, "Misunderstood Role."

(25) National Federation of Independent Businesses, *Small Business Policy Guide* (Washington, D.C.: National Federation of Independent Businesses, 2000).

(26) M. Gutter and T Saleem, "Financial Vulnerability of Small Business Owners," *Financial Services Review* 14 (2005): 133–47.

(27) V. Quadrini, "Entrepreneurship, Saving, and Social Mobility," *Review of Economic Dynamics* 3 (2000): 1–40; W. Gentry and R. Hubbard, "Entrepreneurship and Household Saving" (working paper, Columbia University, New York, 2005).

(28) Gutter and Saleem, "Financial Vulnerability."

(29) Quadrini, "Entrepreneurship, Saving, and Social Mobility"; Gentry and Hubbard, "Entrepreneurship and Household Saving."
(30) Blanchflower, "Self-Employment: More May Not Be Better."
(31) D. Blanchflower, "Self-Employment in OECD Countries," *Labour Economics* 7 (2000): 471–505; B. Frey and M. Benz, "Being Independent Is a Great Thing: Subjective Evaluations of Self-Employment and Hierarchy" (Working Paper no. 135, Institute for Empirical Research in Economics, Zurich, Switzerland, 2003); R. Finnie and C. Laporte, "Setting Up Shop: Self Employment among Canadian College and University Graduates," *Industrial Relations* 58, no. 1 (2003): 3–32; Blanchflower, "Self-Employment: More May Not Be Better."
(32) Frey and Benz, "Being Independent"; Kawaguchi, "Compensating Wage Differentials."
(33) National Federation of Independent Businesses, *Small Business Policy Guide.*
(34) Frey and Benz, "Being Independent"; Blanchflower, "Self-Employment: More May Not Be Better."

第7章

(1) F. Delmar and S. Shane, "Legitimating First: Organizing Activities and the Survival of New Ventures," *Journal of Business Venturing* 19 (2004): 385–410; B. Schiller and P. Crewson, "Entrepreneurial Origins: A Longitudinal Study," *Economic Inquiry* 35, no. 3 (1997): 523–31; D. Evans and L. Leighton, "Some Empirical Aspects of Entrepreneurship," *American Economic Review* 79, no. 3 (1989): 519–35; P. Reynolds, "New Firms: Societal Contribution versus Survival Potential," *Journal of Business Venturing* 2 (1987): 231–46; J. Gimeno, T Folta, A. Cooper, and C. Woo, "Survival of the Fittest? Entrepreneurial Human Capital and the Persistence of Underperforming Firms," *Administrative Science Quarterly* 42 (1997): 750–78; M. Hannan and J. Freeman, *Organizational Ecology* (Cambridge: Harvard University Press, 1989); G. Carroll and M. Hannan, "Density Dependence in the Evolution of Newspaper Organizations," *American Sociological Review* 54 (1989): 524–41; G. Carroll and J. Wade, "Density Dependence in Organizational Evolution of the American Brewing Industry from 1633 to 1988," *Acta Sociologica* 34 (1991): 155–76; G. Carroll and J. Delacroix, "Organizational Mortality in the Newspaper Industries in Argentina and Ireland: An Ecological Approach," *Administrative Science Quarterly* 27 (1982): 169–98; G. Carroll and P. Huo, "Organizational Task and Institutional Environments in Ecological Perspective: Findings from the Local Newspaper Industry," *American Journal of Sociology* 91 (1986): 838–73; S. Olzak and E. West, "Ethnic Conflict and the Rise and Fall of Ethnic Newspapers,"

American Sociological Review 56 (1991): 458–74; T. Amburgey, T. Dacin, and D. Kelly, "Disruptive Selection and Population Segmentation: Interpopulation Competition as a Segregating Process," in *Evolutionary Dynamics of Organizations*, ed. J. Baum and J. Singh, 240–54 (New York: Oxford University Press, 1994); J. Freeman, G. Carroll, and M. Hannan, "The Liabilities of Newness: Age Dependence in Organizational Death Rates," *American Sociological Review* 48 (1983): 692–710; M. Hannan, "Social Change, Organizational Diversity and Individual Careers," in *Social Change and the Life Course*, ed. M. Riley (Newbury Park, Calif.: Sage, 1988); J. Wade, A. Swaminathan, and M. Saxon, "Normative and Resource Flow Consequences of Local Regulations in the American Brewing Industry, 1845–1918," *Administrative Science Quarterly* 43 (1998): 905–35; H. Haveman, "Between a Rock and a Hard Place: Organizational Change and Performance under Conditions of Fundamental Environmental Transformation," *Administrative Science Quarterly* 37 (1992): 48–75; J. Delacroix, A. Swaminathan, and M. Solt, "Density Dependence versus Population Dynamics: An Ecological Study of Failures in the California Wine Industry, 1941–1984," in *Ecological Models of Organization*, ed. G. Carroll, 53–68 (Oxford: Oxford University Press, 1989); W. Lehrman, "Diversity in Decline: Institutional and Organizational Failure in the American Life Insurance Industry," *Social Forces* 73 (1994): 605–36; W. Mitchell, "The Dynamics of Evolving Markets: The Effects of Business Sales and Age on Dissolutions and Divestitures," *Administrative Science Quarterly* 39 (1994): 575–602; M. Hannan, G. Carroll, E. Dundon, and J. Torres, "Organizational Evolution in a Multinational Context: Entries of Automobile Manufacturers in Belgium, Britain, France, Germany, and Italy," *American Sociological Review* 60 (1995): 509–28; W. Barnett, "The Dynamics of Competitive Intensity," *Administrative Science Quarterly* 42 (1997): 128–60; J. Mata and P. Portugal, "Life Duration of New Firms," *Journal of Industrial Economics* 42, no. 3 (1994): 227–43; T. Bates, "Entrepreneur Human Capital Inputs and Small Business Longevity," *Review of Economics and Statistics* 72, no. 4 (1990): 551–59.

(2) Gimeno et al., "Survival of the Fittest?"; Schiller and Crewson, "Entrepreneurial Origins"; M. Taylor, "Self-Employment and Windfall Gains in Britain: Evidence from Panel Data," *Economica* 68 (2001): 539–65; G. Haynes, "Wealth and Income: How Did Small Businesses Fare from 1989 to 1998?" (report for the U.S. Small Business Administration, contract no. SBAHQ-00-M-0502, 2001); M. Gutter and T. Saleem, "Financial Vulnerability of Small Business Owners," *Financial Services Review* 14 (2005): 133–47; A. Burke, F. Fitzroy, and M. Nolan, "When Less Is More: Distinguishing between Entrepreneurial Choice and Performance," *Oxford Bulletin of Economics and Statistics* 62, no. 5 (2000): 565–86; D. Williams, "Why Do Entrepreneurs Become Franchisees?

An Empirical Examination of Organizational Choice," *Journal of Business Venturing* 14, no. 1 (1999): 103–24.

(3) D. Audretsch, "New Firm Survival and the Technological Regime," *Review of Economics and Statistics* 73, no. 3 (1991): 441–50; B. Kirchhoff, *Entrepreneurship and Dynamic Capitalism: The Economics of Business Formation and Growth* (Westport, Conn.: Praeger, 1994); M. Taylor, "Earnings, Independence or Unemployment: Why Become Self-Employed?" *Oxford Bulletin of Economics and Statistics* 58, no. 2 (1996): 253–66; Taylor, "Self-Employment and Windfall Gains"; Gimeno et al., "Survival of the Fittest?"; Haynes, "Wealth and Income"; Gutter and Saleem, "Financial Vulnerability"; P. Reynolds and S. White, *The Entrepreneurial Process: Economic Growth, Men, Women, and Minorities* (Westport, Conn.: Greenwood, 1997); V. Schutgens and E. Wever, "Determinants of New Firm Success," *Papers in Regional Science* 79 (2000): 135–59; R. Cressy, "Pre-entrepreneurial Income, Cash-Flow Growth and Survival of Startup Businesses: Model and Tests on U. K. Data," *Small Business Economics* 8 (1996): 49–58; Reynolds, "New Firms"; P. Reynolds, "Autonomous Firm Dynamics and Economic Growth in the United States, 1986–1990," *Regional Studies* 28, no. 4 (1993): 429–42.

(4) B. Headd, "Redefining Business Success: Distinguishing between Closure and Failure," *Small Business Economics* 21 (2003): 51–61; R. Boden, "Analyses of Business Dissolution by Demographic Category of Ownership" (report for the U.S. Small Business Administration, University of Toledo, 2000); H. Persson, "The Survival and Growth of New Establishments in Sweden, 1987–1995," *Small Business Economics* 23 (2004): 423–40; M. Van Praag, "Business Survival and Success of Young Small Business Owners," *Small Business Economics* 21 (2003): 1–17; Reynolds and White, *Entrepreneurial Process*; R. Cressy, "Pre-entrepreneurial Income."

(5) Mata and Portugal, "Life Duration of New Firms"; T Dunne, M. Roberts, and L. Samuelson, "Patterns of Firm Entry and Exit in U.S. Manufacturing Industries," *RAND Journal of Economics* 19, no. 4 (1988): 495–515; Audretsch, "New Firm Survival."

(6) J. Eckhardt and S. Shane, "Creative Destruction or Creative Accumulation?" (working paper, University of Wisconsin, 2006).

(7) Carroll and Huo, "Organizational Task and Institutional Environments"; Mata and Portugal, "Life Duration of New Firms"; D. Audretsch, "Innovation, Growth and Survival," *International Journal of Industrial Organization* 13 (1995): 441–57; J. Mata, P. Portugal, and P. Guimaraes, "The Survival of New Plants: Start-Up Conditions and Post-Entry Evolution," *International Journal of Industrial Organization* 13 (1995): 459–

81; Delacroix, Swaminathan, and Solt, "Density Dependence"; W. Barnett, "The Organizational Ecology of a Technological System," *Administrative Science Quarterly* 35 (1990): 31–60.

(8) Audretsch, "New Firm Survival"; D. Audretsch and T. Mahmood, "New Firm Survival: New Results Using a Hazard Function," *Review of Economics and Statistics* 77, no. 1 (1995): 97–103.

(9) Mata and Portugal, "Life Duration of New Firms"; Mata, Portugal, and Guimaraes, "Survival of New Plants."

(10) Delacroix, Swaminathan, and Solt, "Density Dependence versus Population Dynamics"; Headd, "Redefining Business Success"; Persson, "Survival and Growth"; Gimeno et al., "Survival of the Fittest?"; Kirchhoff, *Entrepreneurship and Dynamic Capitalism*; Schutgens and Wever, "Determinants of New Firm Success"; Mata and Portugal, "Life Duration of New Firms"; Mata, Portugal, and Guimaraes, "Survival of New Plants"; Bates, "Entrepreneur Human Capital Inputs"; Reynolds and White, *Entrepreneurial Process*; T. Bates, "Self Employment Entry across Industry Groups," *Journal of Business Venturing* 10, no. 2 (1995): 143–56; Taylor, "Survival of the Fittest?"; Burke, Fitzroy, and Nolan, "When Less Is More"; Haynes, "Wealth and Income"; Gutter and Saleem, "Financial Vulnerability"; A. Alba-Ramirez, "Self-Employment in the Midst of Unemployment: The Case of Spain and the United States," *Applied Economics* 26 (1994): 189–204; G. Cassar, "The Financing of Business Start-Ups," *Journal of Business Venturing* 19 (2004): 261–83; M. Bitler, T Moskowitz, and A. Vissing-Jorgensen, "Testing Agency Theory with Entrepreneur Effort and Wealth," *Journal of Finance* 60, no. 2 (2005): 539–76; I. Verheul and R. Thurik, "Start-Up Capital: Does Gender Matter?" *Small Business Economics* 16 (2001): 329–45; Freeman, Carroll, and Hannan, "Liabilities of Newness"; J. Bruderl and P. Preisendorfer, "Network Support and the Success of Newly Founded Businesses," *Small Business Economics* 10 (1998): 213–25; J. Bruderl, P. Preisendorfer, and R. Ziegler, "Survival Chances of Newly Founded Business Organizations," *American Sociological Review* 57 (1992): 227–302; J. Ranger-Moore, "Bigger May Be Better but Is Older Wiser? Age Dependence in Organizational Age and Size in the New York Life Insurance Industry," *American Sociological Review* 58 (1997): 901–20; D. Barron, E. West, and M. Hannan, "A Time to Grow and a Time to Die: Growth and Mortality of Credit Unions in New York City, 1914–1990," *American Sociological Review* 100 (1994): 381–421; J. Delacroix and A. Swaminathan, "Cosmetic, Speculative, and Adaptive Organizational Change in the Wine Industry," *Administrative Science Quarterly* 26 (1991): 631–61; J. Baum and S. Mezias, "Localized Competition and Organizational Failure in the Manhattan Hotel Industry, 1898–1990," *Adminis-*

trative Science Quarterly 42, no. 2 (1992): 304–38; W. Barnett and G. Carroll, "Competition and Mutualism among Early Telephone Companies," *Administrative Science Quarterly* 32, no. 3 (1987): 400–421; J. Baum, "Organizational Ecology," in *Handbook of Organizational Studies*, ed. S. Clegg, C. Hardy, and W. Nord, 77–114 (London: Sage, 1996); M. Fichman and D. Levinthal, "Honeymoons and the Liability of Adolescence: A New Perspective on Duration Dependence in Social and Organizational Relationships," *Academy of Management Review* 16, no. 2 (1991): 442–68; T Bates, "A Comparison of Franchise and Independent Small Business Survival Rates," *Small Business Economics* 7 (1994): 1–12; T Bates, "Financing Small Business Creation: The Case of Chinese and Korean Immigrant Entrepreneurs," *Journal of Business Venturing* 12, no. 2 (1997): 109–24; T. Bates and L. Sevron, "Viewing Self Employment as a Response to Lack of Suitable Opportunities for Wage Work," *National Journal of Sociology* 12, no. 2 (2000): 23–53; S. White and P. Reynolds, "Government Programs and High Growth New Firms," in *Frontiers of Entrepreneurship Research*, ed. P. Reynolds, S. Birley, J. Butler, W. Bygrave, P. Davidsson, W. Gartner, and P. McDougall, 661–35 (Babson Park, Mass.: Babson College, 1996); A. Cooper, W. Dunkelberg, and C. Woo, "Survival and Failure: A Longitudinal Study," in *Frontiers of Entrepreneurship Research*, ed. B. Kirchhoff, W. Long, W. McMullan, K. Vesper, and W. Wetzel, 225–237 (Babson Park, Mass.: Babson College, 1988).

(11) R. Fairlie and A. Robb, *Race, Families, and Business Success: A Comparison of African-American-, Asian-and White-Owned Businesses* (New York: Russell Sage Foundation, forthcoming).

(12) Boden, "Analyses of Business Dissolution"; Bruderl, Preisendorfer, and Ziegler, "Survival Chances"; Cressy, "Pre-entrepreneurial Income"; White and Reynolds, "Government Programs"; R. Avery, R. Bostic, and K. Samolyk, "The Role of Personal Wealth in Small Business Finance," *Journal of Banking and Finance* 22 (1998): 1019–61; Cassar, "Financing of Business Start-Ups."

(13) Bates, "Survival Rates"; Bates, "Self Employment Entry"; N. Bosma, M. Van Praag, R. Thurik, and G. De Wit, "The Value of Human and Social Capital Investments for the Business Performance of Startups," *Small Business Economics* 23 (2004): 227–36; Burke, Fitzroy, and Nolan, "When Less Is More"; Bitler, Moskowitz, and Vissing-Jorgensen, "Testing Agency Theory"; Verheul and Thurik, "Start-Up Capital."

(14) S. Shane and F. Delmar, "Planning for the Market: Business Planning before Marketing and the Continuation of Organizing Efforts," *Journal of Business Venturing* 19 (2004): 767–85.

(15) Cooper, Dunkelberg, and Woo, "Survival and Failure"; Reynolds and White, *En-*

trepreneurial Process; Schutgens and Wever, "Determinants of New Firm Success."
(16) J. Eckhardt, S. Shane, and F. Delmar, "Multistage Selection and the Financing of New Ventures," *Management Science* 52, no. 2 (2006): 220–32; Delmar and Shane, "Legitimating First"; Reynolds and White, *Entrepreneurial Process*; W. Dunkelberg, A. Cooper, C. Woo, and W. Denis, "New Firm Growth and Performance," in *Frontiers of Entrepreneurship Research*, ed. N. Churchill, J. Hornaday, B. Kirchhoff, O. Krasner, and K. Vesper, 307–21 (Babson Park, Mass.: Babson College, 1987); Schutgens and Wever, "Determinants of New Firm Success"; Shane and Delmar, "Planning for the Market"; F. Delmar and S. Shane, "Does Business Planning Facilitate the Development of New Ventures?" *Strategic Management Journal* 24, no. 12 (2003): 1165–85.
(17) A. Cooper and W. Dunkelberg, "Entrepreneurship Research: Old Questions, New Answers and Methodological Issues," *American Journal of Small Business* 11, no. 3 (1987): 11–23; R. Young and J. Francis, "Entrepreneurship and Innovation in Small Manufacturing Firms," *Social Science Quarterly* 72, no. 1 (1991): 149–62; Shane and Delmar, "Planning for the Market."
(18) A. Bhide, *The Origin and Evolution of New Businesses* (Oxford: Oxford University Press, 2000).
(19) Reynolds and White, *Entrepreneurial Process*; Delmar and Shane, "Legitimating First."
(20) Reynolds, "New Firms"; Reynolds and White, *Entrepreneurial Process*; Reynolds, "Autonomous Firm Dynamics"; Dunkelberg et al., "New Firm Growth and Performance."
(21) T. Stearns, N. Carter, P. Reynolds, and M. Williams, "New Firm Survival: Industry, Strategy and Location," *Journal of Business Venturing* 10, no. 1 (1995): 23–42.
(22) Gimeno et al., "Survival of the Fittest?"; Bruderl, Preisendorfer, and Ziegler, "Survival Chances"; Reynolds, "New Firms."
(23) Shane and Delmar, "Planning for the Market."
(24) R. Boden and A. Nucci, "On the Survival Prospects of Men's and Women's New Business Ventures," *Journal of Business Venturing* 15 (1998): 347–62; Bates, "Entrepreneur Human Capital Inputs"; Bates, "Survival Rates"; Bates, "Self Employment Entry"; Bates, "Financing Small Business Creation"; Bates and Sevron, "Viewing Self Employment"; Reynolds and White, *Entrepreneurial Process*; Burke, Fitzroy, and Nolan, "When Less Is More"; Bruderl and Preisendorfer, "Network Support"; Bruderl, Preisendorfer, and Ziegler, "Survival Chances"; G. Borjas and A. Bronnars, "Consumer Discrimination and Self Employment," *Journal of Political Economy* 97 (1989): 581–605; Evans and Leighton, "Empirical Aspects"; Schiller and Crewson, "Entrepreneurial Ori-

gins"; P. Robinson and E. Sexton, "The Effect of Education and Experience on Self-Employment Success," *Journal of Business Venturing* 9, no. 2 (1994): 141–56; C. Van Praag and J. Cramer, "The Roots of Entrepreneurship and Labour Demand: Individual Ability and Low Risk Aversion," *Economica* 68, no. 269 (2001): 45–62.
(25) Fairlie and Robb, *Race, Families, and Business Success.*
(26) Headd, "Redefining Business Success"; Bates, "Self Employment Entry"; Bates, "Entrepreneur Human Capital Inputs"; R. Fairlie, "Self-Employment, Entrepreneurship, and the NLSY79," *Monthly Labor Review* (February 2005): 40–47; Bosma et al., "Human and Social Capital Investments"; D. Holtz-Eakin, D. Joulfaian, and H. Rosen, "Sticking It Out: Entrepreneurial Survival and Liquidity Constraints," *Journal of Political Economy* 102 (1994): 53–75.
(27) Boden and Nucci, "Survival Prospects"; Bruderl, Preisendorfer, and Ziegler, "Survival Chances"; Bruderl and Preisendorfer, "Network Support"; Taylor, "Survival of the Fittest?"; Robinson and Sexton, "Effect of Education"; Schiller and Crewson, "Entrepreneurial Origins"; Evans and Leighton, "Empirical Aspects."
(28) Taylor, "Survival of the Fittest?"; Cooper, Dunkelberg, and Woo, "Survival and Failure"; Bates, "Entrepreneur Human Capital Inputs"; Bates, "Financing Small Business Creation"; Cressy, "Pre-entrepreneurial Income."
(29) Bosma et al., "Human and Social Capital Investments"; Bruderl, Preisendorfer, and Ziegler, "Survival Chances"; Bruderl and Preisendorfer, "Network Support"; Delmar and Shane, "Legitimating First"; F Delmar and S. Shane, "Does Experience Matter? The Effect of Founding Team Experience on the Survival and Sales of Newly Founded Ventures," *Strategic Organization* 4, no. 3 (2006): 215–47; Headd, "Redefining Business Success"; Cooper, Dunkelberg, and Woo, "Survival and Failure"; Gimeno et al., "Survival of the Fittest?"; Dunkelberg et al., "New Firm Growth and Performance."
(30) Delmar and Shane, "Legitimating First"; Delmar and Shane, "Does Experience Matter?"; Taylor, "Survival of the Fittest?"; Bosma et al., "Human and Social Capital Investments"; Burke, Fitzroy, and Nolan, "When Less Is More"; P. Davidsson and B. Honig, "The Role of Social and Human Capital among Nascent Entrepreneurs," *Journal of Business Venturing* 18 (2003): 301–31.
(31) Delmar and Shane, "Does Experience Matter?"
(32) Cooper, Dunkelberg, and Woo, "Survival and Failure"; Gimeno et al., "Survival of the Fittest?"; Bosma et al., "Human and Social Capital Investments."
(33) White and Reynolds, "Government Programs"; Cassar, "Financing of Business Start-Ups."
(34) Evans and Leighton, "Empirical Aspects"; Schiller and Crewson, "Entrepreneurial

Origins"; Taylor, "Survival of the Fittest?"

第8章

(1) S. Clack and M. Weismantle, "Employment Status 2000: Census 2000 Brief," www.census.gov/prod/2003pubs/c2kbr-18.pdf; Office of Advocacy, "Women in Business: A Demographic Review of Women's Business Ownership" (working paper, U.S. Small Business Administration, 2003).

(2) Clack and Weismantle, "Employment Status 2000"; Office of Advocacy, "Women in Business."

(3) P. Reynolds, *New Firm Creation in the U.S.: A PSED I Overview* (Hanover, Mass.: Now Publishers, 2007).

(4) Small Business Administration, *The Small Business Economy: A Report to the President* (Washington, D.C.: U.S. Government Printing Office, 2005).

(5) D. Blanchflower, "Self-Employment in OECD Countries," *Labour Economics* 7 (2000): 471–505.

(6) F Delmar and P. Davidsson, "Where Do They Come From? Prevalence and Characteristics of Nascent Entrepreneurs," *Entrepreneurship and Regional Development* 12 (2000): 1–23.

(7) H. Xu and M. Ruef, "The Myth of the Risk Tolerant Entrepreneur," *Strategic Organization* 2, no. 4 (2004): 331–55.

(8) P. Reynolds, *Entrepreneurship in the United States* (Miami: Florida International University, 2005).

(9) N. Carter and C. Brush, "Gender," in *Handbook of Entrepreneurial Dynamics*, ed. W. Gartner, K. Shaver, N. Carter, and P. Reynolds, 12–25 (Thousand Oaks, Calif.: Sage, 2004).

(10) Ibid.

(11) "Educational Attainment of the Population Twenty-five Years and Over by Sex: March 2002," http://www.census.gov/population/socdemo/gender/ppl-166/tab07.xls.

(12) "Major Occupation Group of the Employed Civilian Population Sixteen Years and Over by Sex: March 2002," http://www.census.gov/population/socdemo/gender/ppl-166/tab11.xls.

(13) Xu and Ruef, "Myth of the Risk Tolerant Entrepreneur."

(14) P. Arenius and M. Minniti, "Perceptual Variables and Nascent Entrepreneurship," *Small Business Economics* 24 (2005): 233–47; Reynolds, *New Firm Creation*; A. Davis and H. Aldrich, "Work Participation History," in *Handbook of Entrepreneurial Dynamics*, ed. Gartner et al.

(15) Delmar and Davidsson, "Where Do They Come From?"; Reynolds, *New Firm Creation.*

(16) D. Blanchflower, "Self-Employment: More May Not Be Better," *Swedish Economic Policy Review* 11, no. 2 (2004): 15–74.

(17) M. Kourilsky and W. Walstad, *The Entrepreneur in Youth* (Cheltenham, UK: Edward Elgar, forthcoming).

(18) M. Minniti and P. Arenius, "Women in Entrepreneurship" (paper presented to the First Annual Global Entrepreneurship Symposium, New York, April 29, 2003).

(19) M. Minniti, I. Allen, and N. Langowitz, *Global Entrepreneurship Monitor 2005 Report on Women and Entrepreneurship* (Babson Park, Mass.: Babson College, 2005).

(20) R. Boden and A. Nucci, "On the Survival Prospects of Men's and Women's New Business Ventures," *Journal of Business Venturing* 15 (1998): 347–62; N. Bosma, M. Van Praag, R. Thurik, and G. De Wit, "The Value of Human and Social Capital Investments for the Business Performance of Startups," *Small Business Economics* 23 (2004): 227–36; P. Reynolds and S. White, *The Entrepreneurial Process: Economic Growth, Men, Women, and Minorities* (Westport, Conn.: Greenwood, 1997).

(21) Office of Advocacy, "Women in Business."

(22) Ibid.

(23) Ibid.

(24) A. Robb and J. Wolken, "Firm, Owner, and Financing Characteristics: Differences between Male- and Female-Owned Small Businesses" (working paper, Federal Reserve Board of Governors, 2002).

(25) R. Srinivasan, C. Woo, and A. Cooper, "Performance Determinants for Male and Female Entrepreneurs," in *Frontiers of Entrepreneurship Research*, ed. W. Bygrave, S. Birley, N. Churchill, E. Gatewood, F Hoy, R. Keeley, and W. Wetzel, 43–56 (Babson Park, Mass.: Babson College, 1993).

(26) R. Boden, "Analyses of Business Dissolution by Demographic Category of Ownership" (report for the U.S. Small Business Administration, University of Toledo, 2000); Srinivasan, Woo, and Cooper, "Performance Determinants."

(27) I. De Bare, "Encouraging Women to be Entrepreneurs," *San Francisco Chronicle*, May 28, 2006, http://www.sfgate.com/cgi-bin/article.cgi?file=/c/a/2006/05/28/BUGR8J2JNO1.DTL.

(28) G. Hundley, "Why Women Earn Less Than Men in Self-Employment," *Journal of Labor Research* 22, no. 4 (2001): 817–27.

(29) Reynolds, *Entrepreneurship in the United States.*

(30) Office of Advocacy, "Women in Business"; Robb and Wolken, "Firm, Owner, and

Financing Characteristics"; Hundley, "Why Women Earn Less."

(31) L. Edwards and E. Field-Hendrey, "Home-Based Work and Women's Labor Force Decisions," *Journal of Labor Economics* 20, no. 1 (2002): 170–200; R. Singh and L. Lucas, "Not Just Domestic Engineers: An Exploratory Study of Homemaker Entrepreneurs," *Entrepreneurship Theory and Practice*, January 2005, 79–90.

(32) Robb and Wolken, "Firm, Owner, and Financing Characteristics."

(33) R. Fairlie and A. Robb, *Race, Families, and Business Success: A Comparison of African-American-, Asian-and White-Owned Businesses* (New York: Russell Sage Foundation, forthcoming).

(34) H. Buttner and D. Moore, "Women's Organizational Exodus to Entrepreneurship: Self-Reported Motivations and Correlates with Success," *Journal of Small Business Management* 26 (1997): 31–35.

(35) B. Headd, "Redefining Business Success: Distinguishing between Closure and Failure," *Small Business Economics* 21 (2003): 51–61.

(36) 男性と女性の目標設定の違いは，男性起業家と女性起業家が働きたいと思う時間の長さの違いにもつながっているかもしれない．平均的な男性起業家は，平均的な女性起業家よりも長く働くが，このことが，男性起業家と女性起業家の業績の違いのいくつかを説明し得る可能性がある．

(37) R. Boden, "Flexible Working Hours, Family Responsibilities, and Female Self-Employment," *American Journal of Economics and Sociology* 58, no. 11 (1999): 71–83; R. Boden, "Gender and Self-Employment Selection," *Journal of Socio-economics* 25, no. 6 (1996): 671–82; K. Lombard, "Female Self-Employment and the Demand for Flexible, Nonstandard Work Schedules," *Economic Inquiry* 39, no. 2 (2001): 214–37; Y. Georgellis and H. Wall, "Gender Differences in Self-Employment" (working paper no. 2002–019B, Federal Reserve Bank of St. Louis, 2004); R. Connelly, "Self-Employment and Finding Childcare," *Demography* 29, no. 1 (1992): 17–29; H. Presser and W. Baldwin, "Child Care as a Constraint on Employment: Prevalence, Correlates, and Bearing on the Work and Fertility Nexus," *American Journal of Sociology* 85, no. 5 (1980): 1202–13; K. Christensen, *Women and Home-Based Work* (New York: Henry Holt, 1988).

(38) Minniti and Arenius, "Women in Entrepreneurship."

(39) Boden, "Gender and Self-Employment Selection"; S. Birley, "Female Entrepreneurs: Are They Really Any Different?" *Journal of Small Business Management* 27, no. 1 (1989): 32–37.

(40) Edwards and Field-Hendrey, "Home-Based Work."

第9章

(1) "A Tough Haul for Black Start-Ups," http://www.businessweek.com/magazine/content/02_41/c3803019.htm.

(2) "As Traditional Black-Owned Retail and Service Businesses Decline, New More Ambitious Black Entrepreneurs Emerge," www.inc.com/magazine/19940601/2953.html.

(3) "Black Entrepreneurs," www.ncpa.org/pd/affirm/pdaa/pdaa21.html.

(4) "The Rise of the Black Entrepreneur: A New Force for Economic and Moral Leadership," www.acton.org/ppolicy/comment/article.php?id=137.

(5) G. Haynes, "Wealth and Income: How Did Small Businesses Fare from 1989 to 1998?" (report for the U.S. Small Business Administration, contract no. SBAHQ-00-M-0502, 2001).

(6) R. Fairlie, "The Absence of African-American Owned Businesses: An Analysis of the Dynamics of Self-Employment," *Journal of Labor Economics* 17, no. 1 (1999): 80–108; R. Fairlie, "Self-Employment, Entrepreneurship, and the NLSY79," *Monthly Labor Review*, February 2005, 40–47; R. Fairlie, "Recent Trends in Ethnic and Racial Business Ownership," *Small Business Economics* 23 (2004): 203–18.

(7) Kourilsky and W. Walstad, *The Entrepreneur in Youth* (Cheltenham, UK: Ed ward Elgar, forthcoming).

(8) P. Reynolds, *Entrepreneurship in the United States: The Future is Now* (New York: Springer, forthcoming).

(9) "Blacks Make Gains in Business," http://www.timesdispatch.com/servlet/Satellite?pagename=RTD/MGArticle/RTD_BasicArticle&c=MGArticle&cid=1137836471973.

(10) Fairlie, "Absence of AfricanAmerican Owned Businesses."

(11) "A Black Entrepreneur in Banking Gives Others a Break," www.businessweek.com:/smallbiz/news/date/9906/f990630.htm?scriptFramed.

(12) R. Fairlie, "Does Business Ownership Provide a Source of Upward Mobility for Blacks and Hispanics," in *Public Policy and the Economics of Entrepreneurship*, ed. D. Holtz-Eakin and H. Rosen (Cambridge: MIT Press, 2004).

(13) http://www.census.gov/population/socdemo/education/phct4l/table3.xls.

(14) Fairlie, "Absence of African-American Owned Businesses."

(15) R. Fairlie and A. Robb, *Race, Families, and Business Success: A Comparison of African-American-, Asian-and White-Owned Businesses* (New York: Russell Sage Foundation, forthcoming).

(16) P. Reynolds, *New Firm Creation in the U.S.: A PSED I Overview* (Hanover,

Mass.: Now Publishers, 2007).

(17) "Net Worth and Asset Ownership of Households: 1998 and 2000," http://www.census.gov/prod/2003pubs/p70-88.pdf.

(18) Fairlie, "Absence of African-American Owned Businesses."

(19) P. Reynolds, *New Firm Creation: The Future is Now* (New York: Springer, forthcoming).

(20) Small Business Administration, *The Small Business Economy: A Report to the President* (Washington, D.C.: U.S. Government Printing Office, 2005).

(21) Fairlie, "Absence of African-American Owned Businesses."

(22) R. Fairlie and A. Robb, "Why Are Black-Owned Businesses Less Successful Than White-Owned Businesses? The Role of Families, Inheritances, and Business Human Capital" (working paper, University of California at Santa Cruz, 2003).

(23) Ibid.

(24) Small Business Administration, *The Small Business Economy: A Report to the President* (Washington, D.C.: U.S. Government Printing Office, 2005).

(25) Fairlie and Robb, *Race, Families, and Business Success.*

(26) Fairlie and Robb, "Why Are Black-Owned Businesses Less Successful?"

(27) Ibid.

(28) Ibid.

(29) Ibid.

(30) Ibid.

(31) Ibid.

(32) P. Reynolds, *Entrepreneurship in the United States* (*Miami: Florida International University, 2005*).

(33) K. Cavalluzzo and J. Wolken, "Small Business Loan Turndowns, Personal Wealth, and Discrimination," (working paper, Georgetown University, 2002).

(34) Office of Advocacy, *Small Business Economy.*

(35) Cavalluzzo and Wolken, "Small Business Loan Turndowns."

(36) Fairlie and Robb, *Race, Families, and Business Success.*

第10章

(1) D. Blanchflower, "Self-Employment: More May Not Be Better," *Swedish Economic Policy Review* 11, no. 2 (2004): 15–74; D. Bogenhold and U. Staber, "The Decline and Rise of Self-Employment," *Work, Employment and Society* 5, no. 2 (1991): 223–39.

(2) "The Wonderland Economy," http://www.inc.com/magazine/19950515/2686.html.

(3) P. Reynolds and S. White, *The Entrepreneurial Process: Economic Growth, Men,*

Women, and Minorities (Westport, Conn.: Greenwood, 1997).

(4) "States to Get Business Development Training," http://www.stateline.org/live/ViewPage.action?siteNodeId=136&languageId=1&contentId=14039.

(5) "President Bush Addresses Small Business Week Conference," http://www.whitehouse.gov/news/releases/2006/04/20060413-2.html.

(6) D. Blanchflower, "Self-Employment in OECD Countries," *Labour Economics* 7 (2000): 471–505; E. Hurst and A. Lusardi, "Liquidity Constraints, Household Wealth, and Entrepreneurship," *Journal of Political Economy* 112, no. 2 (2004): 319–47.

(7) Blanchflower, "Self-Employment: More May Not Be Better"; Hurst and Lusardi, "Liquidity Constraints."

(8) A. Mathur, "A Spatial Model of the Impact of State Bankruptcy Exemptions on Entrepreneurship" (report for the U.S. Small Business Administration, contract no. SBAHQ-03-M-0533, 2005); Y. Georgellis and H. Wall, "Entrepreneurship and the Policy Environment" (working paper no. 2002-019B, Federal Reserve Bank of St. Louis, 2004); W. Fan and M. White, "Personal Bankruptcy and the Level of Entrepreneurial Activity," *Journal of Law and Economics* 46 (2003): 543–67.

(9) W. Gentry and G. Hubbard, "'Success Taxes,' Entrepreneurial Entry, and Innovation" (working paper, Columbia University, New York, 2004); D. Bruce and T. Gurley, "Taxes and Entrepreneurial Activity: An Empirical Investigation Using Longitudinal Tax Return Data" (report for the U.S. Small Business Administration, contract no. SBAHQ-04-M-0521, 2005); M. Robson and C. Wren, "Marginal and Average Tax Rates and the Incentive for Self-Employment," *Southern Economic Journal* 65, no. 4 (1999): 757–73; D. Blau, "A Time Series Analysis of Self-Employment in the United States," *Journal of Political Economy* 95, no. 3 (1987): 445–65; R. Carroll, D. Holtz-Eakin, M. Rider, and H. Rosen, "Entrepreneurs, Income Taxes and Investment" (working paper no. 6374, National Bureau of Economic Research, 1998); R. Carroll, D. Holtz-Eakin, M. Rider, and H. Rosen, "Income Taxes and Entrepreneurs' Use of Labor," *Journal of labor Economics* 18, no. 2 (2000): 324–51; D. Holtz-Eakin and H. Rosen, "Economic Policy and the Start-Up, Survival, and Growth of Entrepreneurial Ventures" (report for the U.S. Small Business Administration, Syracuse University, 2001).

(10) Blanchflower, "Self-Employment in OECD Countries"; Hurst and Lusardi, "Liquidity Constraints."

(11) Bogenhold and Staber, "Decline and Rise."

(12) D. Holtz-Eakin, "Public Policy toward Entrepreneurship," *Small Business Economics* 15 (2000): 283–91.

(13) Bogenhold and Staber, "Decline and Rise."

(14) Ibid.

(15) Holtz-Eakin, "Public Policy."

(16) T. Garrett, "Entrepreneurs Thrive in America," *Bridges*, spring 2005, www.stlouisfed.org/publications/br/2005/a/pages/2-article.html.

(17) "The Wonderland Economy," http://www.inc.com/magazine/19950515/2686.html.

(18) National Governors Association Center for Best Practices, *A Governor's Guide to Strengthening State Entrepreneurship Policy* (Washington, D.C.: National Governors Association, 2004).

(19) Reynolds and White, *Entrepreneurial Process*; P. Reynolds and W. Maki, "Business Volatility and Economic Growth" (report for the U.S. Small Business Administration, contract no. SBA-4118-OA-89, 1990); P. Davidsson and M. Henrekson, "Determinants and Prevalence of Start-Ups and High-Growth Firms," *Small Business Economics* 19 (2002): 81–104.

(20) D. Audretsch and Z. Acs, "New Firm Start-Ups, Technology, and Macroeconomic Fluctuations," *Small Business Economics* 6 (1994): 439–49; D. Grant, "The Political Economy of New Business Formation across the American States, 1970–1985," *Social Science Quarterly* 77, no. 1 (1996): 28–42; P. Reynolds, "Autonomous Firm Dynamics and Economic Growth in the United States, 1986–1990," *Regional Studies* 28, no. 4 (1994): 429–42; D. Keeble and S. Walker, "New Firms, Small Firms, and Dead Firms: Spatial Patterns in the United Kingdom," *Regional Studies* 28, no. 4 (1994): 411–27; J. Ritsila and H. Tervo, "Effects of Unemployment on New Firm Formation: Micro-Level Panel Data Evidence from Finland," *Small Business Economics* 10 (2002): 103–15; P Reynolds, "Autonomous Firm Dynamics and Economic Growth in the United States, 1986–1990," *Regional Studies* 28, no. 4 (1993): 429–42; P. Davidsson, L. Lindmark, and C. Olafsson, "New Firm Formation and Regional Development in Sweden," *Regional Studies* 28, no. 4 (1994): 347–58; Advanced Research Technologies, "The Innovation-Entrepreneurship Nexus" (report for the U.S. Small Business Administration, contract no. SBAHQ-03-M-00353, 2005); D. Audretsch and M. Fritsch, "Growth Regimes over Time and Space," *Regional Studies* 36, no. 2 (2002): 113–24; P. Reynolds, M. Hay, and S. Camp, *Global Entrepreneurship Monitor: 1999 Executive Report* (Kansas City, Mo.: Ewing Marion Kauffman Foundation, 1999); A. Zacharakis, W Bygrave, and D. Shepherd, *Global Entrepreneurship Monitor: National Entrepreneurship Assessment, United States of America* (Kansas City, Mo.: Kauffman Center for Entrepreneurial Leadership, 2000); D. Birch, *Job Creation in America* (New York: Free Press, 1987); Reynolds and White, *Entrepreneurial Process*; B. Kirchhoff, *Entrepreneurship and Dynamic Capitalism: The Economics of Business Formation and Growth* (Westport, Conn.:

Praeger, 1994); M. Carree, A. Van Stel, R. Thurik, and S. Wennekers, "Economic Development and Business Ownership: An Analysis Using Data of 23 OECD Countries in the Period 1976–1996," *Small Business Economics* 19 (2002): 271–90.

(21) Z. Acs, P. Arenius, M. Hay, and M. Minniti, *Global Entrepreneurship Monitor 2004 Executive Report* (Babson Park, Mass.: Babson College, 2004).

(22) Z. Acs and C. Armington, "Using Census BITS to Explore Entrepreneurship, Geography and Economic Growth" (report for the U.S. Small Business Administration, contract no. SBA-HQ-03-M0534, 2005).

(23) J. Haltiwanger, J. Lane, and J. Speltzer, "Productivity Differences across Employers: The Roles of Employer Size, Age, and Human Capital," *American Economic Review Papers and Proceedings* 89, no. 2 (1999): 94–98.

(24) Bogenhold and Staber, "Decline and Rise."

(25) Blanchflower, "Self-Employment in OECD Countries."

(26) Z. Acs, C. Armington, and A. Robb, "Measures of Job Flow Dynamics in the U.S. Economy" (discussion paper, U.S. Department of the Census, Center for Economic Studies, Upper Marlboro, Md., 1999); P. Reynolds, N. Carter, W. Gartner, and P. Greene, "The Prevalence of Nascent Entrepreneurs in the United States: Evidence from the Panel Study of Entrepreneurial Dynamics," *Small Business Economics* 23 (2004): 263–84.

(27) "The Wonderland Economy," http://www.inc.com/magazine/19950515/2686.html.

(28) Z. Acs and C. Armington, "Employment Growth and Entrepreneurial Activity in Cities," *Regional Studies* 38, no. 8 (2004): 911–27.

(29) http://data.bls.gov/cgi-bin/surveymost.

(30) S. Davis and J. Haltiwanger, "Gross Job Creation, Gross Job Destruction, and Employment Reallocation," *Quarterly Journal of Economics* 107 (1992): 819–62.

(31) Z. Acs and C. Armington, *Entrepreneurship, Geography, and American Economic Growth* (Cambridge: Cambridge University Press).

(32) Davis, Haltiwanger, and Schuh, *Job Creation and Destruction.*

(33) A. Knaup, "Survival and Longevity in the Business Employment Dynamics Data," *Monthly Labor Review*, May 2005, 50–56; H. Persson, "The Survival and Growth of New Establishments in Sweden, 1987–1995," *Small Business Economics* 23 (2004): 423–40; J. Wagner, "The Post-Entry Performance of New Small Firms in German Manufacturing Industries," *Journal of Industrial Economics* 42, no. 2 (1994): 141–54; Kirchhoff, *Entrepreneurship and Dynamic Capitalism.*

(34) Knaup, "Survival and Longevity."

(35) Kirchhoff, *Entrepreneurship and Dynamic Capitalism*; Knaup, "Survival and Lon-

gevity"; Persson, "Survival and Growth"; Wagner, "Post-Entry Performance."
(36) Reynolds and White, *Entrepreneurial Process.*
(37) J. Wagner, "Firm Size and Job Quality: A Survey of the Evidence from Germany," *Small Business Economics* 9 (1997): 411–425.
(38) National Federation of Independent Businesses, *Small Business Policy Guide* (Washington, D.C.: National Federation of Independent Businesses, 2000).
(39) Reynolds and White, *Entrepreneurial Process.*
(40) D. Bernstein, "Fringe Benefits and Small Businesses: Evidence from the Federal Reserve Board Small Business Survey," *Applied Economics* 34 (2002): 2063–67.
(41) A. Wellington, "Health Insurance Coverage and Entrepreneurship," *Contemporary Economic Policy* 19, no. 4 (2001): 465–78; See also J. Gruber and J. Poterba, "Tax Incentives and the Decision to Purchase Health Insurance: Evidence from the Self-Employed," *Quarterly Journal of Economics* 109, no. 3 (1994): 701–33; A. Alba-Ramirez, "Self-Employment in the Midst of Unemployment: The Case of Spain and the United States," *Applied Economics* 26 (1994): 189–204.
(42) Kaiser Family Foundation, "Employer Health Benefits," 1995, www.kff.org/insurance.
(43) C. Armington and Z. Acs, "Job Creation and Persistence in Services and Manufacturing" (Discussion Papers on Entrepreneurship, Growth, and Public Policy, Max Planck Institute, no. 1604, 2003).

結論

(1) Venture Impact 2004, http://www.nvca.org/pdf/VentureImpact2004.pdf.
(2) P. Gompers and J. Lerner, *The Money of Invention: How Venture Capital Creates New Wealth* (Boston: Harvard Business School, 2001).
(3) Ibid.